BASTEI
LÜBBE

Elke Sauer

Ist das mein Kind?

BASTEI LÜBBE

BASTEI LÜBBE TASCHENBUCH
Band 25 596

Limitierte, vollständige Taschenbuchausgabe
der im Gustav Lübbe Verlag erschienenen Hardcoverausgabe

Bastei Lübbe Taschenbücher und Gustav Lübbe Verlag
sind Imprints der Verlagsgruppe Lübbe

Umschlaggestaltung: Manfred Peters
Satz: hanseatenSatz-bremen, Bremen
Druck und Verarbeitung: Cox & Wyman Ltd.
Printed in Great Britain
ISBN 3-404-25596-8

Sie finden uns im Internet unter
http://www.luebbe.de

Der Preis dieses Bandes versteht sich einschließlich
der gesetzlichen Mehrwertsteuer.

Ich danke allen Menschen, die uns liebevoll zur Seite gestanden haben.

Heitere Tage

Penner, Bettler, Streuner, Rauschgiftsüchtige: Das sind Randerscheinungen, die zu unserem modernen Stadtbild gehören. Aber waren solche Menschen schon immer mißliebige Außenseiter? Wie wurden sie das, was sie heute sind? Am meisten hat mich im Lauf meiner Erfahrungen die Einsicht erstaunt, daß sich das Abgleiten in die Gosse völlig lautlos vollzieht! Über Jahre hinweg bleibt es fast unbemerkt und endet doch unweigerlich im Zerfall und Elend.

Gewiß, meist handelt es sich um eine Verquickung unglücklicher Umstände. Doch ich glaube, es liegt einem auch im Blut. Denn mein Sohn Michael hat an der Seite eines jüngeren, heute erfolgreichen und bürgerlich völlig »integrierten« Bruders eine ganz normale Kindheit erfahren. Und dennoch ist Michael zunehmend auf Abwege geraten. Er ist immer tiefer gefallen.

Die kontinuierliche Steigerung seines Irrlaufs ruft bei mir noch heute Kopfschütteln hervor. Alles hat einst so hoffnungsfroh begonnen! Ich erinnere mich an den Glückstag, an dem Peter und ich die Neubauwohnung besichtigt haben, die wir als junges Paar beziehen wollten. Wir suchten eine Bleibe, in der unser kleiner Sohn, der gerade seine ersten Gehversuche machte, aufwachsen sollte. An dem Haus wurde noch gebaut, und unter unserem Balkon waren die Handwerker dabei, einen Spielplatz anzulegen.

Direkt gegenüber befand sich der Stadtpark mit seinen knospigen, rauschenden Baumwipfeln. »Wenn erst der Sommer kommt, können wir jeden Tag mit Michael in die Anlagen!« schwärmte ich Peter vor. »Alles ist wie auf uns zugeschnitten!« Ich stellte mir vor, wie der Kleine auf den Grünflächen vor dem Haus, auf dem Spielplatz und im Park herumtollen würde.

Das Einrichten der Wohnung ging schnell: Wir hatten kaum Möbel und sehr wenig, genau genommen gar kein Geld. Aber das störte uns nicht. Was zählte, war, daß Peter und ich, nachdem wir uns zwei Jahre kannten, nun endlich zusammen wohnen würden, und daß wir mit unserem Wunschkind Michael, der Krönung unserer Liebe, eine glückliche Familie gründen wollten.

Wir zogen als erste Mieter in das Haus ein, während um uns herum noch gehämmert und gebohrt wurde. Michael war der Mittelpunkt unseres Lebens. Wir machten uns viele Gedanken, wenn er einmal wieder sehr langsam und auch wenig gegessen hatte. Zu zweit gelang es uns aber fast immer, das Kind durch Spiele und Geschichten abzulenken, so daß es bald einen schönen runden Körper mit fleischigen Patschfingern bekam. Ich liebte diese kleinen Hände mit den Grübchen auf dem Handrücken. Es war ein unbeschreibliches Gefühl, wenn sich Michaels Händchen in meine Rechte schoben und festgehalten werden wollten.

In der neuen Wohnung war vieles neu und fremd für das Baby. Es weinte öfter und hatte Angst. Unser Sohn hing förmlich an uns und ließ uns keinen Moment aus den Augen. Wenn uns Freunde besuchten, saß Michael so lange, bis sie wieder gegangen waren, auf meinem Schoß. Manchmal bekam er etwas, das er haben wollte, nicht und wurde dann richtig wütend. Wir trösteten und liebkosten ihn, bis er wieder fröhlich und zu Späßen aufgelegt war. Schon bald schlief er nachts durch und weinte nie, wenn er sich in seinem Gitterbettchen ausruhte, nicht einmal beim Mittagsschlaf. Damit schenkte er uns die freien Stunden zurück, die er im wachen Zustand für sich in Anspruch nahm.

Wenige Monate nach dem Einzug begannen wir, eine Lösung für unsere finanziellen Schwierigkeiten zu suchen. Peter war gelernter Schaufensterdekorateur. Seine Arbeit in einem Kaufhaus bereitete ihm viel Freude, wurde jedoch schlecht bezahlt. Aus dieser Not heraus habe ich – wenn auch schweren Herzens – für mich nach einer Stelle Ausschau gehalten: Ich wurde Briefträgerin! Die Arbeitszeiten waren günstig: montags bis samstags, jeweils vormittags von sechs bis zwölf Uhr. Michael wurde währenddessen von einer Nachbarin versorgt. Dort konnte er mit deren zwei Kindern, die etwa in seinem Alter waren, spielen. Der Nachmittag gehörte uns. Mein Junge gewöhnte sich schnell ein, und alles verlief einfacher, als ich gedacht hatte.

Ein Jahr später kündigte die Nachbarin ihre Unterstützung auf: »Die Verantwortung für Michael ist mir zu groß geworden. Ich kann ihn nicht mehr beaufsichtigen.« Ich schwankte: Sollte ich meine Berufstätigkeit aufgeben? In meiner Zwiespältigkeit beschuldigte ich Peter, daß er so wenig verdiente. Unsere Liebe wurde ihrer ersten Zerreißprobe unterworfen. Daß wir dieses Tief überwanden, ist Peters Verdienst: Er blieb ruhig und verständnisvoll.

»Deine Arbeit bei der Post sichert uns ab«, resümierte er und nahm meine Hand. »Außerdem fehlt nur noch ein Jahr, bis Michael in den Kindergarten bei uns gegenüber kommt. Wer weiß, ob du in zwölf Monaten wieder eingestellt und erneut für unseren Stadtteil zugeteilt wirst? Na ja, ich will dir nicht dreinreden. Aber eins versprech' ich dir: Ich werd' mein eigenes Einkommen verbessern!«

Sprach's und tat's. Peter wechselte seinen Arbeitsplatz und trug sich mit dem Gedanken, eine andere Berufsrichtung einzuschlagen, doch durch seine Einberufung zum Wehrdienst mußten wir diese Möglichkeit zurückstellen.

Michael entfaltete sich zu einem besonders hübschen Kind. Mit seinem wohlgeformten, zarten Körper und den großen, braunen, ungewöhnlich ausdrucksstarken Augen sah er seinem Vater sehr ähnlich. Wenn wir Kinderfotos von Peter mit unserem Söhnchen verglichen, schien er ihm wie aus dem Gesicht geschnitten zu sein.

Michaels Blick vermochte alle Gefühle und Regungen – vom Glück bis zur Trauer – in so nahebringender Form auszudrücken, daß niemand dem süßen Kerl widerstehen konnte. Hinzukam sein charmantes, jedoch zurückhaltendes Wesen. Er war niemals aufdringlich. Auf der Straße blieben Passanten stehen und bewunderten seinen Liebreiz.

Dieser förderte auch unser Verständnis für den Kleinen. Wir richteten unsere gesamte Freizeit nach seinen Bedürfnissen aus, waren an den Wochenenden immer draußen im Grünen unterwegs und fühlten uns dabei wie ein dreiblättriges Kleeblatt. Fröhlich und ausgelassen verlebten wir diese herrlichen Stunden. Müde und glücklich lag Michael abends in seinem Bett. Er wurde zu einem wißbegierigen, aufgeweckten Jungen, der über einen für sein Alter außergewöhnlichen Wortschatz verfügte.

Mit der Zeit fing Michael an, ständig irgendeinen »Schabernack«, wie wir es damals nannten, auszuhecken: Er zerlegte den Toaster und den Teddy, er brach den Schaltknopf am Radio ab und legte den Wecker auf eine Herdplatte, die er dann anstellte. Wir schimpften natürlich und versuchten, Michaels Umfeld kindersicher zu machen. Trotz all unserer geduldigen Warnungen und Erklärungen spielte er gern mit dem Feuer: Er wollte ständig alle Gefahren erproben und sich ihnen aussetzen. Und er begann, verhängnisvolle Marotten zu entwickeln: Er steckte sich im Kindergarten ein Spielzeug in die Hosentasche und »brachte es mit«. Tags darauf gab er es nach meiner Anweisung artig zurück und entschuldigte sich. Dann genoß er die Aufmerksamkeit und das Verständnis der Kindergärtnerin. Er konnte unschuldsvoll lächeln und verhielt sich nie deutlich boshaft oder provozierend. Dem feingliedrigen, schutzbedürftigen Kind konnte keiner lange böse sein.

Die Ungezogenheit des »Mitnehmens« weitete er auch auf unseren Freundes- und Bekanntenkreis aus und lernte dabei, so geschickt zu schwindeln, daß wir nie wußten, ob ihm nun unrecht getan wurde oder nicht: »Michael, du bist doch schon groß. Du darfst nichts mitnehmen. Warum tust du das? Du hast mir versprochen, niemandem mehr etwas wegzunehmen!«

»Mama, ganz ehrlich, das hab' ich vergessen. Und ganz bestimmt, ich wollte es zurückgeben. Mama, sollen wir gleich losgehen und es zurückbringen?« fragte er folgsam.

Endlich war Michael groß genug, um draußen allein zu spielen. Er nahm sich einen persönlichen Gegenstand mit und kehrte fast immer mit leeren Händen zurück. Irgendein »böses« Kind habe ihm das Spielzeug abgenommen. Phantasiereich und unter Tränen beschrieb er den Verlust seines Rollers.

»Michael, sei ehrlich, du hast ihn bestimmt nur irgendwo stehenlassen!«

»Nein, Mama. Nein, Papa. Glaubt mir doch! Das waren ganz viele große Kinder. Die haben mir den einfach weggenommen.«

»Ach Michael, komm, wir suchen deinen Roller jetzt! Erzähl mir mal, wo du heute überall gewesen bist.«

Und wir gingen gemeinsam die Wege ab und suchten an allen Plätzen, an denen er gespielt hatte – und fanden seinen Roller!

»Siehst du, da ist er doch! Nun sag schon, du hast ihn einfach vergessen!«

»Nein, ehrlich, es waren die bösen Kinder . . .«

Wir haben ihm ins Gewissen geredet: »Wir können dir nur helfen, wenn du die Wahrheit sagst!« Und dennoch neigten wir im Zweifelsfall dazu, seinen Geschichten Glauben zu schenken. Michael sollte Vertrauen zu uns haben. Wir wollten es nicht erschüttern und ihn nicht verletzen. Der Kleine genoß unsere Verwirrung, die Tatsache, daß sich alles um ihn drehte, daß seine Probleme ernstgenommen wurden.

So wie andere ihn »bestahlen«, so »fand« Michael grundsätzlich neues Spielzeug, das er nach Hause brachte. Wenn wir ihm versprachen, etwas Ähnliches für ihn zu kaufen, dann nannte er meist den Namen des fraglichen Kindes. Wir gingen zusammen zur entsprechenden Familie, gaben den Gegenstand entschuldigend zurück, Michael wurde für seine Aufrichtigkeit gelobt und bekam von uns das, was er offensichtlich so gern haben wollte.

Natürlich war es nicht richtig, sein Fehlverhalten zu belohnen. Aber wir wollten in erster Linie Schaden anderer verhindern und Michael beibringen, fremdes Eigentum zu respektieren. »Das gibt sich noch!« versprachen die Kindergärtnerinnen. »Michael ist im Grunde ein ganz lieber Junge. Sie müssen Geduld haben. Er ist ja noch klein!«

Dennoch: Michael verstand sehr gut, worum es ging und was von ihm erwartet wurde. Er versprach, sich zu ändern. In meiner Ohnmacht hätte ich ihn so manches Mal am liebsten geschlagen. Wenn ich in eine solche Verfassung geriet, versuchte ich, mich zu beruhigen und zu beherrschen und ihm immer wieder alles zu erklären. Hilflos, wie ich mich fühlte, habe ich ihm in Ausnahmesituationen schon einmal einen Klaps auf den Hintern verpaßt. Manchmal habe ich ihn an seinen Ärmchen festgehalten, als wollte ich etwas aus ihm herausschütteln, oder ihn angeschrien, als wenn er schwerhörig wäre.

Je mehr Zeit verging, desto ichbezogener verhielt er sich. Seine Gier danach, Freude, Liebe und Zuwendung zu erleben, war schier unersättlich. Sein Wille, etwas haben zu wollen, sehr ausgeprägt. Ans Geben dachte er nur, wenn ihm das zum Vorteil gereichte. Wir Eltern waren gefordert! In vielen Gesprächen und unter Anführung von Beispielen, die er kannte, versuchten wir, ihm sein falsches Verhalten zu verdeutlichen. Haben ihm gesagt, wie er es hätte richtig machen müssen. In der Ruhe der Unterredung konnte Michael alles verstehen, zuordnen und abwägen. In seiner momentanen Ausweglosigkeit beteuerte er, sich in Zukunft anders, eben besser aufzuführen.

Michael muß etwa fünf Jahre alt gewesen sein, als er sich konstant und über einen längeren Zeitraum hinweg aus der Wohnung unserer Nachbarin Geld genommen hat. Da sie im Urlaub war, hatte ich ihren Wohnungsschlüssel, um die Blumen zu gießen. Wie alle unsere Schlüssel hing auch dieser vorn im Flur am Schlüsselbrett. Michael nahm ihn sich unbemerkt, ging in ihre Wohnung und stibitzte aus einem Kästchen, von dessen Existenz er gewußt haben muß, jede Menge Groschen – für Süßigkeiten. Eines Tages entdeckte ich Bonbons bei ihm, die weder Peter noch ich ihm gekauft hatten. Nach absolut unglaubwürdigen Darlegungen gab er zu, wo er das Geld her hatte. Das Kästchen war leer! ›In Groschen hätten da ungefähr fünf, sechs Mark hineingepaßt‹, dachte ich betroffen. Dann kniete ich mich hin und sah Michael streng in die Augen.

»Erst habe ich nur zwanzig Pfennig genommen, weil du mir nie Bonbons kaufst!« verteidigte sich Michael kleinlaut.

»Nie Bonbons! Du bekommst jeden Tag Süßigkeiten! Was soll das?« antwortete ich.

»Ja, trotzdem, ich wollte mir welche kaufen!«

»Michael, wenn das Kästchen voll gewesen ist, hast du mehr als zwanzig Pfennig eingesteckt!«

»Ja, er war voll. Mama, tu das Geld bitte wieder rein, sonst schimpft Tante Dora!«

»Nein, mein Kind! So einfach geht das nicht!« sagte ich entschieden. »Du darfst nicht stehlen. Das Geld lege ich bestimmt nicht heimlich zurück. Das mußt du schon selber machen. Ab jetzt wird das Geld für deine Süßigkeiten aufgehoben, solange, bis du sechs Mark zusammen hast. Und die wirst du Tante Dora geben, klar?«

Wie hätte ich anders reagieren sollen? Hätte ich ihn hart bestrafen sollen, gar schlagen? Michael sollte zu seiner Tat stehen. Die Summe mußte er nun mühsam zusammensparen, und die Handvoll Groschen, die er so gern für Süßigkeiten ausgegeben hätte, mußte er an Tante Dora abtreten. War das nicht Demütigung genug? Außerdem sollte unser Kind doch Vertrauen haben, zu uns und zu anderen! Das war Peter und mir wirklich wichtig.

Mein Wunsch, noch einmal ein Baby zu bekommen, so ein kleines Wesen in den Armen halten zu dürfen und es aufwachsen zu sehen, ließ Andreas, unser zweites Wunschkind, zur Welt kommen. Er war ein kräftiger Säugling, lieb und ruhig. Er trank gut, entwickelte sich prächtig, und ohne die geringste Anstrengung von uns Eltern wuchs dieses Kind heran, mit sich und seiner Umgebung zufrieden.

Michael stand seinem Brüderchen voller Achtung gegenüber. Er schien nicht eifersüchtig auf ihn zu sein, sondern beteiligte sich eifrig am Wickeln, Baden und besonders gern am Fläschchengeben. Seine Einstellung wirkte positiv und überlegt: Plötzlich konnte unser Sechsjähriger Rücksicht nehmen, wenn Andreas schlief! Sehnsüchtig wartete er darauf, daß er mit seinem Bruder »richtig spielen« konnte. Daß das Baby hierzu erst einmal größer werden mußte, wußte er genau. Michael hatte Zeit! Sein Geschwisterchen eröffnete ihm und uns eine ganz neue Perspektive.

Im Dezember des gleichen Jahrs wurde Michael eingeschult. Schon Wochen zuvor kauften wir eine Schultasche für ihn. Michael suchte sich voller Freude einen braunen Lederranzen aus, auf dem sich vorn zwei eingestanzte Pferdeköpfe plastisch abhoben. Stundenlang lief er zu Hause mit dem Ranzen auf dem Rücken durch die Wohnung, packte Hefte und Bücher ein und aus. Voller Spannung wartete er auf den ersten Schultag. Endlich würde er den Kindergarten verlassen können und zu den Großen gehören!

Der erste Schultag war ein wunderbares Ereignis. Stolz und strahlend stand Michael mit seiner Schultüte voller Süßigkeiten und Geschenken auf dem Schulhof. Ein Foto, das zu diesem Anlaß vor dem Gebäude aufgenommen wurde, hielt den denkwürdigen Augenblick fest. Doch was nun folgen sollte, hat nie wieder etwas mit Glück zu tun gehabt. Sein einnehmendes bezauberndes Lachen erlosch bald gänzlich, ja eigentlich für immer! Michael aß noch schlechter als bisher. Er sah blaß und elend aus. Von Beginn an hatte er große Schreibschwierigkeiten, und die Ganzheitsmethode ließ ihn schließlich zum Legastheniker werden. Noch viel verheerender wirkte sich die Mengenlehre aus. Diese hoch gepriesenen neuen Lehrmethoden degradierten Michael nicht nur zum Versuchskind, sie ließen ihn dumm werden.

Über die Jahre verteilt wurden an der Schule wiederholt Tests durchgeführt, die Michael regelmäßig eine dem Durchschnitt entsprechende Intelligenz bescheinigten. Trotzdem war er nicht in der Lage, Worte in Buchstaben zu zerlegen. Nachdem er einmal in der Mengenlehre versagt hatte, fiel es ihm schwer, auch nur die leichteste Rechenaufgabe zu bewältigen.

Etwa ein halbes Jahr später – leider viel zu spät! – beschloß ich, ihm zu Hause die einzelnen Buchstaben zu erklären, und ließ ihn reihenweise große und kleine Buchstaben schreiben. Wir haben uns Michaels Lehrbuch vorgenommen und auf der ersten Seite damit angefangen, alles, was die anderen Kinder schon beherrschten, zu wiederholen. Aber mit dem Ende des Schuljahrs hatten wir das Buch noch nicht annähernd durch . . .

Michael verhielt sich unruhig und nervös. Er merkte, daß er in der Schule nicht mitkam, und das verunsicherte ihn. Der Lernstoff und die Hausaufgaben wurden zur Qual. Plötzlich waren Zuwendung, das Erfüllen seiner Wünsche und seine Freizeitgestaltung von seinem schulischen Können abhängig! Dabei erwarteten wir keineswegs Höchstleistungen von ihm. Aber wir waren sicher, daß Michael nicht dumm war. Trotzdem konnte er nach einem halben Jahr Schule noch nicht einmal die ersten Seiten seines Schulbuchs halbwegs fehlerfrei schreiben.

Allmählich entwickelte Michael neue Eigenheiten. Er wurde hinterhältig und boshaft. Er ging ganz direkt vor, ärgerte einzelne Kinder, schlug sie, nahm ihnen etwas weg und machte es dann kaputt. Kleinere Kinder hatten naturgemäß stärker unter ihm zu leiden als große. Er selber erntete für sein Betragen Unmut und Ablehnung und fühlte sich dadurch der Bevormundung und Kritik ausgesetzt. Er forderte die Erwachsenen heraus, die jetzt kein Verständnis mehr für ihn aufbrachten, und verlor zunehmend die Zuneigung und Rücksichtnahme seiner Umwelt.

Wir Eltern waren fassungslos, wie vor den Kopf geschlagen. Wir schwankten zwischen unserer Liebe zu ihm und unserem Unverständnis für sein Benehmen. In unserer ersten Erregung sprachen wir Verbote aus: »Es reicht, Michael! Das Geld für Bonbons kannst du erst mal streichen!« oder: »So, jetzt ist Schluß! Diese Woche darfst du nicht mehr raus!«

Dann versuchten wir, ihm wieder alles geduldig auseinanderzusetzen. Wenn Michael Stubenarrest hatte, saß er wie ein gefangener Vogel in der Wohnung. Ihn so traurig zu sehen, brach uns fast das Herz. Um ihn zu erlösen, gingen wir dann doch mit ihm in den Stadtpark, und nachdem er hoch und heilig versichert hatte, ab jetzt artig sein zu wollen, durfte er wieder draußen spielen.

Sein Freiraum war ihm ungemein wichtig. Die Stunden außerhalb des Hauses gehörten ihm: Er konnte allein über seine Zeit entscheiden, über sich selbst verfügen und eigenen Ideen nachgehen – jedoch leider meist nicht zu seinem Vorteil! Er kam nicht pünktlich nach Hause. Wir ermahnten ihn, er bat, noch länger ausbleiben zu dürfen. Wenn wir ihn am späten Nachmittag endgültig heraufholen wollten, war er verschwunden. Er zog mit anderen Kindern aus der Nachbarschaft durch die Straßen, erkundete neue, fremde Wege durch den Ort. Fast jeden Tag haben Peter und ich die Jungen gesucht.

Je nach Absprache kämmten wir bestimmte Gebiete durch: »Gestern sind sie noch in der Straße gewesen, aber heute: nichts!«

»In der vorigen Woche haben wir sie dort hinten gefunden. Möglich, daß sie wieder da sind!«

Aber die Kinder erweiterten ihr Revier, und wir fanden sie erst nach langem Suchen an immer entlegeneren Plätzen des Stadtviertels. Vier Personen waren zuweilen damit beschäftigt, und die Aktion dauerte oft länger als eine Stunde!

Michael bekam Ärger, wir waren zornig. Die Konsequenz war, daß wir ihn schon am frühen Nachmittag ins Haus riefen, nämlich wenn er sich noch in unserer Straße aufhielt. Aber er durchschaute diese Maßnahme schnell und war für uns nun schon am frühen Nachmittag nicht mehr auffindbar. Er ließ uns keine andere Wahl: Ab sofort mußte er in seinem Zimmer bleiben und durfte nur noch in Peters oder meiner Begleitung hinaus. Wir pilgerten zusammen in den Stadtpark und auf den großen Spielplatz.

Gemeinsam mit anderen Kindern und seinem Papa spielte Michael Fußball. Es machte ihn außerordentlich glücklich, die Gesellschaft seines Vaters so oft und lange genießen zu dürfen. So gesehen hatte er das große Los gezogen!

Unglaublich, aber wahr: Aus jeder selbst für ihn negativ wirkenden Situation war Michael fähig, einen Gewinn herauszuschlagen! Peter und ich versuchten stets, unsere Zurechtweisungen nicht gegen seine Persönlichkeit zu richten, sondern ausschließlich gegen das momentane Geschehen. Folglich kümmerten wir uns in Krisensituationen immer besonders, mehr als normalerweise um ihn. In Michaels Wahrnehmung muß das einen viel zu hohen Stellenwert eingenommen haben. Die absolute Berücksichtigung seiner Bedürfnisse war ihm die Quelle des Glücks. Sein Wille sollte nicht nur manchmal, sondern immer den Vorrang haben! Auf diese Forderung arbeitete er nun grundsätzlich hin, nicht nur bei uns Eltern. Allerdings war es auch weiterhin unmöglich, sich seinem Charme zu entziehen! Er erweckte in jedem den spontanen Wunsch, ihn zu beschützen.

Das erste, für Michael so enttäuschende Schuljahr ging zu Ende: Es hatte ihm alle Illusionen geraubt und sein Selbstbewußtsein beträchtlich angenagt. Im Zeugnis stand die Gesamtbeurteilung seiner Leistungen: »ausreichend«! »Nur ausreichend?« fragte ich die Lehrerin – übrigens schon Michaels zweite. Die erste hatte die Schule nach drei Monaten verlassen. »Ich hatte ein ›befriedigend‹ erwartet. Wäre es da nicht sinnvoller, Michael das Jahr wiederholen zu lassen?«

»Nein, zunächst werden alle Kinder in die zweite Klasse versetzt«, entgegnete sie. »Außerdem ist Michael ein heller Kopf und hat gerade in den letzten Wochen Fortschritte gemacht. Ich glaube, er gehört einfach zu den Spätentwicklern. Sein Allgemeinwissen und sein Wortschatz sind sehr gut!«

Peter und ich konnten diese Methode, alle Kinder automatisch zu versetzen, nicht verstehen. Warum sollte ein Schüler, der den bisherigen Lehrstoff gar nicht im Griff hatte, gezwungen werden, ohne eine sichere Grundlage noch höheren Anforderungen zu genügen?

Der Besuch der ersten Klasse hatte bei Michael deutliche Spuren hinterlassen: Schmal und zappelig begleitete er mich bei meinen Einkäufen. Jeder, dem wir begegneten, bemitleidete ihn überfreundlich, besonders angesichts des vor Gesundheit und Selbstgefälligkeit strotzenden Babys im Kinderwagen. Michael sog die Aufmerksamkeit wohlmeinender Bekannter begeistert in sich auf und lief ihnen schon von weitem freudig entgegen.

Wir entschieden uns dazu, mit Michael in einen erholsamen Urlaub nach Italien zu verreisen, während Andreas von meiner Mutter versorgt werden sollte. Die Ferien wurden für Michael zum Inbegriff des Glücks: Meer, Strand, Sonne, keine Schule, keine Kritik und die Eltern ganz für sich allein! Sein Vertrauen festigte sich wieder. Er aß gut, nahm an Gewicht zu und bekam einen wunderbar sonnengebräunten Teint. Wir spielten mit ihm, erklärten ihm alles, hatten Zeit für ihn. Der Urlaub blieb Michael als eine frohe Zeit noch lange in Erinnerung. Später zeigte er Andreas immer wieder die Fotos aus Italien und wußte schöne Geschichten zu jedem Bild zu erzählen.

Zurück in Deutschland begann Michaels zweites Schuljahr. Seine Lernschwäche trat noch deutlicher zutage. Aus der Schule brachte er gar kein Wissen mehr mit.

Das, was die anderen Kinder dort lernten, mußte er sich zu Hause mit meiner Hilfe hart erarbeiten. Ich war keine gute Lehrerin: Meine Ungeduld ließ bei Michael kein Zutrauen aufkommen. Viele Hausaufgaben endeten mit Zornesausbrüchen meinerseits und mit Tränen bei Michael. Insgesamt befanden wir uns beide in einer tragischen Situation und waren in ausgesprochen destruktiver Weise aneinandergekettet.

Am liebsten hätte ich ihn ganz aus der Schule genommen. Wenn ich für Michael zum Unterricht hätte gehen können, ich hätte es bestimmt und gern getan! Aber leider war das nicht möglich. Das Lernen zu Hause war furchtbar, ja im Grunde stellte es das eigentliche Problem dar! Ohne die Nachhilfe ging gar nichts. Wenn ich Michael ein, zwei Wochen seine Aufgaben allein machen ließ, folgte prompt ein Verweis der Lehrerin im Schulheft, der mich mahnte. Ich klügelte spezielle Vorgehensweisen aus: Michael lernte neue Wörter, die ich dann in kleinen Sätzen in einem Diktat zusammenfaßte. Das klappte sehr gut.

Dennoch verbrachte er viel zuviel Zeit damit, über seinen Büchern zu brüten, und zuwenig damit, zu spielen und zu toben. Logische Folge: Er fühlte sich in hohem Maß überfordert. Nach einigen verzweifelten Versuchen gewöhnte ich es mir ab, ihn zum Lernen zu zwingen. Wenn er sich nicht mehr konzentrieren konnte, wenn die Ungeduld in mir hochstieg, dann brachen wir das Ganze ab, ließen alles stehen und liegen, und Michael durfte seine Schulsachen wegräumen. Es hatte keinen Sinn.

Trotz dieses ungeheuren Aufwands hielt Michael nur das Niveau ausreichender Leistungen. War die Benotung noch schlechter, wiederholten wir den Stoff erneut. Meine

Gespräche mit der Lehrerin verliefen grundsätzlich dahingehend, daß ich mit dem Kind intensiver Hausaufgaben zu machen hätte. Michael sei klug genug, und es sei meine Pflicht, ihn zu besserer Arbeit anzuhalten. Vorhaltungen statt Hilfe! Scheinbar glaubte mir die Lehrerin nicht, wieviel Zeit sich der Junge zu Hause tatsächlich schon abplagte. Ja, ihr schien nicht einmal aufgefallen zu sein, daß Michael gelesene Texte nicht richtig verstehen und somit auch nicht praktisch umsetzen konnte.

Je weiter das zweite Schuljahr fortschritt, je länger Michael sich quälen mußte und gequält wurde, um so mehr zeichneten ihn störende Charaktereigenschaften aus. Fremde Leute schellten an unserer Tür und beschwerten sich über Michaels Verhalten, bezifferten von ihm angerichtete Schäden, die wir bezahlten, da wir dem nichts entgegenzusetzen wußten. Wir zogen den Missetäter zur Rechenschaft, schenkten ihm Gehör, beeinflußten ihn. Er wurde von uns gemaßregelt und unter Druck gesetzt.

An einem sonnigen Nachmittag klingelte eine Nachbarin. Michael hatte mit einem anderen Jungen ihren Keller aufgebrochen, Pfirsichkonserven geöffnet und verspeist. Ein starkes Stück! Mir verschlug es die Sprache. Ich schämte mich, und eine diffuse Angst kroch in mir hoch. Da die Frau die Kinder im Keller auf frischer Tat ertappt hatte, konnte sich Michael nicht herausreden und beichtete beschämt. In der Hoffnung, hierdurch seine Einsicht zu fördern, legten wir stets großen Wert darauf, daß sich unser Sohn bei der geschädigten Person persönlich entschuldigte. Er verstand es immer, sich sehr geschickt auszudrücken, und erweckte meist einen absolut unschuldigen und verzweifelten Eindruck.

Auch die Frau konnte sich dem nicht erwehren und versicherte, ihm nichts mehr nachzutragen. Für Michael war der Fall damit erledigt, und ich bezahlte die Konserven. Freundschaftlich und vertrauensvoll zog mich die Nachbarin daraufhin beiseite, damit Michael uns nicht hören konnte: »Ich möchte Ihnen einen guten Rat geben: Passen Sie besser auf Ihren Sohn auf! Sie müssen ihn erziehen. Der Kellereinbruch ist eine strafbare Handlung, und ein Kind in seinem Alter muß das wissen! Passen Sie auf, daß er nicht eines Tages ein Verbrecher wird!«

Ich war empört: »Machen Sie sich doch nicht lächerlich! So einen Jungenstreich mit einem Verbrechen zu vergleichen! Michael hat einen Fehler gemacht, aber deswegen wird er doch nicht gleich zu einem Kriminellen!« Mein lieber, kleiner, verletzbarer Junge! Wie konnte sie es wagen! Meiner Entrüstung folgte Haß, und von nun ab mied ich die Frau von nebenan, wo ich nur konnte.

Die Zeugniszeit brach an. Michaels Benotung war wieder insgesamt ausreichend, in Sport sogar sehr gut. Tatsächlich war unser Ältester seinen Klassenkameraden in allen Sportdisziplinen überlegen, und im Fußballspiel lag zweifellos seine große Begabung, die es zu fördern galt. Wir besprachen seinen Eintritt in einen Sportverein, und obwohl Michael dem Club zugetan war, schob er seine Mitgliedschaft auf die lange Bank. Wir fingen an, ihn zu drängen, aber Michael zögerte: Er wollte sich nicht auch noch in seiner Freizeit bevormunden lassen. Nun ja, er hatte ja noch Zeit. In ein oder zwei Jahren würde er vielleicht von selber wollen. Anläßlich der glücklichen Versetzung schenkten wir ihm neue Fußballschuhe, die er sich gewünscht hatte. Leider ließ er sie verkommen, putzte sie nie, sondern zog sie naß und dreckig wieder an . . .

Ganz nebenbei wurde sein Brüderchen groß. Zugegeben,

Andreas war unser Sonnenschein. Er beschäftigte sich allein, war fast immer problemlos und guter Dinge. Michael kümmerte sich viel um ihn. Solange der Kleine zuhörte, erklärte er ihm alles mögliche, erfand unterhaltsame Geschichten zu den Bilderbüchern, zeigte ihm, wie man eine Schleife bindet, unterwies ihn in allen Automarken und den Regeln einzelner Sportarten. Auch zum Spielen nahm er ihn mit nach draußen, brachte ihn nach Hause, wenn er müde war, und ließ ihn nie allein auf der Straße. Wir konnten uns ganz auf unseren Großen verlassen, und er tat alles freiwillig und gern. Das waren schöne Stunden, wenn ich Andreas und Michael so friedlich zusammen sah!

Nach den gemeinsam verbrachten Sommerferien ging Michael in die dritte Klasse. Ausgeruht und frischen Mutes machte er sich wieder ans Lernen. Aber schon nach wenigen Wochen war klar, daß Michael den schulischen Anforderungen endgültig nicht gerecht werden konnte, den Sinn des Stoffs auch zu Hause überhaupt nicht mehr begriff. Ratlos besuchte ich die Sprechstunde seiner mittlerweile dritten Klassenlehrerin. Sie erzählte mir, daß sie auch Schwierigkeiten mit Michael hätte. Gemeinsam beratschlagten wir, ob der Junge nicht umgehend zurückversetzt werden sollte. Wir waren beide dafür, doch der Rektor willigte nicht ein.

Entschlossen wandte ich mich an den Rektor einer anderen Schule in unserem Wohnbezirk: ›Wenn in dieser Schule keine Kinder zurückversetzt werden, dann müssen wir es eben woanders probieren!‹ suggerierte ich mir kampfbereit. Hier war man sehr freundlich, interessiert und willig, und Michael durfte schon am nächsten Tag in die neue Klasse überwechseln. Er war kaum wiederzuerkennen! Ich kann seine Freude gar nicht beschreiben, so glücklich schien er.

Der alte Rektor machte jedoch noch derart viele Schwierigkeiten mit der Umschulung, daß Michael vorübergehend wieder in seine gewohnte Klasse beordert wurde, was Tränen, Unverständnis und schließlich einen Vertrauensverlust seinerseits zur Folge hatte. Zu Hause verhielt er sich ungezogen, sperrte Andreas im Bettkasten ein und weigerte sich mit Händen und Füßen zu lernen.

Peter und ich diskutierten das Schulproblem sehr häufig und ausgiebig untereinander sowie mit anderen Eltern. In der Tat waren die Leistungen anderer Kinder auch nicht immer gut. Aber zwischen »nicht gut« und totalem Versagen liegt eben doch ein großer Spielraum. Den gesamten Schulablauf der Töchter und Söhne unserer Bekannten konnte man immerhin als normal bezeichnen. Die Einsicht, daß Michael dieses Schuljahr auf jeden Fall wiederholen mußte, ließ uns unsere Taktik ändern: Wir milderten den Erziehungsdruck, und ich gab mir zu Hause viel Mühe, ihm das Rechnen mit kleinen Zahlen und ein wenig Rechtschreibung beizubringen. Auch die Lehrerin forderte Michael zwar auf, konzentriert bei der Sache zu sein, verlangte aber keine konkreten Leistungen mehr von ihm. Ihr war wohl wichtig, daß das schwarze Schaf überhaupt noch in die Schule trottete . . .

Michael spürte, daß er eine Sonderstellung eingenommen hatte. Er fing sich körperlich und legte seine Boshaftigkeit wieder ab. Alles hätten wir getan, um seine Aversion gegen die Schule nicht noch größer werden zu lassen und ihn das neue Schuljahr mit Freude angehen zu sehen. So verfielen wir auf den Gedanken, ihn weit vor Beginn der Sommerferien in einem Kindererholungsheim anzumelden. Wir stellten die Lehrerin vor vollendete Tatsachen, und sie reagierte positiv: »Ferien sind in einer solchen Phase weitaus gewinnbringender! Dem Unterricht kann Michael schon lange nicht mehr folgen. Dabei zeichnen ihn eine wirklich absolut durchschnittliche Intelligenz, ein geschickter Sprachgebrauch und ein fundiertes Allgemeinwissen aus! In Sachkunde ist er besonders gut. Lassen Sie sich bloß nie dazu verleiten, ihn auf eine Sonderschule zu schicken! Da gehört er nicht hin.«

Endlich gab der Rektor seine Zustimmung für den von uns gewünschten Schulwechsel. Michael jubelte und schwor, nie wieder freiwillig in die Nähe seiner alten Schule zu gehen. Die Ungewißheit darüber, was ihn in Zukunft erwarten würde, rief bei ihm eine neue Angewohnheit hervor: Aus der inneren Anspannung heraus bewegte er beide Arme, die Hände und Finger schnell hin und her, was wir »schniggeln« nannten. Wenn wir liebevoll sagten: »Michael, schniggel nicht ganz so stark!«, verschränkte er die Arme und drückte seine Hände fest an den Rumpf, um die körperliche Reaktion zu unterbinden. Aber es dauerte noch Jahre, bis seine Hände gehorchten.

In den Ferien fuhren wir in die Lüneburger Heide. Dann nahte der zweite Anlauf in der anderen Schule: Dort würde Michael erst einmal »der Neue«, aber nicht »der Dumme« sein. Er würde das, was die Mitschüler noch lernen mußten, zum Teil schon wissen oder können. Michael hatte auch Glück mit seiner intensiv bemühten Lehrerin. Er gewann Mut und Sicherheit.

Dennoch erwies sich unsere Hoffnung, das Kind würde mit seinen Klassenkameraden Schritt halten können, als trügerisch. Entgegen unserer und auch seiner Erwartung mußte Michael weiterhin sehr viel lernen, um ausreichende Noten zu erzielen. Eine Drei – die er selten genug bekam – wurde bei uns im Familienkreis wie eine Eins gefeiert, eine Vier entsprach einem »gut«. Er wurde gelobt und beschenkt. Ich ging regelmäßig, im zweiwöchigen Abstand, in der großen Pause zu Michaels Lehrerin, die mir den Vorschlag gemacht hatte, mich in dieser Weise auf dem laufenden zu halten.

»Das größte Problem bei Michael ist, daß ohne Kontrolle gar nichts läuft«, seufzte sie jedesmal. »Ich habe ihm schon manches Mal gesagt, ich würde darauf vertrauen, daß er seine Hausaufgaben vollständig macht, und sie nicht immer rigoros durchsehen. Das Ergebnis ist stets das gleiche: Am nächsten Tag hat er nur die Hälfte der Übungen im Heft! Jede Unaufmerksamkeit oder Großzügigkeit nutzt er sofort aus, um sein Versprechen zu brechen. Aber in ein oder zwei Jahren ist er zu alt dafür, ständig kontrolliert zu werden. Spätestens dann muß er verstanden haben, daß auch er Pflichten hat – wie alle seine Mitschüler!«

Traurig, niedergeschlagen, manchmal ängstlich, hin und wieder auch wütend begab ich mich nach Hause. Michael waren meine Besuche in der Schule überhaupt nicht unangenehm, im Gegenteil: Er freute sich und lief mir glücklich auf der Schultreppe entgegen! Er stellte mich seinen Klassenkameraden vor, rief laut nach mir, wenn ich ihn nicht gleich entdeckte, und umarmte mich liebevoll. Ich freute mich, konnte sein Verhalten aber nicht ganz einordnen. Ich glaube, mir wäre es peinlich gewesen, wenn sich meine Mutter so oft in meiner Schule gezeigt hätte.

Michael lernte jetzt meist freiwillig, nur selten unter Zwang. Im Rahmen der hohen Anforderungen trat seine Konzentrationsschwäche unmißverständlich hervor: Nach fünfzehnminütigem Lernen war er erschöpft und mußte eine Pause einlegen. Unser ganzes Bestreben war nun darauf gerichtet, Michael ein annähernd reguläres Durchlaufen von Grund- und Hauptschule zu ermöglichen. Alles andere – auch der Ärger, den er uns weiterhin machte – fiel daneben ab: das Fehlen von Spielzeug, sein zu spätes nach Hause kommen, seine Ungezogenheiten. Wir appellierten zwar an seine Vernunft, richteten unsere Energie aber auf sein schulisches Fortkommen.

Michaels Versetzungszeugnis war der Höhepunkt seines bisherigen Werdegangs: »ausreichend« in den Hauptfächern, »sehr gut« in Sport, Verhalten in der Schule: »gut«! Er war immer noch ein angenehm stilles und ruhiges Kind, niemals herausfordernd, penetrant, frech oder unverschämt. Seine Streiche übte er im stillen aus. Auch im anschließenden Klärungsgespräch war er grundsätzlich zugänglich und wand sich dabei, als wolle er nur in den Arm genommen werden. Michael kostete seinen schulischen Erfolg aus und ließ sich feiern.

Im Juli fuhren wir auf die Insel Texel in ein schönes Ferienhaus, das wir gemietet hatten. Michael ging endlich gern zur Schule, war gesprächig, mitteilsam und beteiligte sich an unseren Mahlzeiten mit Freude und Appetit! Doch mit dem selbständig Hausaufgabenmachen haute es nicht hin. Es pendelte sich der Rhythmus: zwei Wochen Stubenarrest, zwei Wochen freies Spiel ein. Für Michael wurde das eigenartigerweise zur Normalität und verlor seinen Strafcharakter. Er beschwerte sich nie, war deswegen keineswegs ungehalten oder gereizt.

Wir trösteten uns damit, daß er ja nun bald in die Hauptschule kommen würde, und mit dem Hintergedanken, daß die besser lernenden Kinder in die weiterführenden Schulen abwandern würden und Michael dann wie von selbst befriedigendere Leistungen erbringen müßte. Weihnachten legten wir einen sportlichen Urlaub im Schnee ein. Michael besuchte mit Peter einen ganztägigen Skikurs und verbrachte viel Zeit mit seiner Großmutter, Peters Mutter. Diese Oma hatten unsere Kinder bisher noch gar nicht kennengelernt, und es war mein Wunsch, einen engeren Kontakt zu ihr zu finden.

Da von uns noch keiner Ski fahren konnte und für die Kleinen nur Halbtagskurse vorgesehen waren, stieß ich mit Andreas erst nachmittags zu der Gruppe. Michael war der absolute King. Schon nach kurzer Zeit konnte er recht gut laufen und steuern – viel besser als sein Vater, um von mir, die ich stets breitbeinig und wackelig das Schlußlicht der Truppe bildete, ganz zu schweigen! Jede Minute, die Michael nicht am Skihang verbrachte, teilte er mit seiner Oma, in die er geradezu vernarrt war. Alles, was sie sagte oder tat, war richtig. Stets saß er neben ihr, kroch förmlich in sie hinein. Seine Oma konnte »sooo schön« erzählen, war immer lustig und lachte viel: über einen Skifahrer, der schwer gestürzt war, über Leute, die krampfhaft versuchten, aus der Fahrspur anderer Skier herauszukommen und dabei hinfielen. »Ihr Norddeutschen seid eben humorlos. Da kann man nichts machen!« bemerkte sie abfällig, wenn ich nicht mitlachte, weil für mich in solchen Situationen der mögliche Schaden im Vordergrund stand. Auf Spaziergängen, in Geschäften oder Restaurants knüpfte sie schnell Kontakte mit fremden Menschen. Sie liebte die Gesellschaft und Unterhaltung anderer Leute. Wenn diese ihr im Verlauf des Gesprächs nicht widersprachen, dann berichtete sie später von »ganz reizenden Personen«, die sie getroffen hatte. Großzügig drückte sie Michael fast unbegrenzt Geld für die Musikbox in die

Hand, ließ ihn bei sich an der Theke sitzen und Cola trinken.

»Ich geh' schon mal zur Oma«, waren Michaels übliche Worte, nachdem er seine Skikleidung im Hotel achtlos auf den Fußboden geworfen hatte. Peter und ich überlegten so manches Mal, worüber sich Großmutter und Enkel wohl stundenlang austauschen mochten. Eines Morgens hatte Michael nach dem Frühstück seine Oma vom Zimmer abgeholt und kam Hand in Hand mit ihr kurz vor Beginn der Skischule in unseren Raum, wo ich seine Anziehsachen schon der Reihe nach zurechtgelegt hatte.

»Komm, Michael!« empfing ich ihn. »Der Kurs beginnt gleich, du mußt dich anziehen. Und du, Andreas: Tu hier das Ärmchen rein!«

»Ich kann das nicht mehr hören!« platzte es da auf einmal aus meiner Schwiegermutter heraus. »Immer wird dieser kleine Rotzlümmel verwöhnt, während Michael kaum deine Beachtung findet!«

Ich antwortete verdattert: »Aber seine Sachen sind doch schon vorbereitet! Er braucht sie nur anzuziehen! Er ist gut zehn Jahre alt und Andreas erst vier. Der kann sich noch nicht allein ankleiden!«

»Das sind doch alles nur Ausreden!« Ihre Stimme wurde schrill. »Du liebst Michael eben nicht! Ich weiß, wie das ist, ein ungeliebtes Kind zu sein! Meine Mutter wollte mich auch nicht haben. Genausowenig wie du Michael akzeptieren willst!«

Das waren also die schönen Geschichten, die die Oma Michael abends beibrachte! In meiner Antwort bebten Unmut und Verachtung: »Wenn deine Mutter dich nicht geliebt hat, dann weiß ich nicht, warum sie dein Kind aufgezogen hat. Denn du scheinst deinen Sohn noch weniger geliebt zu haben, sonst hättest du ihn nicht von seiner Großmutter erziehen lassen, hättest ihm zu Weihnachten oder zum Geburtstag wenigstens einmal ein Geschenk gemacht!«

Sie rang nach Luft: »Davon verstehst du rein gar nichts! Ich habe immer arbeiten müssen und mich selbst ernährt. Ich hatte kein Geld für Peter, und bei seiner Oma war er gut aufgehoben!«

Der Zorn überwältigte mich: »Peter hat von deiner Liebe aber nichts bemerkt. Oder hast du auch nur ein einziges Mal an seinem Bett gesessen, als er krank war?«

Peters Mutter rannte weinend aus dem Zimmer. Peter versuchte mich dazu zu überreden, mich bei ihr zu entschuldigen.

Jetzt mußte mein Mann meine Wut ertragen: »Was? Ich soll sie um Verzeihung bitten? Dafür, daß sie meinen eigenen Sohn gegen mich aufhetzt? Sie weiß gar nicht, was sie Michael damit antut! Wie kann jemand die Dreistigkeit besitzen, einem Kind einzureden, es würde von seiner Mutter nicht geliebt! Deine Mutter ist nicht bereit, Verantwortung zu übernehmen. Damals mit dir nicht, und heute mit Michael ebensowenig. Sie zerstört ihn! Das hat mit Liebe nichts zu tun!«

Ich fühlte mich ausgelaugt, empfand meine Situation als fatal. Den gesamten schulischen Bereich mit all seinen Problemen hatte ich übernommen und folglich Michael permanent antreiben müssen. Peter hingegen beschäftigte sich ausschließlich spielerisch mit den Kindern, in seiner Freizeit. Michael und Andreas erfüllte er jeden Spielzeugwunsch, hatte er doch selbst als Kind keine Spielsachen besessen. Wenn die Kinder das Wort »Eis« auch nur dachten, hatte Peter ihnen bereits eins gekauft! Er, der unter stärksten Entbehrungen aufgewachsen war, hatte sich geschworen, daß es seine Kinder besser haben sollten.

Ich bat meine Schwiegermutter nicht um Entschuldigung, und sie legte ihre beleidigte Miene schnell wieder ab. Mit glänzender Laune erschien sie zum Frühstück, das ich für uns alle auf dem Zimmer zubereitete, und ließ sich von mir skrupellos bedienen. Ich glaube – nein: Ich bin überzeugt, daß diese Frau gar kein Gewissen hat.

Am letzten Abend setzte sie allem noch die Krone auf. Ein gemeinsames Abendessen sollte den Abschluß unserer Ferien bilden, und – ganz außergewöhnlich! – Peters Mutter wollte uns einladen! Während Michael schon zu seiner Oma gerannt war, packten Peter, Andreas und ich die letzten Sachen in die Koffer und trugen sie zur angegebenen Zeit zu dem schon bereitstehenden Bus. Dann erschienen wir wie verabredet zu dritt im Restaurant. In einem kleinen Vorflur bot sich uns ein erschreckendes Bild: Michael weinte laut und zitterte am ganzen Körper. Seine Oma schrie hysterisch, zerrte an ihm herum und beschimpfte ihn. Peter trennte die beiden Kampfhähne, doch die Schwiegermutter beruhigte sich nicht: »Michael hat mein Geld gestohlen! Dieser Schurke! Ich kann das Essen hier nicht mehr bezahlen!«

Michael war unfähig, sich zu bewegen, stand wie gelähmt vor uns und heulte, daß es einen Stein erweichen konnte: »Nein Oma, wirklich nicht! Ich hab' dein Portemonnaie nicht!«

›Ich muß erst einmal das Kind beruhigen!‹ schoß es mir durch den Kopf. Ich beugte mich zu Michael hinunter und ordnete seine Kleidung. In ihrer Rage hatte Peters Mutter Michael durchsucht, alle Taschensäcke hingen heraus.

Die Oma schilderte den Hergang der Ereignisse: »Wir haben uns auf der ›Sonnenleitenalm‹ zu zweit einen letzten Kakao genehmigt und uns mit zwei reizenden Damen unterhalten. Da hatte ich meine Schillinge noch in der Börse. Und wie ich hier bezahlen will, ist sie weg! Jetzt kann ich euch gar nicht mehr einladen.«

Michael wich nicht von meiner Seite: »Aber Oma! Dein Portemonnaie lag doch die ganze Zeit offen auf unserem Tisch, und wir haben uns zwischendurch von unserem Platz entfernt! Ich hab' das Geld nicht. Wir zwei waren doch die ganze Zeit zusammen, du konntest die ganze Zeit sehen, was ich gemacht habe!«

Plötzlich war ihr Zorn wie weggeblasen: »Oh ja, Michael hat recht. Ob mich die beiden Damen bestohlen haben?«

Ich war kurz davor, meine Fassung zu verlieren. Deswegen nahm ich wortlos Michaels Hand und ging mit ihm vor die Tür. Langsam stapften wir durch den zauberhaft verschneiten Ort. Michael schluchzte immer noch unablässig vor sich hin, sein schmächtiger Körper wollte sich nicht mehr beruhigen und zuckte sogar noch, als er seine Tränen bereits bezwungen hatte.

»Mama?« unterbrach er das Schweigen. »Warum tut die Oma das? Warum hätte ich das Geld klauen sollen? Ich habe doch alles von ihr bekommen!« Ich tröstete ihn sanft, und sein Schüttelfrost ließ nach. Wieder erhob sich seine Kinderstimme aus der Stille heraus: »Mama, weißt du, was ich glaube? Die Oma hat kein Geld mehr gehabt und wollte das nur nicht zugeben! Weil sie uns überhaupt nicht ausführen kann!«

Die Erklärung war gut. Wahrscheinlich hatte Michael damit sogar den Nagel auf den Kopf getroffen. Aber seine

Erkenntnis war ihm kein Trost, und er begann erneut zu weinen. Ich redete ruhig auf ihn ein und sagte ihm, daß ich ihn sehr lieb hätte.

In einer der Straßen trafen wir auf Peter, Andreas und meine Schwiegermutter und kehrten dann doch noch zu einem gemeinsamen Essen ein, das wir am Ende bezahlten. Michael setzte sich zwischen Peter und mich und stellte sich den aufmunternden Worten seiner Großmutter gegenüber taub. Ich war erleichtert, daß ihr schlechter Einfluß nach unserer Abreise zum Erliegen kommen würde. ›Gott sei Dank sehen sie die Kinder erst mal nicht mehr!‹ dachte ich befreit.

Jugendsünden

Wenn Michael die Versetzung schaffen sollte – so hatten wir es ihm versprochen –, dann würden wir ihm ein Rennrad schenken. Er wollte schon seit langem eins haben. In Gedanken fuhr er bereits ein Modell, das er sich im Handel vorzeitig ausgesucht hatte: ein blaues mit Zehngangschaltung. Fachmännisch unterhielten sich Peter und er über die Handhabung der vielen Funktionen und Extras. »Mann, so ein Rad hätte ich als Kind auch gern gehabt!« kommentierte Peter sehnsüchtig. »Du mußt schön vorsichtig damit umgehen. So ein Rennrad ist ein hochempfindliches Gerät!«

Noch am gleichen Tag, an dem Michael sein Versetzungszeugnis in den Händen hielt, bekam er das Rennrad. Seinem technischen Verständnis nach hätte er das Geschenk gut behandeln können. Er aber machte ein Geländerad daraus, mit dem er unsanft umging. Er suchte sich bewußt holprige und schwierige Gelände aus, fuhr rasant über kleine Hügel, nahm jeden Stein und jeden Bordstein mit. Mit der Gangschaltung ging er um, als sei sie so stabil wie das Kettenlager eines Krans. Folge: Das Rad war ständig kaputt. Die Fahrradreparaturen wurden zu Peters Feierabendbeschäftigung.

In der Zwischenzeit hatte sich mein Mann betriebsintern zum Kundendiensttechniker umschulen lassen. Er hatte nun einen neuen Beruf und bezog ein anständiges Gehalt. Er hatte sogar einen Firmenwagen bekommen, den er auch privat nutzen durfte. Ich hörte auf zu arbeiten. Michael besuchte jetzt die Hauptschule, doch zu einer Leistungssteigerung kam es nicht! Die nächste Versetzung schaffte er mit Ach und Krach.

Besorgt um die noch vor ihm liegenden Schuljahre und um die eingeschränkten Berufsmöglichkeiten, die ihn erwarteten, konsultierten wir gemeinsam einen Neurologen. Vielleicht lag doch eine bisher unerkannte Behinderung vor, von der wir nichts wußten? Und wie begründete sich seine ausgeprägte Konzentrationsschwäche? Aber der Fachmann konnte keine meßbaren, von der Norm abweichenden Werte feststellen. Michael war vollkommen gesund und auch nicht dumm.

Wir gingen zum Schulpsychologen, der ebenfalls Tests mit Michael durchführte. Das Ergebnis besagte, Michael weise keine Verhaltensstörungen auf, er befände sich in einer »kindlichen Entwicklungsphase«, die durchgestanden werden müsse. Er weise eine außergewöhnlich starke Bindung an Vater und Mutter auf, meine Berufstätigkeit habe ihm nicht geschadet und er verfüge über ein sehr gutes Allgemeinwissen, ein ausgeprägtes technisches Verständnis sowie eine durchschnittliche Auffassungsgabe, mit der er durchaus gute Leistungen in der Hauptschule erbringen könne. Warum letzteres nicht der Fall sei – auf diese unsere Frage antwortete der Psychologe nur unpräzise. Es handele sich um »besondere« Schwierigkeiten in Michaels Entfaltung. Wir verließen den Arzt mit dem guten Testergebnis unseres Sohns in der Hand und mit der Überzeugung, als Eltern alles richtig zu machen.

Nach jahrelanger Überlegung rang sich Michael endlich zu einem konsequenten Fußballtraining durch. Sein fußballbegeisterter Klassenlehrer, der in der Schule sehr beliebt war, mag diesen Schritt gefördert haben. Michael träumte jetzt sogar davon, seinen Lebensunterhalt einmal im Bereich des bezahlten Fußballs zu verdienen. Zweimal wöchentlich wurde trainiert, wodurch sich Michaels Freizeit ziemlich einschränkte. Die Familie richtete sich nach ihm: Sonntags, wenn die Spiele ausgetragen wurden, standen wir mit ihm auf, das Frühstück wurde zubereitet, seine Sporttasche gepackt.

Der Enthusiasmus verebbte schnell, Unlust machte sich breit: das frühe Aufstehen, wenn man doch auch ausschlafen könnte, die Regelmäßigkeit des Ganzen, die Bestrafung seines Zuspätkommens durch Ausschluß vom Spiel ... Michael zeigte kein Durchhaltevermögen und boykottierte das Training. Damit war seine aktive Fußballzeit, kaum begonnen, schon wieder beendet!

»Michael, du bist so gut im Sport, es ist deine Lieblingsbeschäftigung«, versuchte ich ihn anzuspornen. »Warum gehst du nicht in einen anderen Verein? Neulich war ein Herr hier, der bei euerm Wettkampf im Gerätturnen zugesehen hat. Er ist begeistert von deinem Sieg und möchte dich für seinen Verein gewinnen!« Michaels lapidare Antwort: »Ich will mich von niemandem herumkommandieren lassen! Das können die mit anderen machen.«

Fortan verbrachte er seine freien Stunden lieber in dem Jugendheim, das sich gegenüber unserer Hausanlage befand. Als Elfjähriger lernte er auf diese Weise die verschiedensten Gesellschaftsspiele: Skat und Schach, Tischtennis und Billard. Er war anfangs mit viel Leidenschaft dabei, ließ sich von uns jeweils entsprechende

Spielmaterialien und Sportausrüstungen kaufen, möglichst »bitte nicht ganz so billig« – um sie dann, wenn die Freude daran nachließ, achtlos zu »verlieren«, kaputtzumachen oder zu verleihen.

Zur Karnevalszeit geriet Michael ganz außer Rand und Band. Er feierte tagelang ununterbrochen irgendwo mit anderen Jugendlichen, schlief wenig und kam immer erst zu nächtlicher Stunde nach Hause – meist angetrunken und ziemlich schmutzig. Schon als kleines Kind löste die bloße Ankündigung eines Jahrmarktsbesuchs bei Michael einen außerordentlichen Freudensausbruch aus. Von den bimmelnden Karussells, der lustigen Menschenmenge und den bunten Buden mochte er sich dann nicht mehr trennen. Nun genoß er den Trubel auf dem Rummelplatz oder im Karneval mit seinen Freunden, ging sogar ohne Geld im Portemonnaie los, da er sein Taschengeld bereits verjubelt hatte. Dabeisein war alles. Wir machten ihm Vorhaltungen und waren sehr verärgert über sein schlechtes Benehmen.

»Ich weiß, gestern abend habe ich wirklich etwas über die Stränge geschlagen«, entschuldigte er sich. »Es kommt nicht wieder vor. Karneval ist halt so wunderbar: Alle sind ausgelassen und fröhlich. Da muß man einfach mitmachen!« Aber bis zum nächsten Jahr waren seine guten Vorsätze vergessen, und alles ging von vorn los! Michael war ein typischer Mitläufer. In der Gesellschaft anderer Jugendlicher fühlte er sich wohl, und auch wenn er hin und wieder mit zerrissener Kleidung von der Kirmes zurückkehrte, so war er doch kein Schlägertyp, wurde selbst nicht handgreiflich und zog sich rechtzeitig zurück, wenn es brenzlig wurde.

Mit zwölf Jahren schloß er sich einer Gruppe von Halbstarken an, die älter als er waren und mit der Bierflasche in der Hand durch die Straßen zogen. Wir verboten ihm, zu spät nach Hause zu kommen, drohten mit Ausgehverbot und ermahnten ihn, keinen Alkohol zu trinken und mehr auf sein Äußeres zu achten. Im Kreis seiner neuen Freunde bekam Michaels Liebe zum Fußball eine andere Dimension: Nun hieß es, bei jedem Bundesligaspiel »seines« Vereins dabeizusein! Obwohl die Spiele frühestens Samstag nachmittag ausgetragen wurden, ging Michael an diesem für ihn so wichtigen Tag nicht in die Schule. Statt dessen bereitete er sich auf das kommende Ereignis vor, indem er sich frühzeitig mit den anderen Fußballanhängern in entsprechender Kleidung traf. Diese Stunden bedeuteten für Michael das höchste Glück. Die große Masse, in der er mitschwamm, bewegte sich schreiend, gröhlend und saufend durch die Stadt, bevölkerte die Straßenbahnen und feierte vor dem Stadion ihre Mannschaft.

Wenn Michaels Verein verloren hatte, kehrte er besoffen und laut schimpfend nach Hause zurück. Hatte er gewonnen, kam er noch später heim, ebenfalls betrunken, aber ruhig und zufrieden. Irgendwie trieb er anscheinend immer genug Fahrgeld auf, um dem Verein von Hamburg bis München überallhin zu folgen. Verschmutzt, ausgehungert, übermüdet und nach Bier oder Wein stinkend traf er je nach Entfernung nach ein oder zwei Tagen der Abwesenheit wieder bei uns ein. Uns gefiel das ganz und gar nicht. Wir untersagten ihm, zu den Auswärtsspielen zu reisen, und zwangen ihn, zur Schule zu gehen, indem wir ihn morgens selbst dorthin fuhren. Aber das hieß ja gar nichts: Er konnte die Schule schließlich jederzeit verlassen . . .

Eines Nachts riß uns das Läuten des Telefons aus dem Schlaf. Ein Bahnbeamter wollte wissen, ob wir Michaels Rückfahrkarte bezahlen würden. Peter und ich wollten zwar nicht, taten es aber trotzdem. Wir zogen uns an, fuhren in die Stadt zum Hauptbahnhof und lösten eine entsprechende Karte. Es wurde mit dem anderen Bahnhof telefoniert, und Michael erhielt seinen Fahrschein. Es schien, als legte Michael die Spielregeln fest und als wären wir nur Randfiguren. Gut genug, um ihm zu helfen, wenn er in Not geriet! Um zu retten, was noch zu retten war! In schwierigen Lagen vertraute er uns. »Irgendwie werden meine Eltern das schon regeln!« war dann seine Devise.

Je älter Michael wurde, desto mehr wurde das Thema »Geld« zum Streitobjekt. Schon als er klein war, hatten wir versucht, ihm mit Hilfe eines Sparschweins beizubringen, daß man sein Vermögen zusammenhalten muß. Aber er begriff es nicht, sparte im Gegensatz zu seinem Bruder nie etwas an. Sein Taschengeld konnte er ebensowenig einteilen, gab es sofort nach Erhalt aus. Folglich hatte er grundsätzlich leere Taschen. Immer wieder versuchte er, uns zu erweichen, erhielt auf das Versprechen hin, nächsten Monat sparsamer zu sein, eine Sonderration, bedankte sich überschwenglich – und verplemperte es sogleich wieder. Michaels Gier nach »noch mehr« machte uns allmählich größte Sorgen.

Seine Karriere als randalierender Zuschauer beendete er erst, als sein Verein nach zwei sehr anstrengenden Jahren in der Tabelle ganz nach unten gerutscht war. Sein neuer Zeitvertreib wurde die Zechprellerei: Mehrmals rief uns ein Gastwirt an und mahnte uns, das Geld für Michaels »Deckel« zu zahlen, sonst würde er uns wegen

Verletzung der Aufsichtspflicht verklagen. Wir hatten noch nie Ärger mit dem Gericht gehabt. Wieder einmal fuhr Peter mit Michael abends in eine Gaststube, um die Zeche unseres Sohnes nachträglich zu begleichen. Als sie ankamen, beschimpfte und beleidigte der Wirt Peter im Beisein der anderen Gäste. Michael habe ich nie wieder so bestürzt gesehen wie an diesem Abend! Er fühlte sich schuldig. Ob er daraufhin wirklich nur noch das bestellt hat, was er sich leisten konnte, wissen wir nicht. Möglich, daß er sich in der Zukunft nur geschickter anzustellen wußte!

Längst fuhr Michael auch ohne zu bezahlen mit den öffentlichen Verkehrsmitteln. Immer wieder flatterten uns entsprechende Aufforderungen ins Haus, die vierzig Mark Strafe zu löhnen. Ich überwies den Betrag, knöpfte mir Michael vor und beschwor ihn, sich von uns Fahrgeld geben zu lassen, wenn er es benötigte. Er nahm die Münzen, fuhr aber trotzdem weiter schwarz. Irgendwann kam der Punkt, an dem unser Sohn deswegen zum Einzelgespräch vor den Jugendrichter gebeten wurde. Ergebnis: Er mußte Sozialstunden ableisten.

Monate später bestellte ihn der Jugendrichter erneut. Dieses Mal wurde ihm unerlaubter Waffenbesitz vorgeworfen. Peter und ich fielen aus allen Wolken. Der Gegenstand, um den es sich handelte, war in unseren Augen ein Sportgerät gewesen: Es bestand aus zwei Hölzern, die mit einer Kette verbunden waren. Michael hatte das Ding zu Hause aufbewahrt und in bewundernswerter Weise zu handhaben gewußt. Vor Gericht erfuhren wir, daß Michael es aus einem fahrenden Auto geschleudert hatte – in der Tat ein grober Unfug und eine außerordentlich verantwortungslose Personengefährdung.

»Bist du gar nicht mehr bei Verstand?« fuhr ich ihn beim Verlassen des Gerichtssaals an. Ich war maßlos entrüstet und enttäuscht, denn Michael hatte uns überhaupt nicht auf den Vorfall vorbereitet. Prinzipiell erfuhren wir von seinen Missetaten erst durch amtliche Schreiben, was unsere Aufruhr zwar nicht dämpfte, wodurch wir aber zu sofortigem Handeln gezwungen waren.

Der Jugendrichter hatte eine Verwarnung ausgesprochen. Ich erinnere mich, daß Michael und ich kurz danach auf dem Flur stehenblieben und durch ein Fenster auf den Gefängnistrakt mit den vergitterten Scheiben blickten. Damals sagte ich zu ihm: »Junge, bist du eigentlich wahnsinnig? Denk doch nach über das, was du tust! Warum überlegst du nie? Frag uns vorher und nicht nachher! Das gibt nur Ärger. Es kann doch nicht angehen, daß du eines Tages auch in so einem Gefängnis landest?«

»Mama, ich geb' zu, ich wußte, daß das Ding zu den Waffen zählt! Aber das hat doch nichts mit den Zellen da drüben zu tun! Meinst du, ich lande wegen so einem Blödsinn im Kittchen? Ich paß schon auf, darauf kannst du dich verlassen!« höre ich ihn heute noch antworten.

Der nächste Schreck ließ nicht lange auf sich warten. Ein paar Wochen vor seinem vierzehnten Geburtstag bat Michael darum, ein Fest bei uns geben zu dürfen: »Aber keinen Kindergeburtstag! Ich will ein richtige Party mit allen meinen Freunden. Und Mädchen sollen auch kommen.«

»Natürlich darfst du deinen Geburtstag feiern, Schatz. Auch mit Mädchen. Aber du tust so, als wolltest du den ganzen Stadtteil einladen!« lachte ich.

»Nein, das nicht«, verharmloste Michael. »Aber das ist ja gerade das Schöne: daß jeder zu einer Party kommen kann, eben meine ganzen Freunde!«

Das Zimmer wurde verdunkelt, die Möbel herausgeräumt, der Boden mit Matratzen und Kissen ausgelegt. Ich setzte eine milde Bowle an, stellte Sprudel und Cola hin, bereitete etwas zu essen vor. Niemanden von all den jungen Leuten, die zu Michaels Geburtstag erschienen, kannten wir, und ich glaube, sie waren alle älter. Sie kamen in Gruppen, zu viert oder sechst, sagten unbekümmert guten Tag und strömten ins Partyzimmer. Der Raum war bald voll, die Musik unerträglich laut aufgedreht, die Tür wurde ständig wieder zugezogen. Ich sah, was ich nicht sehen sollte: Eine Schnapsflasche wurde herumgereicht. Ich griff ein, tastete die Gäste ab und nahm einigen Schnaps weg.

An die Wohnungstür ging ich nicht mehr: Wo sollten denn noch mehr Leute Platz haben? Aber das Schellen ließ nicht nach. Also öffnete ich schließlich doch. Eigenartige, schwarz gekleidete und mit Ketten verzierte Gestalten drängten sich an mir vorbei: »Komm Mutter, mach keinen Streß, wir wollen rein! Und wo wir rein wollen, kommen wir auch rein, klar?«

Diese netten Menschen brachten das Faß zum Überlaufen. Ich zog Michael aus dem Knäuel Jugendlicher heraus und drohte: »Wenn die Typen, die gerade gekommen sind, nicht augenblicklich das Haus verlassen, ist die Party aus!« Ich fühlte mich nicht mehr als Herr der Lage. Michael sprach auf die Neuankömmlinge ein, und sie verließen tatsächlich – wenn auch unter Protest – unsere Wohnung.

Als Peter von der Arbeit heimkam, standen ihm die Haare zu Berge. Ohne Umschweife forderte er Michaels »Freunde« auf, die Bude zu räumen. Genauso aufgebracht wie seine Gäste ging auch Michael. Er hätte am liebsten alles kurz und klein geschlagen: »Das hätte ich echt nicht von meinem Vater gedacht. Daß der mich noch nicht einmal meinen vierzehnten Geburtstag feiern läßt!«

Zurück`blieb ein Chaos erster Güte: ein von Essensresten und umgefallenen Getränken verklebter Teppich, herumliegende Scherben, eine Anzahl von Flaschen, die die Partygäste über den Balkon auf die Wiese geworfen und auf dem Spielplatz verstreut hatten. Michael fand die gewohnte Ordnung wieder vor, denn er kam an diesem Abend entsprechend spät nach Hause. Das waren die Stunden, in denen ich einen unbändigen Groll in mir hochsteigen fühlte und eine unglaubliche Verzweiflung. Ich wollte mich wehren gegen Michael, der sich dünn rechtfertigte: »Mit so vielen hatte ich auch nicht gerechnet! Daß ich so viele Freunde habe . . .«, und schleuderte ihm schnaubend entgegen: »Freunde? So ein Schwachsinn! Du glaubst doch nicht, daß dieses Pack Freundschaft für dich empfindet!«

Weihnachten stand vor der Tür. Michael hegte einen besonderen Wunsch. Seine Vorrede geriet daher sehr ausführlich: Eine Carrerabahn sollte es sein, »mit allen Schikanen«. Wir hatten bisher noch nie Geschenke dieser Art und Größenordnung gemacht und überlegten hin und her. Peter und ich dachten an Andreas, der noch Jahre mit der Bahn würde spielen können, und willigten schließlich ein. Es wurde ein schöner Heiligabend. Der Vater spielte mit seinen Söhnen in schönster Harmonie mit dem neuen Spielzeug, veranstaltete Rennen, kaufte in der nächsten Zeit weitere Einzelteile. Freunde kamen, um die Bahn zu bewundern.

Eines Nachmittags im Januar brachte Michael zwei Jugendliche mit nach Hause, die ich noch nicht kannte. Sie waren etwas älter als Michael und folgten ihm ins Kinderzimmer. ›Ach, die wollen auch mit der Bahn spielen!‹ vermutete ich. Doch bei näherer Betrachtung waren sie nicht gekommen, um ein Wettrennen zu fahren, sondern um das Geschenk abzubauen. Sorgfältig verpackten sie die Einzelteile in die jeweiligen Kartons. »Wo willst du die Bahn denn hinbringen?« fragte ich Michael naiv. »Ich will sie nirgendwo hinbringen«, versetzte der. »Die nehmen meine Kumpels mit! Ich hab' sie ihnen verkauft. Ist ja schließlich meine!«

Ich schluckte hörbar: »Was? Was fällt dir ein! Dein Vater und ich haben auf unsere Weihnachtsgeschenke verzichtet, damit wir die teure Bahn kaufen konnten, und sie gehört doch zumindest auch zu einem Teil Andreas!« Michael hatte wieder einmal die Wahrheit zu seinen Gunsten verdreht. Die beiden jungen Männer ließen sich nicht stören. Schon verließen sie mit der zerlegten Carrerabahn unterm Arm – jeder trug einen Karton – die Wohnung. Michael begleitete sie.

Peter war sehr verletzt und aufgebracht. Er machte mir Vorwürfe. »Ich kann doch nicht jeden Tag auf die Bahn aufpassen, nur damit Michael sie nicht verkauft!« entgegnete ich. »Wenn ich es heute verhindert hätte – er hätte es morgen wieder versucht, oder übermorgen, oder überübermorgen!« Längst stritten wir Eltern oft und schoben uns den schwarzen Peter in Sachen Erziehung gegenseitig zu. Wir beschuldigten einander, zu streng zu sein, zu nachgiebig, nicht konsequent genug. »Kehrt hier auch nochmal wieder Ruhe ein?« unterbrach uns Michael harsch, wenn auch Andreas in die Diskussionen verwikkelt wurde, der von dem einen oder anderen Vergehen des Bruders gewußt zu haben schien, bevor wir es aufdeckten.

Michaels Gesamtverhalten war uns eindeutig über den Kopf gewachsen. Unsere Möglichkeiten, ihn positiv zu beeinflussen, schrumpften von Tag zu Tag. Das war schon die Zeit, in der wir Angst hatten, nach der Arbeit heimzukommen. Alkohol bewahrten wir schon lange nicht mehr im Haus auf. Auf unser Geld paßten wir höllisch auf. Michael manövrierte sich mit vielen Lügengeschichten durch das Geschehen. Er blieb bei seiner erfolgreichen Taktik, sich in unserem Beisein ruhig und besonnen zu verhalten, uns niemals zu widersprechen und keine deutlichen Forderungen zu stellen.

Jede Woche erschien er mit einer neuen Tätowierung auf dem Arm. Es waren äußerst dilettantische Musterungen, die sich die Jugendlichen gegenseitig in die Haut ritzten. Michaels Arme sahen widerlich und abschreckend aus. Die Motive waren an Primitivität nicht mehr zu überbieten. Ohne langärmlige Bekleidung konnten wir unseren Sohn bald nicht mehr ansehen, so verunstaltet waren beide Arme. Mich überkam ein Ekelgefühl beim bloßen Anblick. Unzählige Male versuchten wir mit ihm zu sprechen, erklärten ihm die Zusammenhänge zwischen dieser scheußlichen Selbstverstümmelung und seinem Seelenzustand.

In der Tat verhielt es sich so, daß bereits mit Beginn seines sechsten Schuljahrs bekanntgegeben worden war, daß die Schule, in die Michael nun ging, geschlossen werden sollte. Die Kinder wollte man zwar im Klassenverband belassen, aber allmählich auf die umliegenden Schulen verteilen. Damals machte sich in allen Klassen eine große Unruhe breit. Die Lehrer, die eine andere adäquate Stelle angeboten bekamen, gingen fort. Bis zum Ende seiner Schulzeit, die Michael noch auf der gewohnten Schule absolvieren durfte, hatte er vier verschiedene Klassenlehrer. Es herrschte eine allgemeine Untergangsstimmung. Das Erstellen sinnvoller Lehrpläne war praktisch unmöglich.

Diese äußeren Wechselbäder, der immer noch auf ihm lastende Leistungsdruck, die Ungewißheit seiner Zukunft und überhaupt die Pubertät gaben in unseren Augen Anlaß zu Michaels Suche nach Orientierung. Doch er grinste nur: »Klar, einige Tätowierungen sind nicht so gut gelungen! Aber übertreibt doch nicht gleich so! Sind ja schließlich meine Arme und meine Haut, nicht?«

Da hatte er recht: Es war sein Körper, über den er seinem Unvermögen entsprechend bestimmte. Nachdem er längere Zeit mit diesen Armen herumgelaufen war, begann er, die Muster eigenhändig zu entfernen. Er kratzte sich die Haut großflächig ab. Ich versorgte die Wunden. Die Hautschädigung heilte – die Tätowierungen blieben!

Um seine geistige Verfassung zu verbessern, ließ ich mir einen Termin bei der Berufsberatung geben. Ich überlegte: ›Wenn der Junge erst einmal eine Berufsperspektive hat, ein lohnendes Ziel, auf das er zuarbeitet, dann lösen sich die Probleme vielleicht bald!‹ Michael ging mit mir hin, wie gewohnt mit langen Ärmeln. Trotzdem entdeckte der Berater die Verzierungen, die bis zu Michaels Handgelenk reichten, und bat ihn, die Ärmel hochzukrempeln. Es folgte ein längeres Gespräch zwischen dem Beamten und Michael über diese und jene Tätowierung. Jetzt gab mein Sohn zum ersten Mal zu, daß er diese Bilder hasse und alles tun würde, um sie wieder loszuwerden. Die eigentliche Berufsberatung war alles andere als erfolgreich: Schon allein die miserablen Ergebnisse der bisherigen Schulzeugnisse schlossen die Vermittlung einer Lehrstelle so gut wie aus.

Zu Hause griff ich die Diskussion über eine mögliche Entfernung der Tätowierungen auf. Michael blieb bei seiner Entscheidung, die »Dinger wegzubekommen«. Also machten wir uns auf den Weg zu Dermatologen, Haut- und Universitätskliniken, versuchten, eine Kostenübernahme seitens der Krankenkasse zu erwirken. Das Problem war, daß es kein medizinisch erprobtes Mittel zur Beseitigung der Farbeinritzungen gab. Endlich hatten wir bei einem Chirurgen Glück. Kopfschüttelnd betrachtete er die häßlichen Zeichen. Ich glaube, er hatte Mitleid mit einem jungen Menschen, der sich mit diesen abstoßenden Verunstaltungen ein Leben lang hätte auseinandersetzen müssen. Jedenfalls bot er sich an, die Operation durchzuführen.

Stundenlang schnitten mehrere Ärzte Punkt für Punkt aus Michaels Haut, mußten tief bis ins Untergewebe gehen, was soviel hieß, daß eine größere Narbenbildung zu erwarten war. Ich harrte derweil auf der Bank im Flur aus: ›Ein ganzes Operationsteam ist mit meinem unnützen Sohn beschäftigt!‹ dachte ich schuldbewußt. ›Und das alles nur, um diese idiotischen Tätowierungen von seinem Körper zu kriegen!‹ Endlich war der Eingriff überstanden. Der Arzt kam ruhig auf mich zu: »Diese Tätowierungen habe ich entfernt. Aber mit allem, was in Zukunft auf Sie zukommt, müssen Sie selber fertigwerden! Übrigens: Ich werde mich niemals mehr dazu hergeben, Tätowierungen bei Ihrem Sohn herauszuschneiden!« Damit war ich entlassen, und Michael schlief seine Narkose aus.

Der tägliche Verbandwechsel muß Michael sehr weh getan haben, aber er verzog keine Miene. Später wurden die Narben mit einer Salbe gepflegt. Allerdings sind sie heute noch sichtbar, bei genauem Hinsehen bilden sie das jeweilige Muster der vorherigen Tätowierung.

Michael ertrug freiwillig Schmerzen, um diese Jugendsünde nicht mehr sehen und spüren zu müssen. Er fühlte sich ein wenig wie ein Held. Ohne aufdringlich zu sein, erläuterte er jedem, der ihn danach fragte, was er mit seinen Armen gemacht hatte, und daß er Operationsnarben davongetragen habe.

Mit Beendigung der neunten Hauptschulklasse verließ Michael die Schule. Die zehnte Klasse war damals noch nicht Pflicht, außerdem hätte er sie aufgrund seiner Minderleistung mit Sicherheit nicht bestanden. Damit war dieses Kapitel seines Lebens abgeschlossen. Er mußte nun unbedingt eine Lehrstelle finden, obwohl die Chancen auf eine Berufsausbildung sogar für Abiturienten und Realschüler zu der Zeit sehr schlecht standen. Kaum ein Drittel aller Hauptschulabgänger bekam eine Lehrstelle.

Der Berufsberater unternahm nicht einmal den Versuch einer Vermittlung. Michael hatte überhaupt keine Vorstellung davon, was ihm auf Dauer Spaß machen würde. Aber Geld verdienen wollte er. Um sich ein schweres Motorrad und später eine eigene Wohnung leisten zu können.

Viel zuviele Jugendliche lebten damals unserer Meinung nach in den Tag hinein. Und überall und jedem erzählten wir Eltern von unserer Sorge, etwas Geeignetes für Michael zu finden. Ich litt an schmerzhaften Rückenverspannungen, die ich von einem Masseur behandeln ließ. Eines Tages sprach ich mit ihm über unser Problem. Er wußte Rat: Er kannte einen Bäcker, den er fragen wollte, ob er Michael nicht einstellen könne!

Zu Hause wurde der Beruf des Bäckers noch am gleichen Tag besprochen. Michael fand ihn bei näherer Betrachtung gar nicht schlecht, ja, er war richtig angetan! Nur das frühe Aufstehen – das war uns allen klar – würde ihm sicher sehr schwerfallen.

Beim Vorstellungsgespräch hinterließ Michael wie stets einen guten Eindruck. Durch seine abwartende, unauffällige Art und mit seiner Fähigkeit, auf Fragen sachlich zu antworten, gewann er den Bäcker für sich. Dann sprach ihn der Meister auf die Verbände an seinen Armen an. Ohne Schnörkel oder Umschweife erklärte Michael sie ihm. »Das ist gut«, sagte der Bäcker, »daß du dir deine Tätowierungen entfernt hast! Ich habe noch nie einen Bäcker eingestellt, der tätowiert war. Bei mir darf man sich keine Marotten leisten. Und wenn ich irgendeine neue Tätowierung bei dir entdecke, werf' ich dich hochkant raus. Bei mir wird gearbeitet, und wehe, du kommst morgens zu spät oder bist nicht sauber und ordentlich gekleidet!«

Das war eine deutliche Sprache. Wir vereinbarten, daß Peter und ich Kontakt mit dem Bäckermeister halten würden. »Darauf können Sie sich verlassen«, meinte der. »Bei der geringsten Schwierigkeit rufe ich Sie an! Mir tanzt niemand auf der Nase herum. Darauf kann sich Michael gleich gefaßt machen.«

Der Lehrvertrag wurde unterschrieben. Eine rosige, sichere Zukunft tat sich für Michael auf. Er war glücklich, aufgeschlossen, wie verwandelt. In den nächsten Wochen blieb er zu Hause, war nie betrunken, erzählte viel und nahm am Familienleben teil. Die Schule war aus, und er hatte bereits eine Lehrstelle! Wie eine Last warf er die Probleme der Vergangenheit ab und schwelgte in Plänen.

Auch daß Andreas ein sehr guter Schüler war, konnte er nun leicht ertragen. Seit unser Jüngster in die zweite Klasse gekommen war, arbeitete ich wieder ganztägig in einem Büro. Die freundschaftliche Zuneigung meiner Kollegen und Kolleginnen half mir über so manchen Konflikt mit Michael hinweg. Und Andreas entwickelte sich zu einem zuverlässigen Schlüsselkind, erwies sich tagtäglich als unkomplizierter, selbständiger Junge.

Seine Klassenlehrerin war zufällig eine, die Michael auch gehabt hatte und mit der Michael zu seiner Zeit nur schwer zurechtgekommen war. »Andreas macht mir sehr viel Freude!« strahlte mich die Lehrerin nun bei einem Sprechstundenbesuch vorbehaltlos an. Kein Wunder – Andreas' Klassenarbeiten und Zeugnisse fielen in der Regel »sehr gut« aus, selten »nur« gut! ›Es ist aber auch wirklich leicht, einem intelligenten Kind den Lehrstoff zu vermitteln!‹ dachte ich etwas gekränkt. ›Aber was wird aus den weniger Begabten? Sie können nichts für ihre Veranlagung und haben eine schwere Bürde zu tragen! Schlimmer noch, sie werden unentwegt vor der ganzen Klasse gedemütigt und diskriminiert.‹ Doch für Andreas freute ich mich natürlich.

Vergnügt fuhren wir in den Sommermonaten zu viert nach Spanien. Seit einigen Jahren mieteten wir dort immer das gleiche Haus, tauchten im Urlaub also in eine bekannte, liebgewordene Umgebung ein, die uns zum zweiten Zuhause geworden war. Die Kinder und wir hatten dort Freunde und Bekannte, die wir jedes Jahr wieder trafen.

Ohne Frage: Michael war der Kontaktfreudigste unter uns. Er brachte viele Jugendliche in unser Spanienhaus, alles nette, umgängliche, junge Menschen. Wir diskutierten miteinander, spielten Karten, verabredeten uns zum Tennis, gingen abends mit Michaels Freunden in eine Diskothek, wo wir auch deren Eltern trafen, und verlebten sehr schöne gemeinsame Stunden.

Durch sein respektvolles Auftreten war Michael auch in den Elternhäusern seiner Urlaubsbekanntschaften bald willkommen. Unser braver, wohlerzogener Sohn wurde gelobt. Wir fühlten uns so erlöst, daß wir mit Michael die Schule überstanden hatten, daß wir die Ferien in vollen Zügen auskosteten. Gegen Ende des Urlaubs war Michael nur noch unterwegs und kam lediglich nachts nach Hause, um sich ein paar Stunden Schlaf zu gönnen.

Überschwenglich erzählte er uns, er habe eine Freundin, in deren Haus er versorgt werde. Dann bat er, noch zwei Wochen länger in Spanien bleiben zu dürfen, um bei ihr zu bleiben. Er könne bei den Eltern des Mädchens wohnen. In zwei Wochen wollte Michael mit einem jungen Mann im Pkw nach Deutschland zurückkehren. Er brauche noch nicht einmal Benzingeld zu zahlen, denn der Bekannte fahre ja sowieso. Peter und ich sprachen mit den Eltern des Mädchens, wiesen sie nachdrücklich darauf hin, daß ein Zusammenleben mit Michael nicht einfach sein würde und baten sie, besonders darauf zu achten, daß unser Sohn nicht in Lokalen anschreiben ließ. Trotzdem ließen sie sich von ihrem Vorhaben nicht abbringen, denn sie waren begeistert von Michael: »So einen patenten Sohn wie den Ihren hätte ich auch gern!« sagte der Vater.

Obwohl Peter und mir bei der ganzen Sache nicht recht wohl war, willigten wir schließlich ein. Es kam, wie es kommen mußte: Gut eine Woche später erreichte uns ein Anruf von Michael, der uns mitteilte, er brauche nun doch etwas Geld für die Rückreise, weil sein Bekannter nicht mehr genug für die Tankfüllungen und Autobahngebühren übrig habe. ›Also doch noch höhere Kosten!‹ dachte ich bei mir, rief den Hausverwalter des Wohnparks in Spanien an und bat ihn, Michael zweihundertfünfzig Mark auszuhändigen, die ich per Postanweisung sofort an seine Adresse schicken wollte.

Wie verabredet traf Michael bei uns zu Hause ein. Er war begeistert von seinen zwei letzten Urlaubswochen. Alles sei so schön gewesen, auch die Eltern der Freundin seien »echt in Ordnung«. In vierzehn Tagen, wenn sich die Freundin wieder in Deutschland aufhalte, wolle er sie besuchen fahren. Die beiden telefonierten täglich, und dann reiste Michael also übers Wochenende zu seiner Freundin. Wir steuerten das Fahrgeld und etwas Taschengeld bei. Am Sonntagabend war Michael nach seiner Rückkehr sehr einsilbig und versuchte, unsere Fragen zu umgehen. Schwanger war das Mädchen nicht, das verneinte er klar. »Aber«, schlängelte er sich durch die Antwort, »das Wochenende war nicht so schön wie der Urlaub . . .« Er verstehe sich mit seiner Freundin gar nicht mehr recht, und auch die Eltern waren nicht mehr so freundlich. »Ach, weißt du, Michael«, wollte ich ihn trösten, »im Urlaub sieht vieles anders aus als im Alltag daheim!«

Michael rief seine Freundin nun nicht mehr an, aber sie meldete sich mehrmals. Über »Ja!«, »Nein!«, »Ja sicher, das mach' ich!« und »Na klar, darauf kannst du dich verlassen!« gingen seine Antworten nicht hinaus. »Die spinnt wohl!« setzte er beim Auflegen des Hörers noch hinterher. Uns war klar, daß da etwas nicht stimmen konnte. Michael versicherte uns, daß sich das Mädchen nicht in anderen

Umständen befände, aber irgend etwas war nicht in Ordnung.

»Verdammt noch mal«, sagten wir zu Michael, »warum erzählst du uns nicht, was passiert ist? Sei doch wenigstens einmal so mutig und steh zu dem, was du angerichtet hast!« Michael blieb still, murmelte nur, die Freundin gehe ihm »so langsam auf die Nerven«. Einige Wochen später klingelte das Telefon: die Mutter des Mädchens. »Ich würde gern die zweihundert Mark, die ich Michael in Spanien als Taschengeld zur Verfügung gestellt habe, wiederhaben! Wissen Sie, die beiden haben im Schwimmbadrestaurant für sage und schreibe sechshundert Mark anschreiben lassen! Die haben wir bezahlt, obwohl wir dadurch kaum noch Geld für die Rückreise hatten. Ich würde zumindest die zusätzlichen zweihundert gern zurückbekommen!« Dann ließ sie noch ihren Ärger ab, erzählte, daß unser Sohn und ihre Tochter ihnen in diesen zwei Wochen den letzten Nerv geraubt hätten und an eine Erholung nicht mehr zu denken gewesen wäre.

Ich erinnerte die Mutter daran, daß wir sie auf das Problem mit dem Anschreiben ausdrücklich aufmerksam gemacht hatten und bedauerte, ihr nicht helfen zu können. Innerlich kochte ich vor Wut und stürzte mich nach dem Telefonat mit vielen Vorwürfen auf Michael: »Du hast schon wieder Menschen, die dir volles Vertrauen entgegengebracht haben, ausgenutzt, nein: ausgebeutet! Und in was für eine Situation bringst du uns ... Wie kann man das Wohlwollen anderer derart überstrapazieren! Du schaffst es einfach nicht, deinen Absichten treu zu bleiben. Du suchst immer nur deinen Vorteil!«

Michael reagierte ruhig: »Ich hab' die Kohle mit meiner Freundin zusammen ausgegeben. Ich seh' auch gar nicht ein, daß ich etwas von meinem ersten Lehrlingsgehalt dafür abzwacke. Das Ganze artet doch total aus! Ihr macht aus einer Mücke einen Elefanten!« Wenig später erhielten wir das Schreiben eines Rechtsanwalts, der uns aufforderte, die besagte Summe zu überweisen. Ich schrieb der Familie ausführlich zurück und erinnerte abermals an unser Gespräch. Daraufhin erhielten wir keinen Brief mehr. Das Geld ist nie bezahlt worden. Michael war mit dieser Lösung sehr zufrieden: Er war befreit von diesen Belästigungen und hatte keinen Pfennig für seinen Extraurlaub blechen müssen. Er mußte sich nur geschickt anstellen – so schien es –, dann bekam er, was er wollte!

Der Beginn seiner Lehrzeit stand unter anderen Vorzeichen: Das frühe Klingeln des Weckers zu Hause, das ständige Gehen und Stehen während der Arbeit schafften ihn. Nachmittags schleppte er sich erschöpft von der Bäckerei nach Hause und schlief erst einmal ein paar Stunden. In den ersten Wochen war er sogar abends immer früh daheim, um zeitig zu Bett zu gehen. Sein Meister kritisierte ihn zunächst: Er arbeite zu langsam, er habe zwei linke Hände, wolle einige Arbeitsvorgänge wohl einfach nicht begreifen. Aber die anderen Mitarbeiter im Betrieb waren Michael sehr zugetan, lobten seine zuvorkommende, sympathische Art, seine Hilfsbereitschaft und Gelassenheit. Etwa zwei Monate später hatte Michael seine Anfangsschwierigkeiten überwunden, sich die einzelnen Abläufe eingeprägt und erbrachte damit wohl auch eine zufriedenstellende Arbeitsleistung.

Morgens fuhr ich Michael mit dem Auto zur Lehre. Zu so früher Stunde gab es noch keine öffentlichen Verkehrsmittel, und Peter mußte täglich im Rahmen seiner Berufstätigkeit genug hinter dem Steuer sitzen. Nach einiger

Zeit erstanden wir für Michael ein gut erhaltenes, gebrauchtes Mofa. Um fünf Uhr weckte ich ihn, um sicher zu sein, daß er auch rechtzeitig aufstand. War er einmal zu spät dran oder auch bei Regen und Kälte fuhr ich ihn mit dem Wagen.

Der Sohn des Bäckermeisters hatte zusammen mit Michael seine Ausbildung im väterlichen Betrieb aufgenommen. Er war etwas älter und hatte Realschulabschluß. Beide gingen in die gleiche Berufsschulklasse. Ihm fiel das Lernen natürlich wesentlich leichter als Michael, und mit den Arbeiten in der Bäckerei war er längst vertraut. Mit der Zeit entwickelte sich zwischen den beiden unterschiedlichen Jungen ein fast freundschaftliches Verhältnis, es entstand ein Ausgleich zu dem häufig sehr hektischen und leicht erregbaren Lehrherrn.

Nichtsdestotrotz befand sich Michael einmal mehr unter totaler Kontrolle. Kein falscher Handgriff in der Bäkkerei, der nicht sofort bemängelt wurde, keine Fehlleistung in der Berufsschule, die der Meister nicht mitbekam und uns telefonisch durchgab. Zur Berufsschule wurde Michael von uns grundsätzlich hingefahren, weil wir streng darauf achten wollten, daß er sie nicht schwänzte.

Tatsächlich zeigte er Bereitschaft und Interesse. Vieles mußte er sich neu erschließen. Bei den Dreisatzaufgaben hatte er zum Beispiel nach wie vor große Mühe, den Text der Fragestellung in einen Rechenvorgang umzusetzen. Seine Rechtschreibung war schlimm: keine Zeile ohne Fehler. Immerhin war es erfreulich, daß er aus eigenem Antrieb lernen wollte, wenn auch in einem immer noch zu geringem Maß. Er forderte mich auf, ihm zu helfen. Das Errechnen der Teigmengen, ausgehend vom Mehlgewicht, brachte ihm der Meister während der Arbeit in der

Bäckerei bei. Michael war gut darin: Er kannte alle Teige und Zutaten, die Berechnungen fielen ihm nach längerer Übung leicht. Die Benotungen in der Berufsschule gerieten nicht schlechter als »ausreichend« – eine gute Basis, um versetzt zu werden!

Das Thema Lehre und Berufsschule nahm einen großen Raum in unseren Unterhaltungen ein. Wir ermutigten Michael, lobten ihn und bedauerten ihn, wenn er viel gearbeitet hatte und müde war. Immer wieder betonten wir, daß er alle Anstrengungen auf sich nehmen müsse, um seine Lehre zu einem zukunftsträchtigen Abschluß zu bringen. Wir lockten ihn damit, daß wir ihm nach einer erfolgreichen Prüfung den Führerschein schenken würden, und besprachen auch eine Zuzahlung zum ersten Auto. Um ihm Sicherheit zu vermitteln, betonten wir außerdem, daß er – sollte er wider Erwarten in der Berufsschule sitzenbleiben oder die Zwischen- bzw. Gesellenprüfung nicht bestehen – immer noch die Möglichkeit habe, ein Jahr zu wiederholen: »Du hast dein ganzes Leben vor dir. Auf ein oder zwei Jahre kommt es wirklich nicht an!«

Auch der Meister wollte Michael unter allen Umständen bis zum Erhalt des Gesellenbriefs begleiten und erklärte uns, er sei mit jedem Kompromiß, der eventuell nötig werden könnte, einverstanden. Im Grunde aber war er überzeugt, daß Michael mit seiner guten Arbeitsleistung und dem immerhin ausreichenden schulischen Wissen nach dreijähriger Lehrzeit seine Gesellenprüfung ablegen würde.

Das Lehrlingsgehalt durfte Michael ganz für sich behalten. Aber auch jetzt kam er mit seinem Geld nicht aus. Immer wieder lieferte das leidige Thema neuen Gesprächsstoff: »Bitte leiht mir etwas!« Am Anfang des nächsten Monats gab er uns den betreffenden Betrag zwar zurück, aber es lief darauf hinaus, daß er nun bereits am Monatsbeginn zuwenig Geld hatte und uns spätestens bis Mitte des Monats erneut anpumpte. Es war ein Kreislauf, der nie enden wollte und uns schrecklich auf die Nerven ging. Der Streit mit Peter war vorprogrammiert: »Was, du hast ihm schon wieder Geld gegeben? Ich habe ihm doch erst gestern zwanzig Mark geliehen!«

Wir waren in einer Zwickmühle: Einerseits mußte Michael dringend lernen, mit seinem Geld wirtschaftlich umzugehen, andererseits durften wir ihn nicht einmal in die Nähe der Gefahr kommen lassen zu stehlen, Schulden zu machen oder mit der Straßenbahn schwarz zu fahren. Wir begleiteten ihn niemals im Auto zur Berufsschule, ohne ihm nicht auch Geld für eine Rückfahrkarte zu geben.

Ein einziges Ziel bestimmte unser Handeln und Denken: Michael durch die Lehrjahre zu bringen, ihn mit allen Mitteln zu unterstützen. Unsere eigenen Bedürfnisse ordneten wir dem ganz unter. Michaels Wünschen gaben wir, soweit es vertretbar war, nach. Wir übersahen sein für uns oft unverständliches Handeln, wollten alles ertragen, wenn er nur die Lehrzeit durchstände.

Trotz all unserer Bemühungen und Hilfestellungen brachte sich Michael immer wieder in Schwierigkeiten. Er war ja prinzipiell motiviert, aber die Regelmäßigkeit und die ständige Überwachung veranlaßten ihn dazu, ab und zu einmal aus dem gewohnten Trott auszubrechen. Klingelte morgens um sechs das Telefon bei uns, dann war sofort klar: Das konnte nur Michaels Chef sein! Aufgebracht schrie er in den Hörer, Michael sei nicht zur Arbeit erschienen! Wir Eltern hätten dafür zu sorgen, daß er augenblicklich käme. Hastig schlüpften Peter und ich in unsere Kleider. Manchmal läutete das Telefon schon kurze Zeit später erneut: Michael war inzwischen in der Bäkkerei eingetroffen. War dies nicht der Fall, mußten wir ihn suchen, irgendwo auf den Straßen. Wir fuhren die Umgebung ab, in der Hoffnung, sein Mofa zu entdecken. Einige Male hatten wir Glück: Wir stellten uns vor das Haus, vor dem das Zweirad parkte, und riefen in aller Herrgottsfrühe lauthals nach Michael.

Kam er endlich heraus, dann packten wir ihn ins Auto und fuhren schnurstracks zur Bäckerei. Daraufhin stand das Mofa natürlich nie wieder auf einer Straße . . . Wir mußten Andreas befragen, ob er eine Ahnung hätte, wo wir Michael finden könnten. Zuweilen hatte er eine Idee, und dank seiner Informationen war die Suche öfter erfolgreich. Natürlich haben wir auch manchmal vor einem Haus laut nach Michael gerufen, in dem er sich nicht aufhielt. Dann mußten wir gezwungenermaßen den Meister anrufen, der sich sehr ungehalten gebärdete: »Eine Unverschämtheit ist das, diese Unzuverlässigkeit! Sie sind nicht imstande, diesen Bengel richtig zu erziehen! Sie haben ihn nicht im Griff, Sie! Ich schmeiß' ihn raus, den Michael! Nacharbeiten kann er die Stunden, jawohl!«

Nachdem wir solche Abreibungen erhalten hatten, durften wir uns auf unsere eigene Arbeit vorbereiten. Verzweifelt hatten wir wieder einmal unsere ergebnislose morgendliche Suche abgebrochen, weckten Andreas und baten ihn um Hilfe. Schlaftrunken besann er sich: »Hört mal, da fällt mir etwas ein! Seht doch mal bei uns im Keller nach!« Und wirklich: Michael hatte sich in unserem Keller verkrochen, wo er sich so etwas Ähnliches wie eine

Schlafstelle eingerichtet hatte. Er schlummerte tief. Wir rüttelten ihn wach und flitzten mit ihm zur Bäckerei.

Wenn die Berufsschule aus irgendwelchen Gründen früher als normal aufhörte, dann hätte Michael eigentlich anschließend mit dem Sohn des Meisters zur Bäckerei fahren müssen, um dort noch etwas zu arbeiten. Doch je nach Lust und Laune stieg Michael, wenn sein Kollege gerade durch unseren Stadtteil fuhr, einfach aus und beendete eigenmächtig seinen Arbeitstag. Das brachte den Lehrherrn einmal mehr auf die Palme: »Hören Sie, ich habe keine Lust, mich über Ihren Sohn aufzuregen. Meine Nerven sind mir dafür zu schade. Bei der nächsten Kleinigkeit fliegt er aus der Lehre!«

Ich entschuldigte mich für Michael und verkniff es mir, den Meister darauf hinzuweisen, daß Michaels Arbeitstag ungewöhnlich lang war: In anderen Bäckereien wurde um zwölf, dreizehn Uhr nicht mehr gebacken, während Michaels Chef die Anwesenheit seiner Lehrlinge den Erfordernissen seines Betriebs entsprechend ohne Rücksicht auf Verluste forderte und die vorgeschriebene Arbeitszeit für Auszubildende keineswegs einhielt. Ich wollte Michaels Abschluß nicht gefährden. Er mußte diese Gelegenheit nutzen, denn seine Möglichkeiten waren stark eingeschränkt, und immerhin machte ihm das Bäckerhandwerk großen Spaß. Er hatte Freude an der Tätigkeit als solcher, er verstand sich mit seinen Kollegen, und automatisch reihte sich ein Monat an den anderen.

Schon bald war das erste Jahr um. Manchmal überstiegen die Anforderungen Michaels Kapazitäten, und er ließ sich krankschreiben. Stolz zeigte er mir seine gültige Arbeitsunfähigkeitsbescheinigung. Peter und ich versuchten ihm klarzumachen, daß er regelmäßig zur Arbeit gehen müsse, daß er sich als zuverlässiger Mitarbeiter erweisen solle, daß bei seinem Fehlen jemand anderes seine Aufgaben übernehmen mußte. »Es ist besser für dich, wenn du nicht blaumachst!« überzeugten wir ihn. In solchen Augenblicken wollte der Bäcker über so manchen Ärger in der Vergangenheit hinwegsehen und lobte Michael, weil er trotz Krankheit freiwillig zu ihm kam.

Die erste große Krise zeichnete sich zur Faschingszeit ab. Michael tauchte unter, kam tagelang nicht nach Hause. Um ihn suchen zu können, nahmen Peter und ich uns am Karnevalsdienstag frei. Wir gingen mittlerweile davon aus, daß unser Sohn nicht mehr aus eigenem Antrieb den Weg nach Hause finden würde ...

Schon am Vormittag erspähten wir ihn in der Stadt: Er stand einfach mit einer Gruppe Jugendlicher auf dem Bürgersteig. Wir schnappten ihn uns, steckten ihn in die Badewanne, telefonierten mit dem Meister und fuhren zu dritt zur Bäckerei. Der Bäcker war sehr ärgerlich, tobte und wollte Michael entlassen. Wir flehten um Einhaltung des Lehrvertrags.

Michael spielte den Zerknirschten, bestätigte die Vorwürfe seines Lehrherrn und bat um Nachsicht: »Ich wollte bloß ein bißchen feiern.« Plötzlich beruhigte sich sein Vorgesetzter, machte eine längere Pause und zischte daraufhin in versöhnlichem Ton: »Hoffentlich hast du bald deine Arbeitskleidung an!« Michael war noch einmal mit einem blauen Auge davongekommen. Die Bäckersfrau hatte die Szene beobachtet und wirkte wie befreit, als ihr Mann nachgab. Nachdem wir uns verpflichtet hatten, noch strikter auf Michael zu achten, sprach sie ein paar freundliche und aufmunternde Worte zu uns, bevor wir gingen.

Unser Ältester hatte jetzt des öfteren eine Freundin. Nette und hübsche junge Mädchen. Wir freuten uns darüber, denn nun achtete er verstärkt auf sein Äußeres, kam früh nach Hause, weil die Freundin nicht so lange ausbleiben durfte, und war insgesamt berechenbarer. In seiner Anfangseuphorie umschwärmte er seine Angebetete, aber schon nach wenigen Wochen ließ er sie »auflaufen«, wie er es nannte: Er war zur verabredeten Zeit nicht zur Stelle, rief nicht mehr an und ließ sich durch uns verleugnen. Die Freundschaft endete. Nichts war von Dauer.

»Ständig wollte sie mir vorschreiben, was ich tun soll«, begründete Michael sein Verhalten, wenn wir ihn danach fragten. »Glaubt mir, ich habe sie wirklich gern gehabt, aber in meine Freizeitgestaltung mischt sich keiner ein! Das habe ich ihr gesagt. Sie ist selbst schuld.« Er ärgerte sich zwar manchmal im Nachhinein und vermißte das Mädchen, aber nachgegeben hätte er niemals. Ganz oder gar nicht war seine Devise.

Trotz aller Hürden: Michaels Berufsschulzeugnis bescheinigte ihm die Tauglichkeit zum zweiten Lehrjahr! Wir waren glücklich und zufrieden. Stolz feierte Michael seinen Erfolg: jetzt nur noch zwei Lehrjahre! Auch Andreas beglückwünschte ihn. Die ungleichen Brüder hatten mit den Jahren eine Basis für einen Zusammenhalt gefunden: Jeder respektierte die Persönlichkeit des anderen. Andreas besuchte jetzt das Gymnasium, spielte gern Tennis und mit großer Begeisterung auf dem Klavier, das ich ihm von dem wenigen Geld, das mir aus einer Erbschaft zugeteilt worden war, gekauft hatte. Für Michael wurde er zum Vorzeigbruder: Allen seinen Freunden, die zu uns kamen, und auch den Mädchen, die er mitbrachte, stellte er den jüngeren Bruder vor und betonte auf besondere

Weise dessen Wichtigkeit. Mal ließ er Andreas etwas auf dem Flügel vorspielen, mal erwähnte er ganz nebenbei, daß er sehr gut Schach spiele: »Ach, das kennst du nicht? Andreas ist sehr gut darin, ich nicht so. Was? Du weißt nicht, wie die Figuren heißen? Guck mal: So stehen sie am Anfang. Das ist der König, die Dame, das Pferd . . . Diese Figur darf nur so springen . . .« – Möglich, daß dies die Zeit der ausgeprägtesten Zuneigung zwischen den zweien gewesen ist.

Andreas nahm Michael sogar vor mir in Schutz. Wenn ich abgekämpft vom Büro in unsere Küche trat, fragte ich immer gleich mechanisch: »Weißt du, wo Michael ist, Andreas?«

»Der ist schon weg!« hieß es meistens.

Oft genug schimpfte ich dann besorgt vor mich hin: »Der Junge hat schon wieder nichts gegessen! Und geschlafen hat er heute nachmittag auch nicht, dabei muß er doch so hart arbeiten und gestern nacht ist es wieder spät für ihn geworden! Der nickt mir noch vor dem Backofen im Stehen ein! Ich verstehe Michael nicht!«

Andreas litt unter unseren permanenten Befürchtungen und konnte die Stimmung daheim zuweilen kaum aushalten: »Mama, läßt du Michael vielleicht mal sein? Sei froh, daß er überhaupt noch zur Arbeit geht! Er hat es da echt nicht leicht! Ich glaube, ich wäre da schon längst nicht mehr. Und außerdem: Hast du noch immer nicht begriffen: Er kann nicht anders!«

»Warum?« entgegnete ich begriffsstutzig.

»Warum? Warum?« verteidigte ihn Andreas. »Weil Michael eben so ist! Du hältst dich den ganzen Tag im Büro oder zu Hause auf. Du hast keine Ahnung, was auf der Straße los ist und in der Schule abgeht. Du siehst das alles nicht! Ach Mama, es kann soviel passieren! Davon hast du nicht mal den Schimmer einer Ahnung!«

Nein, ich konnte Michael nicht begreifen. Wenn er doch bloß einen Bruchteil der Energie, die er mobilisierte, um seine Vergnügungssucht zu stillen, für die elementarsten Pflichten, nämlich Schule und Beruf, aufbringen würde! Wir hätten keine Probleme! Wenn ich mich als junges Mädchen nur um Schule und Beruf hätte kümmern müssen, wie leicht wäre dann meine Jugend gewesen! Ich mußte mit meinen zwölf, dreizehn, vierzehn Jahren den elterlichen Haushalt versorgen, um meine Mutter zu entlasten! Mit dem täglich warmen Abendessen, der Wäsche, der Wohnung und den Elternbesuchen bei der Lehrerin meines neuen Bruders – einem Sohn des zweiten Mannes meiner Mutter – wurde mir als Halbwüchsige viel zuviel Verantwortung aufgebürdet. Weil ich all diesen Belastungen einfach nicht gewachsen war, ging ich nach acht Schuljahren – die damals nur Pflicht waren – trotz guter Anlagen von der Oberschule ab. Danach besuchte ich die Handelsschule. Dort war der Stoff leichter, und ich konnte meinen Verpflichtungen besser nachkommen. Und Peter, der von seiner Großmutter großgezogen worden war, obwohl sein Vater und seine Mutter noch lebten, hatte ebenfalls früh gelernt, Entscheidungen, die ihn betrafen, allein zu treffen. Auch er vermochte Michaels Unverantwortlichkeit sich selbst gegenüber kaum nachzuvollziehen.

Und diese ständig wechselnden Mädchengeschichten! Niemals war Michael bereit, für einen Freundschaftsdienst, der ihm erwiesen wurde, eine Gegenleistung zu erbringen. Kaum wurde es ernst, zog er sich aus der Affäre. Er meinte, seine Beziehungen nicht pflegen zu brauchen und hatte damit zum Teil recht: Er verstand sich ohnehin besser mit solchen Menschen, die ihn erst kennenlernen mußten.

In unzähligen Gesprächen versuchten Peter und ich, seinen Charakter zu formen. Aber Michael war einfach nicht stark genug. Auch hatte ich den Eindruck, daß wir nicht richtig an ihn herankamen. Er lebte sein Leben, während wir versuchten, die Probleme, die er produzierte, zu lösen. Seine Eltern waren nichts als zwei kleine Rädchen in einer großen Uhr, die Michael nach Belieben in Bewegung setzte.

Bergab

Im täglichen Zusammenleben blieb Michael bescheiden. Teure Kleidung nahm bei weitem nicht den hohen Stellenwert ein, wie bei vielen anderen Jugendlichen. Aber er träumte weiterhin von einem großen Motorrad, das er später einmal zu kaufen beabsichtigte, von einer Stereoanlage bester Qualität sowie von einem schwarzen Ledersofa, mit dem er eine eigene Wohnung einrichten wollte. Zunächst jedoch begnügte er sich mit seinem alten Mofa, das öfter kaputt als heil war, weil sein Besitzer nicht gerade feinfühlig damit umging.

»Ach, die olle Karre!« stöhnte Michael. »Ich weiß jemanden, der sich mit Motorrädern gut auskennt und sich jetzt eine Kawasaki gekauft hat. Sein abgelegtes Mofa ist noch top in Ordnung, und das will er mir abtreten.« Peter und ich kauften also das »Top«-Mofa, besorgten ein Nummernschild dafür, und dann stand es fahrbereit für Michael vor dem Haus. Das alte Motorfahrrad schenkten wir einem Jugendlichen, der etwas behindert schien und von Zeit zu Zeit mit einem kleinen Anhänger durch unsere Straßen fuhr, um Schrott zu sammeln. Er richtete sich das Mofa wieder her, hielt es voll Stolz in einem tadellosen Zustand und fuhr noch jahrelang mit der »ollen Karre«.

Michael ritt nun täglich sein neuestes Steckenpferd: Schlittschuh laufen! Er fuhr fast jeden Abend in das entfernte Stadion zur Eisbahn. Längst hatte sich dort eine Clique gebildet, zu der er gehörte. Auch der Sohn des Bäckermeisters war mit von der Partie. Der Wandel zu einer sinnvollen Freizeitbeschäftigung freute uns. ›Besser Schlittschuh laufen als mit unmöglichen Typen auf der Straße und in Gaststätten herumlungern!‹ dachten wir.

Eines Abends warteten wir vergebens auf Michael. Er kam nicht. Wir geduldeten uns den ganzen nächsten Tag, bis es wieder dunkel wurde. Dann riefen wir den Meister an. Dessen Sohn war am vergangenen Nachmittag auch auf der Eisbahn gewesen und hatte dem Vater erzählt, Michael habe ein Mädchen kennengelernt und sich verliebt. Wir starteten eine Telefonaktion. Wir wählten jede Rufnummer, die Michael irgendwann einmal in unser Büchlein eingetragen hatte. Wir sprachen mit vielen, uns unbekannten Leuten. Niemand hatte ihn gesehen. Überall baten wir um Rückruf, falls jemand etwas über ihn erführe. Drei Tage waren vergangen. Der Sohn des Bäckermeisters fragte auf der Eisbahn herum. Michael blieb verschwunden, und die Adresse der neuen Freundin war nicht herauszubekommen. Endlich, am späten Abend, rief uns ein ehemaliger Freund von Michael an. Er habe lange gezögert, bis er zum Telefonhörer gegriffen habe, sagte er. »Schließlich war ich mit Michael einmal befreundet. Aber in seinem Interesse will ich Ihnen sagen, wo er sich aufhält. Ich habe ihn heute zufällig mit seiner Freundin in der Stadt getroffen und bin mit den beiden zur Wohnung des Mädchens gefahren. Ich weiß nur die Straße und die Hausnummer, der Name an der Klingel ist mir entfallen. Jedenfalls ist es die Wohnung gleich unten rechts.«

Peter begab sich gleich am nächsten Morgen dorthin. Michael öffnete ihm notdürftig bekleidet die Tür: »Ach Papa, du? Habt ihr mich also doch gefunden?«

»Ja, Michael . . .«

»Da staunst du, Papa, was? Ich bin jetzt hier zu Hause! Komm rein! Guck mal, das ist Ulli, meine Freundin. Ulli, das ist mein Vater. Willst du mit uns Kaffee trinken, Papa? Ulli hat gerade Brötchen geholt.«

Peter schwankte zwischen Wut und Rührung: »Nein, ich möchte nicht frühstücken. Michael, was machst du für Quatsch? Wann willst du wieder arbeiten gehen?«

»Das weiß ich nicht«, kam es aus Michaels Mund. »Vielleicht gar nicht mehr. Es ist so schön hier. Bei Ulli fühle ich mich richtig wohl. Versteh doch, Papa!«

»Ich sehe schon: So kommen wir nicht weiter. Ihr frühstückt jetzt erst einmal, und ich gehe zur Arbeit. Aber heute abend bist du wieder zu Hause, klar?« beendete Peter das Gespräch.

»Ich überleg's mir«, hielt sich Michael zwischen Tür und Angel die Sache offen. »Tschüs, Papa!«

Michael ließ sich noch einen weiteren Tag Zeit. Am nächsten Nachmittag trudelte er bei uns ein: »Ich hab' nachgedacht. Ich will wieder bei euch wohnen!«

»Okay!« stimmte ich zu. »Aber was machen wir mit deiner Lehrstelle? Du mußt morgen hin und das irgendwie in Ordnung bringen!«

Am nächsten Tag fuhren wir im Morgengrauen zur Bäckerei. Michael ging hinein und sollte erklären, daß er sich einfach nicht von seiner Freundin hatte trennen können. Wenige Minuten später schlenderte er bereits wieder heraus: »Schon geregelt!« winkte er lässig. »Aber ihr sollt zum Meister kommen!«

»Na«, empfing uns der, »da ist euer Sohn ja wieder! In der Liebe gibt es für uns alle ein erstes Mal, aber Michael hat wohl ziemlich übertrieben ...

Sagen Sie Ihrem Sohn, daß er seine Freundin abends oder am Wochenende treffen soll. Meine Kunden wollen auch dann Brötchen kaufen, wenn Michael verliebt ist!« Und zu Michael gewandt fuhr er fort: »Jetzt mach aber voran! Zieh dich um! Es ist schon zehn nach sechs.«

Die Monate verflogen, und bald stand der verhängnisvolle Fasching mit all seinen bunten Verlockungen wieder ins Haus. Schon seit Wochen freute sich Michael auf das Fest der Freude und Ausgelassenheit. Rosenmontag hatte er freibekommen. »Aber nur, wenn du Dienstag wieder pünktlich zur Arbeit antanzt!« zwinkerte der Lehrherr. Michael verkleidete sich vor dem Spiegel, bemalte sich und veränderte seine Frisur. Dann stürzte er sich ins Vergnügen. Er feierte Tage und Nächte durch, kam nur zum Duschen und Essen heim. In der Nacht von Rosenmontag auf Dienstag polterte er leise um vier Uhr in sein Zimmer. Ich schlich ihm nach: »Michael!« flüsterte ich. »Es ist viel zu spät. In einer Stunde mußt du wieder aufstehen. Wie willst du das durchhalten, Junge? Seit Tagen feierst du ununterbrochen. Hast du immer noch nicht genug?«

Michael lag schon in seinem Bett, und dann passierte etwas Außergewöhnliches. Er begann haltlos zu weinen, laut und völlig hilflos, wie ein kleines Kind. »Du liebes bißchen, Michael!« reagierte ich erschrocken. »So schlimm ist es nun auch wieder nicht! Du brauchst doch nicht gleich zu weinen, nur weil ich etwas rumschimpfe!« Ich zwängte mich auf die Bettkante und streichelte ihn.

»Nein, Mama! Ich wein' nicht wegen dir. Aber ich bin so unglücklich und traurig!« stieß er hervor.

»Was ist los, Michael?« fragte ich weich. »Ist was passiert? Erzähl es mir! Hör auf zu weinen.«

»Nein, Mama, alles okay. Ich weine einfach nur so.«

»Schlaf jetzt eine halbe Stunde!« und ich strich über seine Bettdecke. »Ich wecke dich nachher und fahr' dich zum Bäcker. Wenn du heute mittag bei der Arbeit fertig bist, rufst du mich an, und ich hol' dich ab. Dann schläfst du dich erst einmal richtig aus.« Ich küßte ihn, und das Weinen wurde ruhiger. Langsam schlief Michael unter sachten Schluchzern ein.

Während der Fahrt zum Meister verhielt sich Michael wortkarg. »Was war denn nun eigentlich?« bohrte ich beiläufig.

»Ach nichts«, erwiderte Michael. »Ich war nur in so einer komischen Stimmung. Eigentlich ist alles in Ordnung.«

Ein paar Wochen später lag ein Brief vom Gericht im Briefkasten: eine Anklageschrift gegen Michael wegen Fahrens ohne Führerschein bei Trunkenheit. Der Alkoholwert im Blut war beträchtlich. Ich stierte auf das Blatt: Es ging um unser Auto, das er doch noch gar nicht fahren durfte, und um die Nacht am Rosenmontag! Hinzukam, daß unser Sohn mit Tempo hundertzwanzig eine Straße entlanggerast war, die zur Hälfte ausgebaggert gewesen war. Wäre er nur etwas zu weit nach rechts abgewichen, dann wäre er mindestens drei Meter tief gestürzt. Ich war entsetzt.

Michael gestand uns die Geschichte: Er sei an dem fraglichen Abend schon kurz nach zwölf zu Hause gewesen, weil sich die Feiermöglichkeiten erschöpft hatten, obwohl er noch gern etwas auf die Pauke gehauen hätte. Er fühlte sich unzufrieden, sah beim Hineinkommen meinen Schlüsselbund auf einem Schränkchen im Flur liegen und beschloß, mit dem Auto noch in die Stadt zu einer gewissen Diskothek zu fahren. Die Polizisten, die ihn anhielten, brachten ihn nach dem Alkoholtest in unserem Wagen heim und parkten das Auto wieder in der Garage als sei nichts gewesen. Michael hatte es geschafft, sie dazu zu überreden!

Bei Licht betrachtet hatte er seinen leichtsinnigen Ausflug noch relativ unbeschadet überstanden: Nicht auszudenken, wenn er einen Unfall verursacht hätte, dabei vielleicht Personen verletzt oder gar getötet worden wären ... Trotz unserer Wut beruhigte uns dieser Gedanke. Die bevorstehende Gerichtsverhandlung war so gesehen das kleinere Übel.

Im Rahmen seiner Ausbildung mußte Michael kurze Zeit später zum Blockunterricht, mit abschließender Zwischenprüfung. Er war längst nicht so nervös, wie wir befürchtet hatten. Sein Zwischenprüfungszeugnis war ein Traum: »befriedigend« in der praktischen Arbeit, »ausreichend« in den theoretischen Fächern. Wunderbar! Alle, auch der Meister, waren sehr zufrieden und voll des Lobes.

In diesem Sommer bekamen Peter und ich nur drei Wochen Urlaub, und zwar eine Woche, bevor Michaels Betriebsferien anfingen! Wir beschlossen nach gründlicher Überlegung, nach Spanien vorzufahren, wohin uns Michael eine Woche später folgen sollte. »Schaffst du es, eine Woche lang allein darauf zu achten, daß du pünktlich zur Arbeit erscheinst?« fragten wir ihn. »Du hast nur noch ein Lehrjahr vor dir. Da darf man nichts riskieren. Lieber fahren wir gar nicht weg!«

»Ach was!« konterte Michael. »Fahrt nur. Ich bin doch nicht verrückt und setze jetzt noch was aufs Spiel! Also wirklich!« Ja, Michael war alt genug und mußte endlich damit beginnen, Eigenverantwortung zu übernehmen!

Wenige Tage vor unserer Abreise erzählte uns Michael von einem jungen Paar, das er von der Eisbahn kannte und das ganz in der Nähe der Bäckerei wohnte. »Was haltet ihr davon, wenn ich die Woche bei meinen Freunden unterkomme?« schlug er vor. »Ist doch wirklich praktisch: Von dort aus bin ich in wenigen Minuten zu Fuß beim Meister!« Das war kein übler Einfall. Wir besuchten die Leute und nahmen ihre Wohnung in Augenschein. Das berufstätige Paar machte einen prima Eindruck. ›Da ist Michael doch mal mit richtig vernünftigen Menschen zusammen!‹ dachte ich anerkennend. Als der junge Mann erwähnte, daß er morgens auch um fünf Uhr aufstehen müsse und Michael dadurch bestimmt immer rechtzeitig zur Arbeit käme, war die Sache besiegelt.

Am Abend vor unserer Abfahrt brachten wir Michael zu seinen Bekannten. Er hatte frische Wäsche für eine Woche, saubere Berufskleidung und seine schönen, neuen, teuren Schlittschuhe im Gepäck. »Verlier deinen Flugschein und deinen Paß nicht, Michael! Und sei rechtzeitig am Flughafen! Wir sehen uns in Spanien. Bis dann!«

Auf dem Flugplatz in Spanien schlossen wir ihn wieder freudig in die Arme. Wie schön war die Welt! Michael erzählte uns von der Arbeit und daß ihm die letzte Woche nicht einmal schwergefallen sei. ›Er wird doch noch erwachsen!‹ jubelte ich innerlich. »Das hätte ja noch gefehlt«, untertrieb Michael selbstsicher, »daß ihr nicht in den Urlaub fahren könnt und ich nicht in mein geliebtes Spanien komme!«

Die gemeinsame Zeit verbrachten wir in absoluter Harmonie. Michael gesellte sich zu netten jungen Spaniern und hatte bald eine einheimische Freundin an seiner Seite. »Sieh an, er benimmt sich wie ein pflichtbewußter junger Mann!« sagte ich übermütig zu Peter, während wir unseren braungebrannten Sohn am Strand beobachteten – ein schöner Mensch mit strahlendem Gesicht.

Die Trennung von der spanischen Freundin lag Michael wie ein Stein in der Brust. Von Deutschland aus schrieb er ihr zarte Liebesbriefe, und sie antwortete auf Spanisch. Es waren Seiten voller Feingefühl und Phantasie. Doch allmählich wurde die Post für Michael spärlicher. Am Ende tauchten beide wieder in die Wirklichkeit ein.

Unsere Ruhe wurde durch ein Telefonat des Lehrherrn jäh unterbrochen: »Eine Woche bin ich im Urlaub gewesen. Jetzt teile ich Ihnen mit, daß Ihr Sohn in der Woche vor seinen Ferien nicht bei mir erschienen ist! Ich kündige ihm!« waren seine knappen Worte.

»Was?« stammelte Peter ungläubig. »Nicht bei Ihnen erschienen . . .? Aber er hat uns doch erzählt . . .!«

»Haben Sie immer noch nicht begriffen, daß Ihr Sohn jeden belügt, sobald für ihn ein Vorteil dabei rausspringt? Das glaube ich, daß er Ihnen was anderes erzählt hat!« knurrte der Bäckermeister grantig.

»Aber Michael hat doch bei den Leuten gewohnt . . .« hub Peter wieder an.

»Ja ja«, kam es vom anderen Ende der Leitung herüber, »ich kenne die Leute. Verwandte von mir wohnen direkt gegenüber, und die haben mir erzählt, daß Michael im

Garten in der Sonne gelegen hat, während mein Sohn und ich seine Arbeit verrichten durften!«

Der Bäcker wußte auch zu berichten, daß das junge Paar keineswegs einem Beruf nachging oder früh aufstand. »Die Sonne schien so schön«, hob Michael bei der Konfrontation mit diesen Fakten beschwörend die Arme hoch, »und ihr hättet mich doch niemals bei den beiden wohnen lassen, wenn ihr gewußt hättet, daß sie gar nicht arbeiten!«

Wie wahr! Ich hätte meinen Sohn schlagen, wenn's sein mußte, umbringen können! Ich wollte frei sein, nicht mehr gefoltert werden von diesem Menschen, den ich geboren hatte, nicht mehr immer wachsam sein müssen, nicht immer voller Mißtrauen sein, nicht immer abwiegen müssen: Ist das nun Wahrheit oder Lüge? Dieser Sohn, mein Sohn, unser Sohn, belog uns, seine Eltern, mit dem freundlichsten Lächeln auf den Lippen!

Mein Kopf begann zu schmerzen, mein ganzer Körper tat weh. Andreas hatte sich wortlos in sein Zimmer verzogen. Er verkraftete diese Auseinandersetzungen nicht mehr. Unruhig warf er Schallplatten auf den Teppich. Dann setzte er sich ans Klavier und spielte, spielte wunderschön. Der klare, reine und warme Klang seiner Musik tat gut. Das Schlüsselbund rasselte, Michael wollte aufbrechen. »Michael, wage es nicht, dich einfach aus dem Staub zu machen!« schrie ich ihm grell und machtlos nach, während er die Tür zuzog.

Wie versteinert saß Peter neben dem Telefon. »Komm!« nahm er sich zusammen, »mit Geschrei erreichen wir gar nichts. Wir setzen uns jetzt hin und suchen nach einer Lösung.«

Da standen wir wie arme Sünder im Flur der Bäckerei!

»Ich hab's Ihnen gestern schon gesagt!« schnauzte uns der Meister unerbittlich an, »ich will Michael nicht mehr sehen!« Es kostete viel, sehr viel Überredungskunst, um ihn umzustimmen. Seine Frau versuchte ihn mit allen möglichen Argumenten zu erweichen. Sämtliche Verwünschungen, die ihm einfielen, ausstoßend lief ihr Ehemann wie ein Verrückter in der Backstube hin und her: »Ich stehe hier rum, gleich kommen die ersten Kunden, und die Brötchen sind noch nicht im Laden! Alles wegen dieser elenden Mätzchen, die du mit mir machst! Los jetzt, zieh dich um, Michael«, gestikulierte er ungestüm, »bevor ich's mir anders überlege. Ich mach' mich deinetwegen vor der ganzen Innung lächerlich! Ich dürfte das gar nicht dulden!«

Als Peter zusammen mit Michael dessen Sachen bei dem jungen Paar in der Nähe der Bäckerei abholen wollte, gab es ein kleines Nachspiel: »Die Schlittschuhe gebe ich nur heraus, wenn ich hundertachtzig Mark bekomme«, eröffnete die Frau ihnen schnippisch. »Denn soviel Geld haben wir mit dir ausgegeben, Michael!«

»Nicht von uns!« entfuhr es Peter spontan.

Und Michael ergänzte: »Von mir auch nicht. Soweit kommt es noch, daß ich hundertachtzig Piepen berappe, nur weil ihr nicht klarkommt!«

Damit waren die Würfel gefallen: Die Schlittschuhe hatten den Besitzer gewechselt. Michael lief wieder – ohne sich über die schlechte Fahrqualität zu beschweren – auf seinen alten, ausgeleierten Kufen.

»Jetzt«, schärften wir Michael ein, »mußt du besonders gut und fleißig arbeiten. Lern für die Schule, und geh pünktlich zur Bäckerei. Es fehlt nur noch ein Jahr! Alles hängt von dir ab.«

»Das weiß ich selbst«, antwortete Michael beschwingt. »Nur noch ein Jahr! Dann kann ich richtig Geld verdienen. Der Meister sagt mir jeden Tag, daß ich ein guter Bäcker werde, und mir macht's Spaß. Ihr braucht euch wirklich nicht ständig zu wiederholen. Ich pack' das schon!«

Der Herbst verging. Weihnachten und Silvester feierten wir in Zufriedenheit. Karneval nahte. Der Meister hatte seit einiger Zeit ein zweites Geschäft eröffnet und als Folge der Mehrarbeit einen Gesellen eingestellt. Wenige Tage vor Rosenmontag sprühte Michael nur so vor guter Laune: »Ich bekomme eine Woche Urlaub!«

»Was, du hast frei? Ich denke, der Geselle ist zur Zeit krank?«

»Ach so, der Geselle! Der ist doch schon wieder gesund.«

»Na, wie schön für dich! Aber ich telefonier' doch lieber mit dem Meister . . . Eine ganze Woche Urlaub – so ganz kann ich das nicht glauben!«

»Ja, sicher, Mama, ruf ruhig an! Aber der Meister wird dir auch nichts anderes sagen. Ich habe eine Woche Ferien, und die steht mir auch zu. Ich habe doch noch ein paar Urlaubstage vom vorigen Jahr!«

Ja, das stimmte. Michael hatte noch Resttage vom Vorjahr, die mußte er ja schließlich irgendwann nehmen. Ich rief nicht an.

Karneval! Michael feierte durch, kam und ging, wann er wollte, konnte schlafen, wann und solange es ihm behagte. Er hatte Urlaub, und niemand schrieb ihm seine Zeiteinteilung vor. Donnerstag war Berufsschultag. Wie immer fuhren wir ihn hin, wachten darüber, daß er wirklich das Schulgebäude betrat, und fuhren erst dann zu unserer Arbeit weiter.

Am Nachmittag des gleichen Tages rief mich Michaels Meister in meinem Büro an. Sachlich und gefaßt war seine Rede: »Michael ist diese Woche nicht zur Arbeit gekommen. Ich habe extra bis heute gewartet, damit mein Junge in der Schule mit ihm redet und ihn unter allen Umständen zur Bäckerei zerrt. Aber Ihr Sohn war nicht anwesend!«

»Ich verstehe nicht«, wunderte ich mich. »Michael hat Urlaub, und wir haben ihn heute zur Berufsschule reingehen sehen!«

»Erstens hat Ihr Sohn keinen Urlaub. Im Gegenteil, ich brauche ihn dringend, weil mein Geselle krank ist. Zweitens schwänzt Michael die Schule! Ich wollte ihn heute noch einmal ins Gebet nehmen und eigentlich fünfe gerade sein lassen, aber jetzt ist das Maß voll! Ich werd' ihm endgültig den Laufpaß geben. Er ist achtzehn: Er muß wissen, was er tut. Für mich ist jedenfalls Schluß. Ich trete vom Lehrvertrag zurück. Basta.«

Ich stand unter Schock. Michael hatte alles so glaubhaft erzählt . . . Irgendwie gelang es mir, mich verwirrt zu verabschieden. Panisch probierte ich sofort, Michael telefonisch zu erreichen. Es klappte nicht. Nach einigen vergeblichen Versuchen hatte ich Peter am Apparat. Meine Nachricht traf ihn wie der Blitz. Er war – genau wie ich – zunächst außerstande, das Geschehen zu erfassen. Er fuhr zum Meister, um ihn zu bewegen, Michael noch für diese wenigen Monate zu behalten. Umsonst! Der Bäcker hatte sich unwiderruflich entschieden – die Lösung des Vertrags war beschlossene Sache.

All die Mühen der letzten Jahre für nichts und wieder nichts! Einfach so, weil Michael unbelastet Karneval feiern mußte. Die Wut darüber, daß er uns zum Narren gehalten hatte, verrauchte und wich der Einsicht, daß dazu nichts mehr zu sagen war, daß wir umdenken mußten und eine neue Berufsausbildung für ihn suchen wollten. Ein Zufall kam uns zu Hilfe. Ein Nachbar, der ebenfalls Bäkker war, sprach mich an: »Ich könnte meinen Meister fragen, ob Michael seine Lehre nicht bei uns beenden darf. Mein Chef ist der liebenswürdigste, sanfteste und hilfsbereiteste Mann, den Sie sich vorstellen können!«

Ein Hochgefühl! Michael vergaß seinen Kummer, die Niedergeschlagenheit und Enttäuschung. Berauscht von so viel Glück trat er eine zweiwöchige Probezeit bei dem neuen Lehrherrn an. Diese Tage waren für ihn der Himmel auf Erden. Der Meister lobte seine Leistung und Übersicht. »Gute Arbeit kann man nur bei einem guten Betriebsklima leisten!« lautete dessen Philosophie. »Es ist mir wichtig, daß alle Angestellten mit Freude an ihre Tätigkeit gehen«, erklärte er Michael. »Um eins bitte ich dich deshalb inständig: Belüge mich nie, hintergehe mich nicht! Du kannst alles mit mir besprechen. Ich ertrage es nicht, daß man meine Gutmütigkeit ausnutzt. Normalerweise bilde ich schon seit Jahren keine Lehrlinge mehr aus . . .«

Hektik und Aggressivität kamen in diesem Betrieb nie auf, es wurde absolut ruhig gearbeitet. Spätestens um elf Uhr war die Backstube sauber und Michaels Arbeitstag vorbei. Die Krönung war schließlich ein neuer Lehrvertrag, den wir gebührend im Restaurant feierten!

Eine Zeit des Friedens und der Genugtuung folgte. Unsere Nerven entspannten sich gerade wieder, als mich besagter Nachbar eines Nachmittags auf der Straße anhielt: »Sagen Sie, Michael ist seit einer Woche nicht mehr zu uns gekommen. Der Meister ist ganz unglücklich und fühlt sich betrogen und gekränkt. Er ist solch ein guter Mensch! Er will, daß Michael aus freien Stücken zurückkehrt, und wartet jeden Tag auf ihn. Er hat uns natürlich untersagt, mit Ihnen zu sprechen, doch ich kann das nicht länger mit ansehen. Hoffentlich ist noch nicht alles zu spät!«

Ich war fertig, starrte still vor mich hin, ohne eine Regung. Und Michael? Michael weinte bitterlich: »Mama, das kommt so: Ausgerechnet jetzt, wo mir die Arbeit gefällt wie noch nie, hat mir mein Lehrer in der Berufsschule gesagt, daß ich die Prüfung nicht bestehen werde! Ich bin total verzweifelt. Warum soll ich noch zur Arbeit, wenn ich die Prüfung nicht schaffe?«

Ich rastete aus: »Bist du verrückt? Warum hast du nie Vertrauen zu uns? Hättest du ein Wort gesagt . . . Es gibt so viele Möglichkeiten: Du hättest bis zum Sommer noch lernen können, du hättest die Prüfung wiederholen können. Aber wenn du deinen Meister derart vor den Kopf stößt . . . Was können wir jetzt noch machen?«

Enttäuscht sagte der Lehrer zu Peter: »Ich habe mein ganzes Vertrauen in Michael gesetzt! Ich kann ihm das nicht verzeihen. Sein Verhalten ist nicht mit meiner Lebenseinstellung vereinbar. Ich muß ihn entlassen.« Alles Betteln war zwecklos.

Als der Berufsschullehrer eine Woche später ahnungslos anrief, um sich nach Michaels Verbleiben zu erkundigen, traute er seinen Ohren nicht.

»Wenn Sie meinem Sohn nicht an den Kopf geworfen hätten, daß er die Prüfung nicht bestehen wird«, bemerkte ich trocken, »dann ginge er jetzt noch in die Schule. Aber Ihre Mahnung hat ihn dazu veranlaßt, nicht mehr zur Arbeit zu gehen, und jetzt ist sein Meister total enttäuscht von ihm . . .«

Erschrocken kramte der Lehrer nach einer Antwort: »Aber ... das war doch nur ein freundschaftlicher Rat von mir. Ihr Sohn ist erwachsen. Ich kann doch keine kindlichen Reaktionen voraussetzen!«

»Nein, das können Sie natürlich nicht!« hielt ich in unangemessen vorwurfsvollem Ton dagegen. »Aber die Folgen Ihrer Worte sind niederschmetternd! Mein Sohn hat jetzt keine abgeschlossene Berufsausbildung, und das alles nur wegen einer Prüfung, die er ohne weiteres hätte wiederholen können.«

»Das tut mir aufrichtig leid«, antwortete der Lehrer tief betroffen und voller Mitgefühl. »Aber das Verhalten Ihres Sohns konnte ich nicht voraussehen.«

»Ja sicher. Wir sind auch sehr unglücklich über das Ganze. Aber bitte lassen Sie uns nicht weiter darüber reden! Sie können nicht mehr helfen, jede Diskussion ist zwecklos!« Ich schämte mich, weil ich dem Lehrer irgendwie unrecht tat und meine Schuldzuweisung an ihn zu hart und aggressiv ausgefallen war. Gleichzeitig ärgerte ich mich über mich selber: Ich hätte vorbeugen können, wenn ich mit der Berufsschule Kontakt gehalten hätte! Nun war es zu spät. Aber im Nachhinein war es kein Kunststück zu erkennen, wie man das katastrophale Ende hätte verhindern können.

Michael war arbeitslos. Das hatte durchaus Vorteile für ihn: Er mußte nicht mehr früh aufstehen und schlief noch tief, wenn Andreas längst in der Schule saß und wir bei der Arbeit waren. Er fühlte sich frei wie eine Feder im Wind. Kaum waren zwei Wochen vergangen, da schwamm er schon wieder im alten Fahrwasser. Er genoß die frühen Nachmittage in der leeren Wohnung, machte sich, kurz bevor wir drei nach Hause kamen, auf und kehrte erst spät nachts wieder zurück. Er glitt ab, lebte neben uns her und an uns vorbei. Er brachte unmögliche »Kumpels« mit, von denen uns Andreas eingeschüchtert berichtete. Wir fielen in ein Loch, suchten nach einem Ausweg und waren doch wie betäubt. Die Auseinandersetzung mit Michael war ein einziges Drama.

Ich fühlte mich ausgebrannt. Müde wollte ich eines Tages von der Arbeit nach Hause fahren. Als ich den Aufzug verließ und gerade den Ausgang des Bürogebäudes ansteuerte, sprach mich ein junges Mädchen an. Ich wußte zwar, daß sie bei uns beschäftigt war, kannte sie aber eigentlich gar nicht. In einer freundlichen Art fragte sie mich nach meinem Mann und meiner Familie aus, erkundigte sich danach, wie ich meine Wochenenden verbrächte und ob ich glücklich sei. Bereitwillig plauderte ich mit ihr eine Weile über mein Privatleben, hob das Schöne hervor, erwähnte die Sorgen mit Michael gar nicht, und die junge Frau schien mit meinen Antworten sehr zufrieden zu sein. Dann meinte sie höflich, sie habe mich gewiß schon viel zu lange aufgehalten und meine Kinder würden doch bestimmt auf mich warten.

›Dieses Mädchen‹, war ich auf dem Weg zum Bus in meine Gedanken vertieft, ›ist etwas Besonderes: Sie strahlt so einen Liebreiz aus, eine gewisse Zartheit. Und auffallend hübsch ist sie! Vielleicht hätte ich sie auch nach ihrem Leben befragen sollen! Immer habe ich nur von mir erzählt. Ich werde mich morgen einmal erkundigen, in welcher Abteilung sie arbeitet!‹

Dazu sollte es jedoch nicht mehr kommen. Das Mädchen war tags darauf Gespräch des Hauses. Sie hatte sich an jenem Abend aus ihrem Mansardenfenster gestürzt, nur mit einem Nachthemd bekleidet. Um über den Dachrand zu fallen, muß sie wohl erst über die Ziegel unter ihrem Fenster gerutscht sein. Motiv: Liebeskummer. Es hieß, sie sei schwanger gewesen. Hatte sie mit unserem Gespräch nach einem Strohhalm greifen, still um Hilfe bitten wollen? Ausgerechnet mich, eine ältere, ihr unbekannte Frau, die nicht einmal ihren Namen wußte?

Ich war zermürbt. Warum hatte ich das Unglück, in dem sich die junge Frau befunden hatte, nicht erkannt? Warum hatte ich sie nicht eingeladen, mit mir nach Hause zu kommen? Verdammt, das Mädchen hätte jetzt noch leben können! Ein Aufschub wäre so wichtig gewesen! In dem Alter bringt die Zeit noch Rat. Ich empfand dem Mann gegenüber Haß, der sie in eine solche Lage gebracht hatte, der es in seinem grenzenlosen Egoismus und seiner Selbstgefälligkeit unterlassen hatte, mit ihr gemeinsam nach einer lebensbejahenden Lösung zu suchen!

Ich spürte, daß auch ich zu Hause einen Ausweg finden mußte. Unser Rettungsanker war die Berufsberatung. Michael hatte kürzlich den Wunsch geäußert, im Baugewerbe zu arbeiten. Kritisch betrachtete der Berater Michaels schlechtes Schulabgangszeugnis, dann machte er ihm Vorhaltungen, weil er seine Lehre nicht abgeschlossen hatte. Nach dieser erquicklichen Einstimmung unterbreitete er den Vorschlag, Michael solle zunächst seinen Hauptschulabschluß nachholen: »Ohne den läuft heute gar nichts mehr«, erklärte er, »da nimmt dich kein Betrieb zur Ausbildung! Auch nicht auf dem Bau.«

Wir diskutierten die Möglichkeiten. Um einen regelmäßigen Schulbesuch zu gewährleisten, kam nur ein Internat in Frage. Der Berufsberater hatte uns Unterlagen von einer solchen Bildungsstätte mitgegeben, die in einem kleinen Dorf in Friesland lag. Ohne besonderes Zureden entschied sich Michael dafür: »Und dann mach' ich meine Lehre im Bau! Da kann man ordentlich Kohle scheffeln! Das weiß ich von meinen Freunden.«

Im September war Schulbeginn. Davor verlebten wir unsere Ferien in Spanien. Michael feierte seinen achtzehnten Geburtstag mit den spanischen Freunden. Es war das schönste Fest, das jemals in unserer Familie begangen worden ist. Es stimmte einfach alles: die netten Gäste, das gute Essen, der vollmundige Wein, das rustikale Lokal, die ausgelassene Musik, die vielen, vielen Glückwünsche bis in die späte Nacht hinein. Michaels Zukunft war mehr als ungewiß, doch dieser Tag gehörte ihm! Er wurde bejubelt und besungen. Die Freude über dieses Erlebnis hielt noch lange an. Insgeheim wünschte sich Michael, immer so heiter und frohmütig zu sein. »Ein Tag wie dieser läßt sich nicht wiederholen. Er ist einmalig!« sinnierte ich laut, um ihn auf den Boden der Tatsachen zurückzuholen. »Damit mußt du dich abfinden, Michael. Es ist und bleibt eine schöne Erinnerung!«

Während unseres Spanienaufenthalts ereignete sich eine kleine Episode, die mein Augenmerk auf den Konfliktherd in unserer Familie lenken sollte: Wir hatten in diesem Urlaub ein Motorboot zu unserer Verfügung. Michael, Andreas und alle ihre Freunde rissen sich darum, das Boot zu steuern und Wasserski zu fahren. Andreas schaffte es sogar, mit einem Monoski zu starten! Eines Nachmittags saß ich mit Andreas und zwei anderen Jugendlichen im Boot. Peter und sein Tennispartner Thomas saßen gemütlich im Hafenrestaurant und beobachteten uns vergnügt. Das Meer war spiegelglatt. Plötzlich verlor das Mädchen, das ich gerade noch auf den Skiern gezogen hatte, einen Ski. Ich stellte den Motor aus, und Andreas sprang ins Wasser, um der Freundin, die Mühe hatte, zum Boot zurückzuschwimmen und nur die Halteleine hatte erhaschen können, behilflich zu sein.

»Mama!« rief Andreas vom Wasser aus. »Hier ist ein tierisch starker Sog!«

Nur mit äußerster Kraftanstrengung und mit Hilfe der Leine gelang es den beiden, das Boot zu erreichen. Als sich beide wieder im Trockenen befanden, fiel mir auf, daß sich das Boot, das die Strömung normalerweise zur Küste hin trieb, in einer unglaublichen Geschwindigkeit vom Land entfernte. Ich wollte in den Hafen zurückfahren, doch der Motor sprang nicht an. Ich versuchte ihn immer wieder anzulassen. Auf meinen Händen bildeten sich bereits Blasen durch die Reibung, die das Zugseil verursachte. Schließlich konnte ich nicht mehr. Meine Arme und der Rücken schmerzten, die Blasen waren inzwischen offen. Andreas und ich wechselten uns mit den Startversuchen ab und kontrollierten regelmäßig die Benzinzufuhr zum Motor. Alles schien in Ordnung, dennoch versagte die Technik! Das Hafengebäude war mittlerweile zu einem weißen Pünktchen am Ende des Meers zusammengeschrumpft.

Andreas packte die Verzweiflung. Er schrie laut um Hilfe und weinte. Die beiden jungen Gäste an Bord blickten still vor sich hin. »Andreas!« mahnte ich leise. »Hier hört dich doch keiner. Du verschwendest deine Kraft. Wir haben nur eine Flasche Wasser! Halt lieber nach einem Schiff Ausschau!«

Dem Ozean ausgeliefert schaukelten wir wie in einer Nußschale auf das offene Meer hinaus. Die Startversuche hatten wir längst aufgegeben. ›Wie sollen wir bloß die Nacht in dem kleinen Boot auf offener See überstehen?‹ fragte ich mich gerade, als plötzlich ein Segelboot in unser Blickfeld rückte. Ich gab Andreas ein weißes T-Shirt, mit dem er winken sollte. Tatsächlich: Das Segelboot änderte seinen Kurs in unsere Richtung! »Sie kommen! Sie kommen!« überschlug sich Andreas' Stimme. Aber dann drehte das Schiff wieder ab und nahm den vorherigen Kurs wieder auf. Andreas sackte in sich zusammen. »Komm, Andreas, bleib ruhig! Wink wieder mit dem T-Shirt!« hielt ich ihn bei der Stange.

Jetzt kamen sie! Die Küste war nur noch ein dunkler Streifen am Horizont, doch die weißen Segeldreiecke steuerten genau auf uns zu, wurden größer und größer. Die Engländer an Bord holten die Segel ein und entschuldigten sich dafür, daß sie unser erstes Signal für einen Scherz gehalten hatten. Sie montierten an ihr Segelboot einen kleinen Hilfsmotor, der nicht viel größer als eine Blechbüchse war und mit einem Benzingemisch gefüllt wurde. Dann fuhren wir im Schlepptau hinterher Richtung Hafen. Auf halber Strecke begegneten wir Peter, der endlich einen Bootsbesitzer hatte mobilisieren können, um nach uns zu fahnden. Als Andreas und ich wieder den Strand unter den Füßen fühlten, mußten wir uns erst einmal sammeln. In der Verwirrung unserer Gefühle haben wir uns bei den Engländern bestimmt nicht gebührend bedankt! Die beiden Jugendlichen, die mit uns an Bord gewesen waren, hatten die Gefahr nicht richtig erkannt. Sie prahlten mit ihrem Abenteuer.

Peter erzählte von dem schlimmen, angstvollen Zustand, in den ihn das Verschwinden unseres Bötchens versetzt hatte und der sich dadurch verstärkt hatte, daß der Hafenmeister nicht ausfindig zu machen gewesen war. In seiner Not versuchte er mit Thomas' Hilfe, fremde Boote flottzukriegen, bis sie diesen Mann im Hafen erblickten, der in seinem Motorboot irgend etwas ordnete und sich auf die aufgeregte Bitte von Peter hin widerwillig zur Hilfe bereiterklärte.

Wir saßen an einem Tisch vor einer Bar und debattierten über den glimpflichen Ausgang der Gefahr. Thomas artikulierte sein Entsetzen: »Eins verstehe ich überhaupt nicht«, tat er uns kund. »Michael war auch im Hafen und hat dort auf euch gewartet, um mit seiner Urlaubsfreundin Boot fahren zu können. Aber anstatt sich zu sorgen und sich an der Suche nach einer Rettungsmöglichkeit zu beteiligen, hat er einfach sein Mädchen in den Arm genommen und ungeniert verkündet: ›Na, das wird ja heute nichts mehr mit einer Bootsfahrt! Komm, wir gehen ins Schwimmbad!‹ Und damit hat er sich auf den Hacken herumgedreht! Könnt ihr euch das vorstellen? Diese Gleichgültigkeit ist doch unfaßbar! So etwas habe ich noch nie erlebt.«

»Stimmt!« ergänzte Peter jetzt. »Michael ist ja überhaupt auch dagewesen! Bei all der Aufregung hab' ich das gar nicht richtig registriert! Aber jetzt fällt mir ein, daß ich ihn, während ich wie ein Irrer durch den Hafen jagte, seelenruhig mit seiner Freundin hab' wegspazieren sehen!«

Am Abend trat Michael, entspannt und fröhlich wie immer im Urlaub, in Erscheinung: »Ja, da seid ihr beide ja wieder!« begrüßte er Andreas und mich. »Ich hab' unser Boot gerade im Hafen liegen sehen. Ich wußte doch, daß Papa es schafft! Aber morgen bin ich als Erster mit Bootfahren dran!«

So war er eben, unser Michael: Er verließ sich ganz auf seine Eltern. Sie regelten einfach alles, und er brauchte keinen Finger zu krümmen. Als schlimm an der Geschichte empfand er höchstens, daß er an diesem Tag mit seiner Freundin nicht hatte Boot fahren können . . .

Der Herbst hielt Einzug, und Michaels Internatszeit rückte heran. Bei einem Wochenendbesuch in Friesland begegneten wir einem völlig veränderten Sohn. Michael war aufgeschlossen und optimistisch. Engagiert besprach er mit uns die Tagespolitik, denn die Fernsehnachrichten waren für alle Schüler Pflicht. Treuherzig stellte er uns seinen Zimmergenossen vor und schien sich in der Lehranstalt wie zu Hause zu fühlen. Die intensive Gemeinschaft ließ bei ihm keine Langeweile aufkommen. Mit echter Begeisterung schilderte er uns sein neues Leben. Er besuchte uns in größeren Zeitabständen, brachte auch schon einmal seine Freundin mit oder fuhr zu den Eltern eines Freundes. Wir kauften ihm die Fahrkarten und schickten ihm jede Woche einen Brief, dessen wichtigster Inhalt dreißig Mark Taschengeld waren. Weihnachten feierte er zu Hause, Karneval blieb er in Friesland, und im April hatte er den ersehnten Schulabschluß in der Tasche!

Er war wieder da, unser Sohn! Ein ordentlicher und liebenswürdiger junger Mann, der plötzlich ganz andere Interessen aufgriff. Er verbrachte viel Zeit mit Andreas und dessen Freunden. Mit seinem Vater besuchte er das Kino und begleitete ihn zum Sport, manchmal ging er auch in eine Diskothek. Mit den »Kumpels« der letzten Jahre traf er sich nicht mehr, sondern pflegte lieber den Kontakt zu ehemaligen Schulfreunden. Er nannte uns deren Berufe und hob hervor, daß einige schon eine eigene Wohnung und eine feste Freundin besäßen.

Schon hatten wir im Baugewerbe bei verschiedenen Firmen vorgesprochen mit dem Resultat, daß ein nahgelegenes Unternehmen Michael einstellen wollte. Aber die

Wehrpflicht machte uns einen Strich durch die Rechnung! Michaels Bewerbungsunterlagen verblieben im Aktenschrank der Firma mit dem Vermerk, man wolle ihm nach dem Wehrdienst einen Vertrag als Azubi anbieten. Tja, was nutzte nun der schöne Hauptschulabschluß? Eine Lehrstelle hatte Michael zwar in Aussicht, aber erst, wenn er seinen Militärdienst erfolgreich abgeleistet hatte!

»Zivi« zu werden, kam für Michael überhaupt nicht in Frage: »Keinesfalls!« Entsprechend seiner Altersphase war die Bundeswehr in seinem Freundeskreis Gesprächsthema Nummer eins, und er war über die Vor- und Nachteile sehr gut informiert. Viele junge Männer aus seiner Bekanntschaft waren gerade eingezogen worden. »Vielleicht verpflichte ich mich sogar!« protzte er übermütig. »Na, na!« wandte Peter ein, »warte erst einmal ab! Sei erst mal da! Verpflichten kannst du dich immer noch!«

Michael meldete sich beim Kreiswehrersatzamt, bat um die Musterung und um einen möglichst umgehenden Beginn des Wehrdienstes. Er erhielt tatsächlich einen Stellungsbescheid für den Herbst des laufenden Jahrs. ›Dieser Herbst, das ganze nächste Jahr, und dann . . .‹ zählte ich, ›. . . dann kann er die Ausbildung bei der Baufirma antreten!‹

Während Michael in diesem Aufwärtsschwung begriffen war, verliebte er sich in Anna. Die beiden kannten sich schon von Kindesbeinen an, hatten sich jetzt irgendwo wiedergetroffen und galten seitdem als unzertrennlich. Anna war ein friedliches und liebes Mädchen, etwas älter als Michael, hatte eine erfolgreiche Schulausbildung hinter sich und stand am Ende ihrer Lehrzeit. Sie verfügte über ein Auto und wohnte bei den Eltern.

Überraschenderweise machte Anna die meisten Vorschläge zur Freizeitgestaltung, bestimmte, zu welchen Freunden sie gingen und zu welchen nicht, suchte die Kinofilme aus – und Michael richtete sich nach ihr! Er, der bisher seine größte Lebensaufgabe darin gesehen hatte, ausschließlich nach seinen persönlichen Vorstellungen zu leben, gab jetzt nach und stellte sich ganz auf Anna ein. Ihre Wünsche und Auffassungen waren auch seine geworden.

In dieser herrlichen Zeit mußten die beiden Verzicht üben: Michael wurde Soldat, besuchte seine Freundin jedoch jedes Wochenende. Die Gedanken der Liebenden richteten sich bereits auf den Ausgang des soeben angebrochenen Kalenderjahrs, wenn Michaels Entlassungstag der ihnen aufgezwungenen Trennung ein Ende bereiten würde. Doch eines Sonntagnachmittags fragte Michael Peter und mich, ob wir ihn zum Bahnhof bringen könnten, was Anna bisher immer getan hatte. Wir horchten auf. In der Tat hatten sich die beiden gestritten, wie Michael im Auto erzählte. Er warte nun auf das nächste Wochenende, um sich mit Anna auszusprechen.

Doch Michael konnte den Konflikt nicht zu seinen Gunsten wenden. Anna hatte einen anderen jungen Mann kennengelernt und wollte Michael verlassen. Unser Sohn weinte bitterlich und mochte ohne seine Anna nicht mehr leben. Es war der erste richtige Liebeskummer für ihn. Eltern können in einer für ihre Kinder so schweren Zeit nicht viel sagen oder tun. Alle noch so lieb gemeinten Gesten, Hilfen und Worte läßt ein Verlassener nicht an sich herankommen. Trauerarbeit muß jeder auf seine Weise leisten. Man ist gezwungen, das Gefühl des Verlorenseins zu durchleben und der Zeit zu vertrauen, die vergessen hilft.

Mit dem Mut der Verzweiflung stürzte sich Michael in seinen Karnevalsurlaub und ließ nichts anbrennen. Vier Tage später rief bei uns sein direkter Vorgesetzter aus der Kaserne an. Er nannte seinen Namen und Dienstgrad und klärte uns darüber auf, daß Michael nach seinen freien Tagen nicht in sein Quartier zurückgekehrt sei. Wir hatten ihn zwar in den Zug gesetzt, doch es stellte sich durch die Befragung eines Kameraden aus Michaels Einheit heraus, daß er nur einige Stationen weit gefahren und dann mit der Bemerkung: »Ich hab's mir anders überlegt« ausgestiegen sei. Der Vorgesetzte versicherte uns, daß die Sache jetzt noch keine Folgen haben würde, wenn wir Michael umgehend in seine Einheit zurückbrächten. »Michaels Verhalten kann ich gar nicht einordnen«, äußerte der Unteroffizier sein Befremden. »Er ist bislang ausgesprochen umgänglich und vernünftig gewesen, absolut positiv. Er hätte eigentlich eine Gruppe übernehmen sollen . . . Das war so gut wie besprochen.«

Nach ein paar Schreckmomenten kurbelten wir die gewohnte Telefonaktion an: Wer von Michaels Freunden und Bekannten auch nur den kleinsten Hinweis geben könne, solle sich bei uns melden. Etwa eine Woche später rief mich Andreas bei der Arbeit an: »Ich glaube, Michael war heute morgen in der Wohnung! Er scheint geduscht, sich frisch eingekleidet und etwas gegessen zu haben.« Endlich ein Lebenszeichen! Ja, ich habe mich tatsächlich darüber gefreut. Anscheinend hielt sich mein Michael irgendwo auf, wo er nicht baden und Wäsche waschen konnte. Er würde in den nächsten Tagen bestimmt wiederkommen!

In der Tat! An einem frühen Nachmittag war ich rein zufällig zu Hause. Michael schloß die Wohnungstür auf und rief eher unangenehm überrascht aus: »Mama, du bist schon da?« Ich nahm ihn stumm in die Arme, drückte und herzte ihn. »Junge, du machst dich für dein ganzes Leben unglücklich. Das ist die Bundeswehr doch gar nicht wert!« sprach ich leise.

Michael schüttelte mich ab: »Waren die Feldjäger schon da?« Als ich verneinte, wurde er kribbelig: »Ich muß schnell baden. Hast du meine Jeans gewaschen? Ich kann nicht lange bleiben! Ich bin auf der Flucht.«

Das Wasser war eingelaufen, und Michael ging ins Badezimmer. ›Die Feldjäger! Natürlich: die Feldjäger!‹ Wie eine Erleuchtung durchfuhr mich der Einfall, daß die Feldjäger solche Leute abholten! Es war doch ganz einfach. Ich mußte nur telefonieren! Jetzt! Sofort! Flink schloß ich die Wohnungstür ab und versteckte den Schlüssel. Ich nahm Michaels Schlüsselbund aus seiner Jeans und legte es geräuschlos in eine Tasse im Küchenschrank. Dann rief ich mit gedämpfter Stimme die nächstgelegene Kaserne an: »Beeilen Sie sich!«

Viel zu schnell stieg Michael wieder aus der Wanne, zog sich im Nu an und klopfte auch schon seine Taschen ab: »Wo ist mein Schlüssel? Ich bin doch gerade damit reingekommen?« Mein Mund war trocken, nervös nestelte ich an meinem Blusenkragen und beobachtete meinen Sohn. Die Erkenntnis durchzuckte ihn: »Du hast die Feldjäger angerufen! Mama, warum? Ich flehe dich an, gib mir die Schlüssel! Die stecken mich ins Gefängnis. Ich will nicht!«

Kopflos lief er zur Wohnungstür und versuchte, sie aus den Angeln zu heben. Ich trat hinter ihn, faßte ihn behutsam an die Schultern und erwartete nun, daß sich seine ganze Erregung und Aggression gegen mich richten würde. Ich wußte ja in der Tiefe meines Herzens, daß er gegen mich vorgehen mußte, um an den Schlüssel zu kommen. Das waren ganz irre Minuten! Mit einer vollkommen zärtlichen Bewegung schob er mich zur Seite, fuhr mir über die Wange, liebkoste mich und bettelte um den Schlüssel. Dann lief er zitternd zum Balkon und maß die Entfernung hinunter zur Wiese, wo sich der Spielplatz befand, mit seinem Blick. Plötzlich war ich die Ruhe selbst: »Michael, das hat keinen Zweck! Was du machst, ist Wahnsinn. Du mußt dich wieder bei deiner Einheit melden. Wenn du diese sieben Meter runterspringst, bist du schwer verletzt oder gar tot. Weglaufen kannst du dann bestimmt nicht mehr. Komm wieder rein!«

Seine Verkrampfung löste sich, sein Gesicht hellte sich kurz auf: »Ich ruf' Papa an. Der muß mir helfen!« Doch Peter war nicht am Platz. »Papa!! Hörst du mich? Sprich bitte mit mir! Papa, hilf mir!« schrie Michael angsterfüllt in den Hörer. Dann brach er auf einem Sessel zusammen und weinte herzzerreißend. Ich konnte meine Tränen auch nicht mehr zurückhalten. Allmählich gelang es mir, einige besänftigende Worte über die Lippen zu bringen. »Das ist aber auch alles eine Scheiße!« antwortete Michael schluchzend. »Ich bin es so leid, auf der Flucht zu sein! Die kriegen mich doch früher oder später. Und immer hab' ich so eine Angst . . . Dann ist jetzt eben Schluß. Dann werde ich halt auf die Feldjäger warten!«

Ich brühte uns einen Kaffee auf. Peter rief verstört an. Als er erfuhr, was los war, und hörte, daß Michael immer nur »Papa, komm! Papa, komm bitte nach Hause!« stammelte, setzte er sich ins Auto und ließ sich von einem Kollegen vertreten. Es dauerte sehr lange, bis die Feldjäger eintrafen. Michael bat sie, auf seinen Vater warten zu dürfen. Gefaßt lief er Peter entgegen und mußte in den Armen des Vaters doch wieder heulen. »Komm, Junge, sei tapfer!« tröstete ihn Peter. »Das ist die beste Lösung. Die Sache wird sich wieder einrenken! Ich bin da. Ich bin immer für dich da!«

Friedfertig und etwas heldenhaft ließ sich unser Großer von den Feldjägern abführen. Peter und ich begleiteten ihn bis auf die Straße und winkten dem Wagen lange nach. Zurückgeblieben in mir ist diese unermeßliche Zärtlichkeit, die Michael in jener extremen Situation für mich empfunden und auch auszudrücken gewußt hat.

Wenige Tage später rief er uns von seiner Einheit aus an: Das Verfahren sei weit weniger schlimm gewesen als er gedacht hatte. Schon drei Wochen später durfte er Samstag und Sonntag wieder aus der Kaserne. Innig begrüßten wir uns am Bahnhof. Zu Hause telefonierte Michael mit verschiedenen Freunden und schilderte ausführlich den guten Ausgang seiner Bundeswehrflucht. Am nächsten Tag brachten wir ihn wieder zum Zug. »Wäre es nicht besser, wir fahren dich direkt mit dem Auto?« fing ich zögerlich an.

»Haha, das fehlt noch, daß ich von meinen Eltern vor die Kaserne kutschiert werden muß!« lachte Michael. »Ich sag' euch: Die Wochen, in denen ich auf der Flucht war, waren weit schlimmer als die letzten drei in der Kaserne! Ihr könnt sicher sein, daß ich das nicht noch einmal durchmache!«

Als ich Montag morgen gerade aus dem Haus und zur Arbeit gehen wollte, klingelte das Telefon: »Ihr Sohn ist wieder nicht in seiner Einheit!« hörte ich die mir mittlerweile bekannte Stimme des Unteroffiziers. »Diesmal muß er mit einer erheblich härteren Strafe und mit einer Verlängerung des Wehrdienstes rechnen. Wenn er sich nicht in den nächsten drei Tagen zurückmeldet, ergeht Haftbefehl gegen ihn.«

Schon wenige Tage später stand ein Kriminalbeamter vor der Wohnungstür. Es war ein sehr freundlicher älterer Herr, der einen Haftbefehl in den Händen hielt und hoffte, Michael bei uns anzutreffen. Er bedauerte ehrlich und aufrichtig, daß sich unser Kind in eine solch mißliche Lage gebracht hatte. »Im Moment ist die Bundeswehrflucht wieder groß in Mode«, meinte er. »Diese jungen Männer werden zwangsläufig straffällig. Das ist das Schlimmste an allem. Wissen Sie, für seine Zukunft ist es ganz wichtig, daß Michael umgehend dem Staatsanwalt zugeführt wird und nicht erst, wenn es zu spät ist . . .«

Damit sprach der Mann etwas aus, was uns schon lange große Sorgen machte. Die Angst, Michael könne in dieser Zeit kriminelle Handlungen begehen, ließ uns nachts nicht mehr schlafen. Im Flur pinnten wir einen großen Zettel an die Wand: »MICHAEL! Setz Dich unbedingt mit uns in Verbindung! Gegen Dich ist ein Haftbefehl erlassen worden, und eine Rückführung zur Bundeswehr ist nicht mehr möglich. Wir helfen Dir!« Inbrünstig hofften wir, er würde sich wie das letzte Mal in die Wohnung schleichen.

Endlich meldete er sich telefonisch. Er ging sofort auf unser Angebot ein, ihn an einem von ihm genannten Ort zu treffen. Scheinbar wußte er nicht mehr weiter. In nur knapp zwei Wochen war unser Sohn von Kopf bis Fuß verdreckt und verwahrlost! Widerspruchslos fuhr er mit nach Hause, duschte ausgiebig, kleidete sich sauber an und aß für zwei. »Eine Möglichkeit bleibt dir noch«, begann ich meinen Vortrag, der mich einiges an Vorbereitung gekostet hatte. »Nämlich die nachträgliche Wehrdienstverweigerung! Ich habe mich erkundigt: Wir könnten dich stationär in eine psychiatrische Klinik in einer anderen Stadt einweisen lassen. Dort können Kontakte zu Personen hergestellt werden, die die nachträgliche Verweigerung erwirken würden. Aber du mußt dich schnell entscheiden!«

Michael war sogleich einverstanden. Er wollte nicht mehr auf der Flucht sein, nie wieder zurück zur Bundeswehr gehen und auf gar keinen Fall im Gefängnis landen. Tags darauf hatten wir einen Termin bei dem praktizierenden Neurologen, der mich beraten hatte und die Einweisung veranlassen wollte. Er telefonierte in unserem Beisein, doch es war zur Zeit kein Bett frei. Wir verblieben so, daß die Klinik uns sofort anrufen würde, wenn Michael kommen könnte.

Ein paar lange Tage des Wartens verstrichen. Michael verließ kaum das Haus, räkelte sich wohlig in seinem Bett, nach dem er sich auf der Flucht so gesehnt hatte, und half sogar beim Saubermachen: »Die Wohnungen der Leute, bei denen ich untergeschlüpft bin, waren voll Dreck und Gestank, Mama. Die leben echt wie auf der Müllkippe. Ich schwöre, so eine Bude betrete ich nie wieder!«

»Ja, ja«, klagte ich, »wenn du diese Erlebnisse nur niemals vergessen würdest! Dann hätte deine Bundeswehrflucht wenigstens einen Sinn!«

An einem späten Nachmittag klingelte der nette Kriminalbeamte wieder. Michael versteckte sich in unserem Schlafzimmer. Wenn ich nicht die Lösung mit der psychiatrischen Klinik vor Augen gehabt hätte, ich hätte zu dem Mann gesagt: »Da ist mein Sohn. Nehmen Sie ihn mit!« So aber rang ich mich zu der Antwort durch: »Wir haben leider immer noch nichts von Michael gehört.«

Nach einer Woche erreichte uns endlich der erlösende Anruf aus der Klinik. Michael wurde aufgenommen, wir reisten wieder ab. Per Telefon hielt uns Michael auf dem neuesten Stand der Dinge: Er habe sich gut eingelebt, in der Klinik gebe es sogar eine Kegelbahn. Die anderen Patienten schienen ausschließlich Suchtkranke zu sein. Ein junger Beauftragter von irgendeiner sozialen Organisation hatte die Bearbeitung der Wehrdienstverweigerung übernommen und gemeinsam mit Michael erste Anträge ausgefüllt. »Hoffentlich wird der Haftbefehl bald aufgehoben!« wünschte sich Michael zuversichtlich.

»Bleib du bloß in der Klinik, solange das erforderlich ist«, drohte ich.

Vier Wochen danach hatte er sein erstes freies Wochenende. Er setzte uns detailliert auseinander, daß ihn während seines Klinikaufenthalts weder der Staatsanwalt noch die Feldjäger festnehmen durften. Er befand sich gewissermaßen auf neutralem Boden. Er hoffte inständig auf eine Ausmusterung, durch die der Haftbefehl automatisch ungültig würde. Der Stationsarzt stellte ihm gerade ein entsprechendes Gutachten aus.

Zwei Monate war Michael bereits in der Klinik, als sich der Stationsarzt bei uns meldete: »Michael ist weg! Ich gebe Ihnen einen Tag Zeit. Ansonsten gilt Ihr Sohn als entlassen.«

Peter und ich nahmen uns sofort frei. Stundenlang fuhren wir die Straßen ab, suchten Gaststätten auf, durchforsteten das Viertel. »Da! Da vorne! Das könnte er sein!« Unsere Vision wurde Wirklichkeit. Ganz langsam, als hätte er alle Zeit der Welt, bummelte Michael an den Geschäften vorbei. Er war nicht einmal überrascht, als wir neben ihm am Bürgersteigrand hielten. Wortlos klappte ich die Autotür auf, stumm schwang sich Michael auf den hinteren Sitz. Während der Fahrt nach Hause herrschte eisiges Schweigen.

Dann quollen aus uns die Empörung, der Zorn, die Angst um ihn heraus. Wir haben ungeheuer drauflosgeschimpft: »Gibt es einen vernünftigen Grund, einen auch nur annähernd vertretbaren Hintergedanken, der deinen Ausriß rechtfertigt? Willst du im Gefängnis landen?«

»Nein«, gab Michael zu, »ich weiß, ich hätte in der Klinik bleiben sollen. Aber ich bin schon so lange da!«

Peter machte ihm heftigste Vorwürfe, sprach von »Pflicht« und »Vernunft«. Am nächsten Tag ließ ich mich erneut bei der Arbeit entschuldigen, um Michael ins Krankenhaus zu fahren. Wir waren gerade im Begriff, die Wohnung zu verlassen, als Michael mich mit den Worten überrumpelte: »Du, Mama, ich hab' noch was vergessen. Ich muß unbedingt noch etwas erledigen. Bin in zehn Minuten wieder da!« Und schon rannte er die Treppen hinunter.

»Mach schnell, Michael!« rief ich hastig hinterher. »Ich hab' nicht viel Zeit. Heute mittag muß ich wieder im Büro sein.« Er antwortete nicht, die Haustür fiel ins Schloß. Zehn Minuten vergingen. Eine Stunde war um! ›Der kommt nicht wieder – eine Unverschämtheit!‹ Michael machte mich rasend: ›Ich kann meinen Sohn doch nicht in Ketten legen!‹

Wieder fuhr ich langsam durch die Stadt, lief die Fußgängerzone ab: nichts! ›Ich geh' in die Schule und frag' Andreas!‹ dachte ich ratlos. Der schrieb gerade eine Klassenarbeit, aber sein Lehrer hatte Mitleid mit mir, möglich, daß man mir meine Verzweiflung ansah. »Andreas, Junge, sag mir, wo kann er um diese Uhrzeit bloß stecken?«

»Mama, zu seinen Kumpels kann er vormittags nicht hin, die schlafen noch. Wo hast du denn überall gesucht? Du, die Fußgängerzone ist verlängert worden. Hier vorne gleich um die Ecke gibt es jetzt auch Sitzbänke!«

Ich folgte seiner Beschreibung: um das Schulgebäude herum, ein paar Meter durch eine Gasse, und – tatsächlich! – da waren die Bänke, und mein Sohn saß in der Mitte! Er fühlte sich hier so sicher, daß er nichts um sich herum bemerkte. Meinen Augen bot sich eine Idylle besonderer Art: In der leuchtend warmen Morgensonne hatte Michael ganz entspannt auf der Holzlehne Platz genommen, ein leichtes Lächeln umspielte seine Mundwinkel. Neben ihm hing ein Penner herum. Zwischen den beiden Männern befand sich eine ganze Lage Dosenbier im Karton. Jeder hatte eine Büchse in der Hand, Michael führte seine gerade zum Mund und trank. Das bedruckte Blech glitzerte wie ein Silberschatz im Sonnenschein. Ich hielt in einiger Entfernung inne und sah ihm kurz zu. Dann unterbrach ich diese glückliche Dreisamkeit mit zwei schroffen Worten: »Komm mit!«

Diese Szene vollkommenen Einklangs, das Bild meines verträumten Sohns und des alten Manns neben ihm – sie sind mir bis heute nicht aus dem Kopf gegangen. Langsam und bedächtig folgte mir Michael zum Auto. Ohne viel zu sprechen, fuhren wir ins Krankenhaus.

Am nächsten Montag war der Stationsarzt am Telefon. Michael hatte, obwohl er kein freies Wochenende hatte, die Klinik verlassen. Eine stationäre Wiederaufnahme könne er nun nicht mehr verantworten, so der Doktor, da die Betten dringend für kranke Menschen gebraucht würden.

Weinend fuhr ich Michaels Sachen abholen. Die Sorge um ihn machte mich kaputt. Fast wünschte ich, er werde auf Grund seines Haftbefehls bald festgenommen. Eine Gefängnisstrafe könnte die Möglichkeit zu einem Neubeginn bedeuten. Vielleicht würde er dann erwachen, die Realität begreifen? Vielleicht, vielleicht ...

Es war ein Teufelskreis der Gefühle: Ohnmacht, Trauer, Wut, Schmerz und Angst um die Zukunft unseres Kindes. Uns war, als hätten wir Michael verloren. Er gehörte der Straße! War unerreichbar für uns. Mit einem Schlag waren all unsere Hoffnungen zunichte gemacht worden, die Auswege, an die wir uns geklammert hatten, versperrt. Wie Roboter bewältigten wir unseren Alltag, aber wir lebten nicht mehr. Das Leben war anderen vorbehalten, nicht uns. Eine tiefe Depression umhüllte unser Dasein.

Sporadisch suchte ich im Auto unseren Stadtteil ab. Wo war mein Sohn? Wie konnte ich ohne ihn leben? Wie konnte sich Michael ohne mich zurechtfinden? An einem Abend fand ich ihn endlich in einer Kneipe, ganz in unserer Nähe. Michael saß einer dicken, aufgeschwemmten jungen Frau mit einem durch und durch blöden Gesicht am Tisch gegenüber. Sie wirkte abstoßend. Aber mein Sohn, mein Sohn sah noch ekelerregender aus! Er war – wie sie – schon am frühen Abend restlos betrunken. Sein Gesicht war aufgequollen und gerötet. Die Haare hingen in fettigen Strähnen herunter, sein Körper wirkte aufgedunsen, unter den Fingernägeln sammelte sich der Dreck von Wochen. Er lallte in unfertigen Sätzen.

Ich setzte mich zu ihm und redete auf ihn ein. Die Dicke verfolgte unser Gespräch und warf Bemerkungen wie »Was will denn die Olle hier?« oder »Wie? Willste wieder zu deiner Alten?« ein.

»Mama, Mama«, schluchzte Michael, »ich hab' dich so lieb. Ich hab' alles kaputtgemacht. Mich selber auch. Laß mich so weiterleben! Bald lande ich eh im Knast, dann hab' ich genug Zeit zum Nachdenken!«

Etwa eine Woche später kam Michael zu uns. Er war nüchtern, entledigte sich entschlossen seiner stinkenden Hosen, verschwand im Bad und sah fast schon wieder wie ein Mensch aus, als er herauskam. Wir berieten gemeinsam und vereinbarten, daß er kommen und gehen dürfe, wann er wolle. Seinen Wohnungsschlüssel hatte er verloren, und wir mochten ihm keinen neuen geben. Er sollte anrufen, wenn er ins Haus wollte. Manchmal sahen wir ihn in einer Woche zwei Mal. Dann wieder war er vier Wochen lang wie vom Erdboden verschluckt.

Er wiegte sich in Sicherheit: »Der Haftbefehl läuft doch schon seit Monaten, und obwohl ich mich die ganze Zeit nur in diesem Stadtviertel aufhalte, laufe ich immer noch frei herum. Wenn mich die Polizei nicht mal wegen einer anderen Sache anhält und kontrolliert, dann buchten die mich in den nächsten Jahren nicht ein!« Wo, wie und vor allem wovon Michael jetzt lebte, das fragten wir ihn nicht. Ohne Absprache waren solche Erkundigungen tabu.

Irgendwann Ende Oktober kam Michael in Haft. Einerseits hätten wir – auch in Michaels Interesse – befreit sein können, daß das Leid, ihn auf der Straße zu wissen, nun beendet war. Andererseits verspürten wir drei als Rest der Familie eine unendliche Einsamkeit in unserem Inneren. Wir trauerten um Michael und waren unglücklicher denn je. Andreas klagte immer wieder über Herzschmerzen, Peter litt an organisch unbegründeten Oberbauchbeschwerden. Mein Körper rebellierte ganz und gar: Kopfweh, Rückenschmerzen, eine Magenschleimhautentzündung und monatelange Durchfälle wechselten sich ab. Wir waren am Ende unserer Kräfte.

In Haft

Ich wollte meinen ersten Gang ins Gefängnis antreten, um Michael zu besuchen. Peter setzte mir deutlich und bestimmt auseinander, daß er niemals ins Gefängnis gehen würde, um seinen Sohn zu sehen. Er selbst habe sich immer korrekt verhalten und sei nie mit dem Gesetz in Konflikt geraten. Jahrelang hatte sein Bestreben Michael gegolten. Immer hätten wir versucht zu verhindern, daß er in die Kriminalität abrutschte. »Aber Michael selbst hat entgegen aller Vernunft und entgegen meiner ganzen Mühe nur dazu beigetragen, daß er hinter Gitter kommt. Jetzt muß er ohne meine Unterstützung die Haftstrafe durchstehen!« Das waren klare Worte. Nie wieder haben wir über einen Gefängnisbesuch des Vaters diskutiert.

Für mich war es selbstverständlich, Michael zu treffen. Soweit es in meiner Macht lag, wollte ich ihm in dieser schweren Zeit zur Seite stehen. Ich ging zu einem Rechtsanwalt und bat ihn, meinen Sohn zu verteidigen. Er erklärte mir die behördlichen Vorbereitungen, die für meinen Gefängnisbesuch erforderlich waren. Er beschrieb mir die Haftanstalt und den Eingang.

Peter fuhr mich im Auto hin. Er hielt auf der Straße gegenüber des Eingangsportals. Da, durch diesen Bogen mußte ich gehen! Bisher hatten wir beide nicht gewußt, daß jenes Gebäude ein Gefängnis war. Zu Beginn unserer Ehe hatten wir hier in der Nähe bei meinen Eltern gewohnt. Nur wenige Gehminuten entfernt lag die Klinik, in der Michael geboren worden war. Auch mein Büro war nicht weit.

In der Stadtmitte hatte ich beim Gericht einen Besuchsschein beantragt und abgeholt. Nur mit diesem Dokument, das für jedes Zusammensein neu ausgestellt werden mußte, durfte man den Angehörigen sehen. Im zweiwöchentlichen Abstand war eine Unterhaltung von der Dauer einer halben Stunde erlaubt.

Mit einem neuen Trainingsanzug, soeben gekauften Turnschuhen und weiteren Kleidungsstücken im Arm ging ich zitternd auf die Eisentür zu und schellte. Ich meldete mich mit meinem Namen, und die Tür ging auf. Ich stand in einem kleinen Gang und brach unbegründet in Tränen aus. Eine Eisengittertür öffnete sich. »Den Besuchsschein bitte!«

Ja, wo war er denn? Ach, mein Personalausweis auch? Die Beamten waren äußerst freundlich. Solche Szenen kannten sie wohl zur Genüge. Sie taten wirklich alles, um meine Nervosität zu bannen.

Die Wärter gaben mir einen Schlüssel: »Der ist für ein Schließfach, sehen Sie – da! Dort bewahren Sie Ihre Handtasche solange auf. Sie dürfen nichts mit hineinnehmen. Haben Sie acht Mark in Münzen?«

Ich sah nach: »Nein, das habe ich nicht!«

»Kommen Sie, wir wechseln das Geld! Damit können Sie dann drinnen Tabakwaren für Ihren Sohn aus einem Automaten ziehen.«

Ich nahm das Kleingeld in Empfang und drehte mich zur nächsten schweren Gittertür um. Ein Wärter stellte sich neben mich, und die Tür wurde aus dem Beamtenraum per Knopfdruck geöffnet. Die dritte Versperrung, die wuchtig hinter mir einrastete! Ich deponierte meine Handtasche wie angewiesen im Schließfach, und der Beamte nahm mir die Kleidung für Michael ab: »Die bekommt Ihr Sohn später!« Er tastete mich mit Hilfe eines Kontrollgeräts ab, wie es auch auf Flughäfen üblich ist.

Und weiter ging es zur nächsten Eisentür, die vierte, die mich von der Außenwelt trennte. Sie fiel krachend zu. Irgendwo, hinter diesen dicken Mauern, lebte mein Sohn! Ich fror, mir war übel, ich weinte heiße Tränen. In meiner Hosentasche fand ich ein altes Papiertaschentuch – nie wieder habe ich vergessen, eine ganze Packung vor einer Zusammenkunft mit Michael einzustecken!

Das Wartezimmer war ein geschlossener fensterloser Raum. Vor mir waren mindestens zehn andere Besucher. Ich richtete mich auf eine lange Wartezeit ein. Das Zimmer war einfach bestuhlt, kahl, mit leicht verschmutzten Wänden. Keine Zeitung, die man hätte lesen können, kein Geräusch von draußen, wo das Leben brauste. Nur das Scharren der Stühle und Füße auf dem Steinboden, die verhaltenen Gespräche der Wartenden, ihre Seufzer und Klagen sowie das entsetzliche Rasseln klirrender Schlüsselbunde, die die Beamten mit sich herumtrugen. Die Heizung war kalt. ›Ich muß mich demnächst wärmer anziehen!‹ dachte ich. Ich wartete stundenlang. Aus dem Besucherraum wurde immer erst jemand aufgerufen, wenn ein anderer Angehöriger gegangen war. Offenbar gab es nur ein Sprechzimmer. Ich nahm mir vor, in Zukunft gleich morgens um acht zum Gefängnis zu gehen. Ich bebte vor Kälte und Aufregung. Die Minuten zogen sich wie Stunden in die Länge. Jetzt rief man mich auf: Mein Gott! Ich hatte das Gefühl, daß mir die Beine versagten. »Ja«, rief ich unsicher. »Ich bin die Mutter!«

Und da war Michael endlich! Wie sehr liebte ich meinen Sohn, der mir so viel Kummer bereitete! Wir lagen uns in den Armen, und seine Nähe beruhigte mich. Ich nahm mich zusammen. Meinem Kind ging es schlecht genug, es sollte seine Mutter jetzt nicht auch noch in Tränen aufgelöst erleben! Wir saßen in einem kleinen Raum ohne Fenster. Unter dem Tisch war ein Brett quer genagelt worden, so daß kein Kontakt mit den Beinen möglich war. Jeder hatte einen Stuhl: der Häftling, der Besucher und der anwesende Beamte.

Unsere erste Unterhaltung kam schleppend in Gang. Ich konnte kaum sprechen, meine Stimme war weg. Ich formte Worte, doch meine Stimmbänder erzeugten keinen Klang. Daher nahm Michael das Ruder in die Hand und berichtete von seiner Festnahme. Der Beamte mischte sich in geduldigem Ton ein: »Gespräche über die Straftaten sind nicht erlaubt. Aber erzählen Sie ruhig weiter, junger Mann. Ich unterbreche Sie, wenn ich es für erforderlich halte.«

Michael war also in jener Nacht um etwa vier Uhr morgens aus einer Diskothek gekommen. Vor dem Tanzlokal standen drei Jugendliche, die darüber beratschlagten, was sie jetzt tun könnten. Straßenbahnen fuhren noch keine. Michael schloß sich ihnen an. Auf einem Parkplatz wollten gerade zwei, Michael ebenfalls unbekannte Männer in ihr Auto steigen. Ohne Vorankündigung bedrängten zwei der drei Jugendlichen plötzlich diese Herren, traten und schlugen sie und forderten deren Geld.

Michael beobachtete die Szene aus der Entfernung von der anderen Straßenseite aus. Gröhlend und triumphierend stapften die drei Unbekannten mit dem geraubten Portemonnaie die Straße hinunter: »Mist, nur zehn Mark!« Michael stieß wieder zu ihnen. Als die Gruppe um die Straßenecke bog, wurde sie auch schon festgenommen, Michael eingeschlossen. Die Verhöre auf dem Polizeirevier ergaben, daß Michael zuvor keinen Kontakt zu den drei anderen gehabt hatte und daß er am Überfall nicht beteiligt gewesen war. »Dem Gesetz nach bist du aber ein Mittäter!« erklärte ihm ein Kriminalbeamter.

Die Anklage lautete auf Raubüberfall mit schwerer Körperverletzung. Da gegen Michael bereits der Haftbefehl wegen Bundeswehrflucht vorlag, kam er in Untersuchungshaft. Und wegen der – absolut begründeten – Fluchtgefahr schied eine Entlassung aus der U-Haft bis zur Verhandlung aus.

»So etwas Idiotisches habe ich mein Lebtag nicht gehört«, fuhr ich hoch. »Fremde Leute überfallen harmlose Bürger – und du siehst zu! Wenn du schon zu feige warst, die Polizei zu rufen, dann hättest du doch wenigstens deine eigene Haut retten können! Soviel Dummheit hab' ich dir wirklich nicht zugetraut!«

Michael ließ sich nicht irritieren: »Tja, Mama, aber so ist es gelaufen! Ich weiß auch nicht, warum ich nicht weg bin! Aber ins Gefängnis wäre ich eh irgendwann gekommen, und nun ist es eben jetzt der Fall.«

»Ach Michael! Weißt du, daß dein regulärer Wehrdienst jetzt zu Ende gewesen wäre?« fragte ich vergeblich.

Wir hatten die Besuchszeit bereits etwas überzogen und verabschiedeten uns. Michael zog sich am Automaten Zigaretten. Der Beamte übergab mir das Restgeld. Ich ging von einer Tür zur nächsten. »Der Schlüssel?« hörte ich einen Wärter fragen. ›Ach ja, der Schlüssel! Meine Handtasche!‹ dachte ich wie in Trance. Ich hatte sie vergessen. Wieder eine schwere Eisentür, ich nahm meine Tasche aus dem Schließfach, überreichte dem Beamten den Schlüssel. ›Das passiert mir nicht noch einmal‹, beschloß ich. Krach, wieder eine Tür zu. Endlich klappte die große Eingangstür an der Straße behäbig für mich auf.

Ich stand draußen. Die Menschen auf den Bürgersteigen flitzten an mir vorbei und schubsten sich im Strom voran, der Autolärm schien eine betäubende Lautstärke zu haben. Ich wählte ein paar ruhige Straßen, um zu meinem Büro zu gelangen. Mir war immer noch sehr kalt, meine Hände flatterten steif und konnten die Kaffeetasse kaum halten, die mir eine Kollegin zuvorkommend reichen wollte. Ohne meinen Mantel auszuziehen, drückte ich mich fest an den Heizkörper. Langsam taute ich auf und begann wieder wahrzunehmen, was um mich herum geschah.

Etwa nach einer halben Stunde war ich in der Lage zu arbeiten. Im Büro wußte niemand, daß ich einen Sohn im Gefängnis hatte, und es sollte auch keiner erfahren. Ich hatte hier erst vor kurzem angefangen. Das Team war nett, meine Tätigkeit interessant und die Bezahlung – gemessen an meiner Ausbildung überdurchschnittlich.

Zu Hause beschrieb ich sofort meine Erlebnisse: »Michael sieht gut aus«, erzählte ich Andreas und Peter. »Sein Gesichtsausdruck ist so entspannt als sei er im Urlaub und nicht im Gefängnis! Während wir immer kränker werden, wird er gesünder!«

»In der Straße weiß inzwischen jeder, was mit Michael ist«, redete Andreas dazwischen. »Auch in der Klasse hänseln mich alle mit meinem ›Knastbruder‹ . . . Versucht mich mal zu verstehen, ich hab' es wirklich nicht leicht! Ich schäme mich für Michael, ganz ehrlich! Nach dem Abi studiere ich in einer anderen Stadt, das sage ich euch! Ein paar Leute tun mir gegenüber plötzlich sehr voreingenommen, und manche sprechen gar nicht mehr mit mir.«

Andreas hatte recht. Er mußte uns einmal sagen, wie es um ihn stand und wie er sich fühlte. Peter und mir war bewußt, wie sehr er unter den Familienverhältnissen litt. Dennoch sahen wir keine Möglichkeit, diese Bürde von seinen Schultern zu nehmen. Michael bestimmte die Spielregeln und schob uns wie drei Schachfiguren nach Belieben vom Brett.

Kurze Zeit später erreichte uns ein Brief von Michael, der eine Paketmarke und einen vorgedruckten Begleitzettel enthielt. Die Marke war für das sogenannte Jahrespaket bestimmt, das wir noch im laufenden Jahr direkt im Gefängnis für ihn abgeben konnten.

Ich war bereit, wollte meinem Sohn ein Paket fürs Gefängnis packen. Zunächst schien die Aufgabe nicht schwer, aber im Lebensmittelgeschäft wog ich ständig ein Ding gegen ein anderes ab: Süßigkeiten oder etwas mehr zu essen? Konserven durfte man nicht verschenken. Auch das Gewicht spielte eine große Rolle. Diese Tüte Bonbons war dreihundert Gramm schwer, die mit den kleinen Schokoriegeln auch: Was würde er wohl lieber haben? Wurst wollte ich auch kaufen. Ich entschied mich für rohen Schinken: Der hielt sich auch noch, wenn die Packung offen war. Ach, und Heringe in Gelee, die mag Michael doch so gern! Russische Eier, Kekse, Nescafé, abgepackte Kaffeesahne . . . An der Kasse merkte ich, daß ich viel zuviel gekauft hatte.

Zu Hause half mir Peter beim Verpacken. Wir wogen

jedes Teil und mußten eine Inhaltsliste erstellen. Endlich schnürte Peter den Karton zu, schrieb Michaels Namen darauf und klebte die Paketmarke – das Wichtigste! – daneben.

Gleich am nächsten Morgen brachte ich den Karton zur Haftanstalt. Der Beamte sah auf die Marke und fragte erstaunt: »Wie lange haben Sie die denn schon? Die ist nicht mehr gültig. Wir nehmen jetzt nur noch Weihnachtspakete an!« Mein Körper geriet in Wallung, um mich herum begann sich alles zu drehen, ich hatte nur einen Gedanken: ›Gleich kippst du um! Das hältst du nicht mehr aus! All die Arbeit . . . Ich bin der Situation im Gefängnis nicht gewachsen.‹

Doch schon fing ich mich wieder. Zögernd wehrte ich mich: »Mein Sohn hat mir diese Marke aber erst vor einer Woche geschickt!«

Der Wärter zog Michaels Karteikarte. »Nun«, sagte er sanft – die Beamten waren ohnehin immer außergewöhnlich nett zu Verwandten –, »ich nehme das Paket an und bringe es selbst in die Kontrollkammer.«

Er legte das Paket auf die Waage: »Es ist ein Kilogramm zu schwer! Sie müssen die Verpackung beim Gewicht mit einkalkulieren. Aber das können Sie nicht wissen, Ihr Sohn ist das erste Mal hier. Machen Sie sich keine Sorgen, ich paß' auf, daß Ihr Sohn alles bekommt!«

›Lieb!‹ dachte ich. ›Wirklich lieb dieser Wärter!‹ Seine Worte waren Balsam für meine kranke Seele. Ich ging aus dem Gefängnis und freute mich, daß Michael bald das Paket auspacken würde. Vielleicht schon heute?

Ich besuchte Michael noch zwei Mal vor Heiligabend. Nach endlosem Warten saßen wir uns schließlich gegenüber. Wir waren glücklich, einander zu sehen, und hatten viel zu bereden. Wir sprachen sogar über lustige Begebenheiten, und das war ganz erstaunlich – wir konnten sogar lachen! Michaels Aussehen verbesserte sich zusehends. Er war insgesamt schlanker geworden, was ihm hervorragend stand. Sein Gesicht war schön und schmal wie früher. Seine Augen glänzten wach und rege. Das Haar sah gepflegt und kräftig aus – wie in alten Zeiten. ›Mein Sohn ist wieder ein hübscher junger Mann geworden, hier im Gefängnis‹, überlegte ich. Wie war diese Entwicklung nur möglich? Erzeugte eine Strafhaft denn keinen Streß? Woher nahm Michael die Energie, so ausgeglichen zu sein? Ich fand keine Antwort auf meine Fragen. Sein Wohlbefinden stabilisierte meine Psyche. Glückliche Gedanken wanderten der Zukunft voraus: ›Wenn der Junge erst einmal wieder zu Hause ist, dann halten wir vier zusammen. Wir werden all diese unerträglichen Vorfälle vergessen. Es wird eine Möglichkeit zum Neuanfang geben!‹ Ich war mir ganz sicher.

Am dreiundzwanzigsten Dezember brachte ich Michaels Weihnachtspaket ins Gefängnis. Vor der Eingangstür stand bereits eine andere Frau, mit einer riesigen Schachtel in den Armen. Sie hatte schon geklingelt. Die Eisentür sprang auf und donnerte hinter uns zu. Sie gab als erste ihren Karton ab. Es war entschieden zuviel drin. Die Frau mußte ihn öffnen und einiges herausnehmen. Jedes einzelne Stück war liebevoll mit Weihnachtspapier und Schleifchen umwickelt. Der Beamte setzte behutsam an: »Liebe Frau, so viel Arbeit hätten Sie sich nicht machen sollen! Der Inhalt muß gut einsehbar sein. In der Kontrollkammer muß das leider alles ausgepackt werden.«

Die Frau wirkte sowieso schon hypernervös und begann nun zu weinen. Offenbar war sie am Ende ihrer

Kräfte. »Aber das sind doch die Weihnachtsgeschenke für meinen Sohn!« jammerte sie. »Ich wollte ihm eine Freude machen. Er kann doch Heiligabend diesmal nicht zu Hause feiern!«

Der Wärter sah sich die Inhaltsliste in Ruhe durch. »Sehen Sie mal!« – und er griff nach einem größeren Geschenk mit einer roten Schleife – »Das müßte der Pullover sein! Den können Sie ruhig herausnehmen. Den geben wir gesondert zur Kleiderkammer, dann kriegt ihn Ihr Sohn auch!«

Die Frau schluchzte auf und legte ihre Hände schützend auf die sorgfältig verpackte Weihnachtsüberraschung. »Dann ist es doch kein Geschenk mehr!« protestierte sie matt. »Ich habe den Pullover selbst gestrickt. Er soll meinen Sohn wärmen.«

»Bitte«, insistierte der Vollzugsbeamte, »lassen Sie ihn mich herausnehmen! Ihr Sohn kriegt ihn doch! Er wiegt bestimmt fünfhundert Gramm. Vielleicht ist das Paket dann leicht genug, daß ich es annehmen kann!«

Die Frau gab auf und nahm ihre Hände vom Päckchen. Aber das erneute Wiegen ergab immer noch zwei Kilo Übergewicht.

»Na!« meinte der Beamte aufmunternd. »Ich bringe es eigenhändig in die Kontrollkammer. Und wenn da nicht etwas drin ist, das Ihrem Sohn nicht ausgehändigt werden darf, dann bekommt er den ganzen Inhalt!«

Leise wimmerte die Frau in ein Taschentuch, flüsterte kaum hörbar: »Danke!« und strich ein letztes Mal ganz zärtlich über die vielen schönen zusammengebundenen Weihnachtsgaben. Um die Angelegenheit zu beenden, machte der Beamte den Karton, der auch von außen mit Weihnachtspapier beklebt war, zu und stellte ihn zur Seite. Die Frau schlich durch die mächtige Eisengittertür. Die große Außentür schnappte hörbar ins Schloß. Beim Hinausgehen wischte sich die Frau immer noch pausenlos über das Gesicht.

Mein Paket war nur etwa ein Pfund schwerer als vorgeschrieben. Der Inhalt beschränkte sich wie auch beim ersten Mal auf Lebensmittel und Süßigkeiten. Als Überraschung hatte ich Michael verschiedene Nüsse geknackt (weil sie ohne Schale leichter waren), sie mit Mandeln und Rosinen gemischt und in eine gedrehte Weihnachtspapiertüte getan. Das Paket wurde angenommen.

Da sich Michael in einem Jugendgefängnis befand, nahm ich an, daß sich hier auch viele andere Söhne zum ersten Mal aufhielten. Die Besuchszeiten beschränkten sich auf den Vormittag, weswegen die Mütter den größten Anteil der Besucher stellten. Ich glaube, ich habe überhaupt nur einmal Jugendliche im Warteraum angetroffen, die, wie ich den Gesprächen entnehmen konnte, die Geschwister des Inhaftierten waren. Ausländische Besucher waren sehr rar und wenn, dann war der Vater gekommen. Ausländerinnen bekam ich nie zu Gesicht. Im Vorraum des Sprechzimmers herrschte eine gedrückte Stimmung. Alle waren tief unglücklich, und die lange Wartezeit ließ den Vorgang zur Marter werden. Man sprach überhaupt nicht miteinander, es sei denn, man wollte die gleiche Person besuchen. In dieser zusammengewürfelten Gesellschaft war jeder allein. Niemand teilte sich mit. Es kam vor, daß jemand neben einem unablässig weinte, ohne daß ein anderer in der Lage gewesen wäre, tröstende Worte für den Unseligen zu finden.

Einmal kam eine offensichtlich schwerkranke, elend aussehende Frau. Ein Mann begleitete und stützte sie. Ihr geschwächter Körper war in äußerster Erregung, und sie vergoß eine Träne nach der anderen. In ein paar Ruhephasen bedankte sie sich bei dem Mann, der ihr Hausnachbar zu sein schien, dafür, daß er mitgekommen war und ihr den Besuch ermöglichte. Sie heulte und schüttelte sich, und zwischendurch dankte sie dem Herrn, daß er es nicht gescheut habe, mit ihr sogar in ein Gefängnis zu gehen. »Mein Mann«, klagte sie, »ist oft betrunken und will kein Wort mehr über seinen Sohn hören. Zu Hause darf ich nicht von ihm reden. Er hat mir verboten, den Jungen zu sehen. Und Geld darf ich ihm auch nicht geben, sonst schlägt er mich. Dabei bin ich krank und habe schon so starke Schmerzen, aber mein Mann schreit und tobt, weil ich den Haushalt nicht recht versorgen kann.«

Eine andere Mutter erschien in Begleitung ihres Dorfpfarrers. Auch sie bedankte sich unentwegt und weinte. Der Geistliche sollte ihrem Sohn eindringlich ins Gewissen reden. Ihr Sohn sei ein guter Mensch, und der Pfarrer möge ihr bei der schweren Aufgabe helfen, ihm den rechten Weg zu weisen. »Mein Leben ist eine Last geworden«, vertraute sie ihm an, »seit mein Mann gestorben ist... Jetzt muß ich die Arbeit auf dem Hof ganz allein verrichten. Mein Sohn ist immer fleißig gewesen und hat mir bei allem geholfen. Aber dem Jungen fehlt der Vater, er ist viel zu früh gestorben! Ich mache die Arbeit für zwei, und nachts kann ich vor Sorgen kaum noch schlafen. In unserem Dorf weiß jeder, daß mein Sohn im Gefängnis ist. Ich habe Angst, Herr Pfarrer, vor den Nachbarn und vor ihrem Mißtrauen. Ich wage keinen zu fragen, ob er mich auf dem Hof vertritt, wenn ich hierher möchte. Heute bin ich um Mitternacht aufgestanden und habe die Stallarbeiten erledigt. Um sechs Uhr bin ich los, mit Bus und Zug. Eine unbeschreiblich zeitaufwendige Fahrt . . . Und die Rückreise erst! Genauso abenteuerlich, denn meine Busse und Züge fahren erst nach siebzehn Uhr wieder, so daß ich vor einundzwanzig Uhr nicht bei meinen Tieren bin. Bitte, Herr Pfarrer, falls mein Sohn verurteilt wird, können Sie sich dann dafür einsetzen, daß er in unsere Nähe verlegt wird?« Der Pfarrer, der ohnehin ständig versuchte, die Mutter zu beruhigen, gab ihrem Flehen selbstverständlich nach. Und sie bedankte sich, ich weiß nicht wie oft: »Sie sind der einzige Mensch, mit dem ich über meinen Sohn reden kann.«

Wieviele Menschen niemanden haben, mit dem sie ihren Kummer teilen können, wurde mir erst an dieser Stätte so richtig bewußt. Ein fremdländischer Mann brachte eines Tages ein Musikinstrument für seinen Sohn mit. Es handelte sich um ein Saiteninstrument, das die Form einer Mandoline hatte, aber so groß wie ein Baß war. Der ernste, von seinen Sorgen gebeutelte Mann bot mit dem überdimensionalen, farbenprächtigen Instrument ausgerechnet an diesem Ort ein außergewöhnliches Bild. Tragik oder Komik? Er war direkt vor mir in die Haftanstalt eingetreten, also mußte ich warten. Natürlich durfte er mit dem riesigen Gegenstand nicht passieren. Doch der Herr wollte das nicht einsehen, es sei nichts drin und nichts dran, erklärte er und berührte das Instrument dabei vorsichtig, klopfte dagegen und schreckte zusammen, wenn ein Beamter auch nur in die Nähe des Geräts kam. Er hatte augenscheinlich Angst davor, jemand könne das kostbare Mitbringsel kaputtmachen.

Die Verständigung mit den Wärtern war auf Grund seiner mangelnden Deutschkenntnisse ziemlich erschwert. Klar war, daß er seinem Sohn das Instrument zukommen lassen wollte, doch die Beamten setzten ihm auseinander, daß das nicht machbar war. »Sie können es hier in unserem Raum stehen lassen und nachher wieder abholen«, bot einer von ihnen an. »Das dürfen wir zwar eigentlich nicht, aber gehen Sie jetzt zu Ihrem Sohn hinein!« Zaudernd gab der Mann schließlich nach. Im Wartezimmer versuchte ich ihm beizubringen, daß ein Antrag beim Gericht für das Musikinstrument notwendig sei. Er verstand das nicht, behauptete, er habe eine Bescheinigung vom Gericht und meinte doch bloß seine Besuchserlaubnis. »Haben Sie keinen Rechtsanwalt für Ihren Sohn?« fragte ich weiter. Er hatte! »Dann gehen Sie zu dem Anwalt hin! Er wird den erforderlichen Antrag stellen!« riet ich ihm. Endlich verstand er, und die Hoffnung, daß sein Sohn doch noch eine Melodie in seiner Zelle spielen könne, stellte ihn sichtlich zufrieden. Das war übrigens das einzige Gespräch, das ich je hinter diesen Gefängnismauern mit einem anderen Angehörigen geführt habe.

Mein Leben war jetzt vom Rhythmus der Besuchszeiten geprägt. Ich ließ keinen einzigen Besuchstag aus. Alles war längst Routine geworden: das Abholen der Besuchserlaubnis beim Gericht, die freundlichen Beamten, die Geräusche der großen Eisentüren, die Tasche im Schließfach, die Personenkontrolle durch den Wärter, das fensterlose, unbeheizte Vorzimmer, das Frieren und endlich mein Sohn! Dennoch war ich Tage vorher schon aufgeregt und schlief unruhig. Michael blühte indes auf: Er trieb Sport und las sogar einige Bücher. Unsere Gespräche wurden immer ungezwungener und von der tiefen Zuneigung, die wir füreinander empfanden, getragen. Dann bekam Michael seine Päckchen Zigaretten, ich steckte die Restgroschen in die Manteltasche, und wir umarmten uns ein letztes Mal. Draußen schlug mir der Straßenlärm entgegen, die Kälte kroch mir in die Knochen, ich wärmte mich im Büro auf und nahm die Tasse Kaffee entgegen, die mir meine Kollegin regelmäßig und kommentarlos anbot.

Bei einem meiner Besuche lag im Warteraum ausnahmsweise ein Stapel Zeitungen. Ich nahm mir eine und, da der Beamte nicht widersprach, vertiefte ich mich zum Zeitvertreib darein. Das Magazin wurde von Inhaftierten für Inhaftierte gedruckt. Zunächst blätterte ich die Seiten nur durch, blieb dann aber bei einem Artikel hängen und las das Blatt allmählich ganz durch. Ich fühlte mich in die Welt der Strafgefangenen versetzt. Die Beiträge waren gut geschrieben und behandelten abwechslungsreiche Themen. An einigen Stellen wurden Auszüge aus dem Bürgerlichen Gesetzbuch veröffentlicht, hier und da war eine Karikatur untergemischt. Es gab Rubriken mit Anzeigen, in denen sich die Häftlinge untereinander Grüße zusandten, sich zum Geburtstag gratulierten oder ihr Entlassungsdatum bekanntgaben.

In einem Artikel las ich, daß die Inhaftierten kein Wahlrecht haben. ›Wieso bloß?‹ fragte ich mich im stillen. ›Jeder Haftentlassene darf doch auch wählen!‹ Weiter stand da, daß ein Häftling nicht prozeßfähig sei, es sei denn, es handele sich um den Prozeß, der zur Strafhaft geführt hatte. In der Verhandlung durfte er natürlich sämtliche Rechtsmittel ausschöpfen. Ich selbst habe einmal wegen einer Erbschaft ein Gericht um Klärung gebeten. Was passierte, wenn ein Straftäter in solch eine Lage kam? Durfte er sich dann nicht wehren? Ist ein Strafgefangener nicht mehr Bürger der Bundesrepublik und somit nicht gleichgestellt?

Ein anderer Bericht thematisierte das »Verschieben«

von Häftlingen. Dieser Begriff war mir ganz neu. Es ging darum unter welchen Umständen ein Strafgefangener von einer Anstalt in eine andere gebracht wurde: zum Beispiel wenn er verlegt werden sollte, wenn eine Zeugenaussage vor einem Gericht in einer anderen Stadt nötig war oder wenn die persönliche Gerichtsverhandlung das erforderte. Diese Fahrten wurden als sehr aufreibend beschrieben: Der zu verschiebende Häftling wurde in einen dafür vorgesehenen Transporter gesetzt. Nach einem vorgegebenen Plan fuhr der Wagen die nächstgelegenen Strafvollzugsanstalten an. Dort stiegen andere zu, oder man wurde entladen, wenn man seinen Zielort erreicht hatte. Dann kam man in der fremden Anstalt in eine Einzelzelle. Die Entfernungen standen in keinem Verhältnis zu den langen Fahrzeiten. Der Verschobene blieb solange in Einzelhaft, bis ein nächster Transport ihn weiterbeförderte. Manchmal war ein Häftling dadurch eine Woche von der Allgemeinheit des Gefängnisses ausgeschlossen, er bekam nur Einzelrundgang und stand beim Einkauf von Tabakwaren oder bei der Versorgung seiner Wäsche vor Problemen. Eine Tabelle belegte, daß eine Verschiebung auf die Distanz von fünfhundert Kilometern (hin und zurück) durchschnittlich etwa vier Wochen dauerte! Ein Häftling sei auf diese Weise von München nach Hamburg und zurück leicht sechs Wochen unterwegs.

›Sicher‹, ging es mir durch den Kopf, ›der Strafvollzug kostet die Gesellschaft eine ungeheuere Steuersumme. Einmal abgesehen von dem Schaden, den die Straftäter vor der Verhaftung angerichtet haben. Und das Gericht hat auch viel Aufwand, der bezahlt werden will. Aber kann man nicht doch ohne Mehrkosten erträglichere Transporte organisieren? Ich glaube, in meiner momentanen Verfassung würde ich so eine Verfrachtung nicht heil überstehen. Ich würde durchdrehen!‹

»Bin ich denn Krösus?« lautete die Überschrift einer weiteren ausführlichen Reportage. Sie setzte sich mit der Möglichkeit der Häftlinge auseinander, Einkäufe zu tätigen. Das war natürlich nur möglich, wenn irgend jemand auf ein spezielles Konto des Gefangenen Geld eingezahlt hatte oder der Verurteilte selber in der Haftanstalt arbeitete. Von dem Lohn stand ihm ein bestimmter Betrag als Taschengeld zu. Das Problem, das der Zeitungsartikel kritisierte, bestand darin, daß die Waren im Gefängnis beinahe doppelt so teuer waren wie in einem durchschnittlichen Supermarkt. Eine umfangreiche Aufstellung verglich einzelne Konsum- und Gebrauchsgüter in allen Gefängnissen der Bundesrepublik mit den Preisen im normalen Einzelhandel. Nur eine einzige Haftanstalt hielt das Niveau der Supermärkte. Der Grund für die Verteuerung – so der Verfasser der Dokumentation – läge darin, daß die Anstalten von freien Händlern beliefert würden, die ihren Zeitaufwand, ihre Anfahrten und etwa die Anschaffung eines Marktwagens auf die Ware schlügen. Ein zu dem Problem befragter Gefängnisdirektor bedauerte das zu teure Angebot, betonte aber, daß die Preisbildung der freien Marktwirtschaft unterliege und eine Vorschrift der Preisfestsetzung nicht erfolgen könne.

Während ich mir die Wartezeit mit dem Lesen von »Häftlinge für Häftlinge« verkürzte, erwartete Michael in nervöser Ungeduld seine Gerichtsverhandlung. Der Termin war für Anfang Februar angesetzt. Ich hatte zwar eine unerträgliche Angst vor einer Verurteilung, wollte aber auf jeden Fall dabeisein, um ihn zu unterstützen und um ihm meine Liebe zu beweisen.

Rastlos schritt ich vor dem Verhandlungszimmer auf und ab. Ich kämpfte gegen meine Tränen an, denn welche Hilfe bietet eine weinende Mutter? Mühsam wechselte ich ein paar Worte mit Michaels Rechtsanwalt, und dann kam die Hauptperson – nein, sie kam nicht, sie wurde gebracht! Rechts und links je ein Beamter, so schoben sich mir die drei Figuren durch den endlosen Flur entgegen. Jetzt war er zum Greifen nah, mein Sohn, und ich wollte ihn umarmen, aber er war durch Handschellen mit einem Beamten verbunden. Mein Gott, mein Sohn in Handschellen!

»Sind Sie die Mutter?« fragte einer der beiden höflich. »Haben Sie einen Ausweis?« Sie wandten sich zu Michael. »Lauf auf gar keinen Fall weg!« ermahnten sie ihn und lösten die Handschellen. Wir nahmen uns kurz in die Arme, sprachen ein bißchen, und schon wurde der Fall aufgerufen. Wir traten in das Verhandlungszimmer. Da saß ich nun in der ersten Reihe als Zuschauerin! Und Michael, Michael war der Beschuldigte.

Die Anklageschrift wurde verlesen. Hauptpunkt: Raubüberfall. Die Bundeswehrflucht schien nur Nebensache zu sein. Hinzu kamen mehrfache Fahrgelderschleichungen, ein Einbruch mit Diebstahl und das Fahren ohne Führerschein in betrunkenem Zustand zusammen mit drei anderen Jugendlichen. Dann wurde Michaels Vorgeschichte bekanntgegeben, und die Formulierung »unerlaubter Waffenbesitz« stach mir ins Herz. Da war es also wieder, das Einzelgespräch vor dem Jugendrichter, als Michael vierzehn war. ›Warum wird dieser Punkt nicht näher erörtert?‹ wandte ich gedanklich ein. ›Das sieht nun wirklich so aus, als sei Michael als Junge mit einer Pistole durch die Gegend gelaufen!‹ Das Fahren ohne Führerschein in betrunkenem Zustand – das war die Sache mit unserem Auto . . . ›Wäre ich Schöffin‹, durchzuckte es mich, ›dann würde ich auf drei Jahre plädieren!‹ Aber ich war ja die Mutter des Angeklagten. Als Michael zum Raubüberfall befragt wurde, antwortete er sehr diszipliniert, wählte seine Worte gut und sagte im Wesentlichen genau das, was er mir bei meinem ersten Gefängnisbesuch erzählt hatte. Eine stichhaltige Begründung für seine Bundeswehrflucht konnte er nicht liefern. Er war in allen Punkten geständig.

Als Zeuge trat einer der zwei überfallenen Herren auf. Seine Aussage deckte sich mit Michaels, bestätigte also, daß Michael am Überfall nicht direkt beteiligt gewesen war. Ein zweiter Zeuge erschien: Es war einer der drei Täter! Es handelte sich um einen jungen Mann, dem die Handschellen erst im Gerichtssaal abgenommen wurden. Die Beamten bezogen Posten an der Tür. Der Zeuge war nur mit einem kurzärmligen T-Shirt bekleidet. Beide Arme waren vollständig tätowiert. Sein Blick war abwesend, die gebeugte Körperhaltung drückte seine Verlorenheit aus. Sein Lebenslauf wurde vorgetragen – eine entsetzliche Kindheitsgeschichte: ein Heimaufenthalt nach dem anderen, diverse Pflegestationen, erste Delikte während der Schulzeit, Unterbringung in entsprechenden Anstalten, aus denen er immer wieder floh. Erst Jugendarrest, dann Jugendhaft, später weitere Straftaten und Strafhaft. Ein seit längerem vorliegender Haftbefehl. Festnahme beim hier zu verurteilenden Raubüberfall mit Körperverletzung. Endlich kam man zur Sache.

»Sie sind in der gleichen Sache angeklagt«, sagte der Richter, »und könnten sich hier als Zeuge selbst belasten. Daher haben Sie das Recht, die Aussage zu verweigern.«

Auf ein ähnliches Stichwort hatte der junge Mann wohl gewartet. Er begann, eine Rede zu halten, die es in sich hatte, mit monotoner Stimme und unverändertem Gesichtsausdruck. Der Wahnsinn seines Lebens hatte sein Innerstes längst zum Schweigen gebracht. Wie jemand, der nichts mehr zu verlieren hat, knüpfte er an das soeben Gesagte an: »Die Aussage verweigern? Was ist das denn schon wieder? Ich hab' längst ausgesagt! Bei der Festnahme und bei den Verhören für meine eigene Verhandlung. Dafür lassen Sie mich verschieben? Ich bin seit einer Woche in Einzelhaft, ohne Freigang, ohne auch nur mit irgendwem zu sprechen, ohne jemandem, der mir eine popplige Zigarette anbieten könnte. Tag und Nacht in dieser kleinen Zelle. Um die lächerlichen fünfzig Kilometer zurück zu schaffen, muß ich vielleicht noch einmal acht Tage ausharren. Und jetzt erklären Sie mir, ich brauche nicht auszusagen! Warum, frage ich Sie, bin ich dann überhaupt hier? Meine polizeiliche Aussage habe ich unterschrieben. Sie deckt sich mit der meiner zwei Mittäter. Der hier Angeklagte und die beiden Geschädigten können auch nichts anderes behauptet haben! Nochmal: Der Michael – den Namen weiß ich nur aus der Anklageschrift – hat mit der Tat gar nichts zu tun! Sein Pech, daß er mit uns zusammen war! Aber ich weiß eh, daß er trotzdem bestraft wird, so als habe er sich am Überfall beteiligt. Ich frage Sie: Warum muß ich für eine Zeugenaussage, die keinen Wert hat, zwei Wochen Einzelhaft in einem Gerichtsgebäude verbringen?«

Es wurde still im Gerichtssaal. Die bedrückende Vergangenheit, die ungewisse Zukunft dieses Mannes, den das Leben schon als Kleinkind betrogen hatte und den hier alle anstarrten, berührte die Anwesenden. Aus dieser Betroffenheit heraus wurde nur kurz festgestellt, daß es keine weiteren Fragen gäbe und der Zeuge entlassen sei. Dieser stand auf, im Vorübergehen nickte er Michael zu. Die Handschellen wurden ihm vor der Tür wieder angelegt, dann verließ er den Raum.

Michaels Verteidiger verdeutlichte in einem knappen Plädoyer, daß die zur Debatte stehenden Straftaten als unüberlegte Handlungen und als eine Folge der Bundeswehrflucht zu verstehen seien. Vor diesem Hintergrund beantragte der Anwalt eine psychiatrische Begutachtung von Michael und bat das Gericht, den Urteilsspruch erst nach dem Vorliegen eines solchen Gutachtens zu fällen.

Tatsächlich hatten wir diese Lösung vorher in Erwägung gezogen. Ich versprach mir davon unter anderem eine Erklärung für Michaels Fehlverhalten, hoffte, daß sich Behandlungsmöglichkeiten ergeben könnten und daß Michael einer Psychotherapie zustimmen würde.

Nach einer kurzen Beratung nahm das Gericht den Antrag an. Die Verhandlung war für heute beendet, und ich verabschiedete mich von meinem Sohn auf dem Gang. Wie durch einen Nebelschleier sah ich, daß er in Handschellen abgeführt wurde. Dieses Bild verfolgte mich während der Fahrt nach Hause. Immer wieder tauchte vor meinem geistigen Auge der andere junge Mann auf, der in seinem kurzen Leben schon so viele Straftaten begangen hatte. Gab es einen Unterschied zwischen ihm und Michael? Würde sich Michaels Zukunft seinem Schicksal angleichen? Nein, mein Sohn doch nicht! Mein lieber, kleiner Junge, so anhänglich und zärtlich ist er gewesen!

Die Gedanken rotierten in meinem Kopf. ›Was‹, so

fragte ich unablässlich, ›haben wir falsch gemacht? Habe vielleicht nur ich versagt? Wieweit kann man die Veranlagungen eines Kindes überhaupt beeinflussen?‹ Fragen über Fragen, die ohne Antwort blieben.

Etwa zwei Wochen später wurde Michael in eine psychiatrische Klinik eingewiesen, damit das Gutachten erstellt werden konnte. Gleich am folgenden Samstag durften wir ihn besuchen. Peter fuhr mit mir, weil ich den Weg zu dem Krankenhaus, das eine Autostunde von uns entfernt war, nicht kannte und weil er Michael gern wiedersehen wollte. Die Heilanstalt war wie ein kleines eigenständiges Dorf angelegt. Es gab Straßenbezeichnungen und Hausnummern, viel Grün, hohe schattige Bäume, Wiesenflächen und Vögel. Michael war in einem Flachbau untergebracht, der zwar vergitterte Fenster hatte, aber lichtdurchflutet war und über ein freundlich gestaltetes Besuchszimmer voller Topfpflanzen verfügte. Von hier aus ging der eigentliche Gefängnistrakt ab: Auf der linken Seite eines Flurs lagen vier oder fünf Zellen mit – soweit ich blicken konnte – offenen Türen.

Die heitere Umgebung, in der Michael jetzt untergebracht war, erfüllte mich mit Freude. Peter hatte seinen Sohn viel zu lange nicht gesehen. Ohne Scheu oder das geringste Zeichen von Ablehnung begrüßten sie sich, und Peter sprach von dem Ende eines Alptraums und dem Beginn eines neuen, besseren Lebensabschnitts. Wir genossen unser Zusammensein außerordentlich.

Aber wir waren nicht nur gekommen, um Michael zu besuchen, sondern sollten zu der Begutachtung beitragen. Sowohl ein Psychiater als auch ein Neurologe befragten uns eingehend im Beisein von Michael. Peter und ich hielten unsere Schilderungen freundlich, damit wir in

Michael nicht den Eindruck erweckten, er sei ein bedauernswertes Geschöpf. Wir wollten in ihm keine selbstvernichtende Kritik oder Schuldgefühle aufkommen lassen. Nach seiner Haftzeit sollte er frei sein, frei von Ängsten, um sich positiv zu entfalten und glücklichere Wege zu gehen.

Michael nahm sich merklich zurück und sparte mit Worten, wie es seine Art war. Seine eigene gedankliche Beurteilung hätte mich in diesem Zusammenhang sehr interessiert ... Bei unseren folgenden Samstagnachmittagbesuchen durften wir sogar Kaffee und Kuchen mitbringen und saßen gemütlich und unbeschwert beieinander. Die Frühlingssonne, die durch die Fenster schien, und die zwitschernden Vögel unterstrichen diese Atmosphäre.

Der Tag kam, an dem Michael in die Strafanstalt zurückverlegt wurde. Die Umstellung fiel schwer: Die bedrückenden Besuche begannen wieder. Der neue Verhandlungstermin stand uns bevor. Obwohl auch Michael gequält wirkte, sagte er nie ein böses Wort, beschwerte sich nicht und stellte keine Forderungen. ›Wo nimmt er unter diesem extremen psychischen Druck seine Kraft her?‹ wunderte ich mich erneut. Zugegeben, ich sah ihn nur alle vierzehn Tage eine halbe Stunde lang – wie er sich in der übrigen Zeit gefühlt hat, Tag und Nacht, das erfuhr ich nie.

Das Gutachten wurde Michaels Anwalt zugestellt. Wir erhielten eine Kopie zur Kenntnisnahme. Nach der Aufgliederung der Straftaten folgte die Beurteilung der Familie. Wir Eltern wurden als kontaktfreudig und lebensfroh beschrieben, das Familienleben und unsere Ehe als intakt. Die mit Michael durchgeführten Tests wiesen auf eine durchschnittliche Intelligenz hin, so daß ein normales Denken und Handeln – auch in Bezug auf die Schuldfähigkeit – angenommen werden mußte. Charakterlich zeichne sich Michael durch nicht aggressives Verhalten sowie durch verschlossene, unkritische, beherrschte, ungezwungene und beziehungsfähige Wesenszüge aus. Es war von seiner Selbstsucht die Rede, von Michaels Ablehnung gegenüber Ereignissen, die ihm unangenehm waren, von seinem Streben nach Lust, dem Verweigern der Realität. All das kannten wir zur Genüge. Doch dann lasen wir, daß sein erschwerter Umgang mit der Wirklichkeit auf inkonsequente Erziehungsmaßnahmen zurückzuführen sei. Wir Eltern seien nicht fähig gewesen, Michael die realen Werte des Lebens zu vermitteln, ihn zu erziehen. Wir hätten es versäumt, Michael allein die Folgen seines Handelns tragen zu lassen. Er verhalte sich nach Lust und Laune, weil er keine Angst vor einer vernunftgerechten Bestrafung seitens der Eltern haben mußte.

Konsterniert blickten Peter und ich uns an. Nach einer Denkpause meinte Peter: »Ich frage mich, wie die Beurteilung ausgesehen hätte, wenn Michael wirklich Angst vor Bestrafung gehabt hätte! Wenn er sich etwa beschwert hätte, daß wir ihn für jede Kleinigkeit schlagen. Wenn sein Vater Alkoholiker gewesen wäre oder du tablettensüchtig? Wir haben ihm doch nun wirklich eine korrekte und realitätsbezogene Existenz vorgelebt! Ist es vielleicht das Ziel von Erziehung, daß ein Kind permanent Angst vor der Bestrafung seiner Eltern haben muß?«

Auch ich grübelte noch lange: Ist es nicht eher so, daß man eine Veranlagung einfach nicht ändern kann? Die Schwierigkeiten, in die sich Michael gebracht hatte, trugen selbstvernichtende Züge. Der Schlüssel zu seinen Fehltritten war der Wunsch, nur Freude zu erleben, und der Fehler, dabei alle sozialen Grundsätze außer acht zu lassen.

Mein Wunsch, daß sich im Rahmen dieses Gutachtens eine psychologische Betreuung nach der Haft ergeben würde, hat sich nicht erfüllt. Schon meinen noch so behutsam formulierten Versuch, Michael diese Lösung plausibel zu machen, wies dieser strikt zurück, oder er brach das Gespräch störrisch ab.

Zu der zweiten Verhandlung wurde Michael ohne Handschellen geführt. Jetzt war nur noch das Gutachten Gegenstand der Rechtsfrage. Da jenes Michael volle Schuldfähigkeit bei emotionaler Unreife bescheinigte – die Straftaten wurden als Folge der Bundeswehrflucht angesehen, nicht als geplante kriminelle Handlungen –, verurteilte ihn das Gericht nach einer kurzen Beratung zu achtzehn Monaten Jugendhaft. Nach Abzug der U-Haft blieben nun noch zwei Monate Gefängnis.

Ich stattete meinem Sohn den letzten Besuch vor seiner Entlassung ab. Beschwingt verabschiedete ich mich von den Beamten und sagte ihnen, daß ich Michael in ein paar Tagen würde abholen dürfen. Sie wünschten mir und meinem Sohn alles Gute für die Zukunft. Ein letztes Mal schlossen sich die dicken Eisentüren hinter mir. Das harte Geräusch klang jetzt wie Musik. Federnden Schritts schwebte ich durch die Straßen. Die Sonne schien warm, und ich ließ meinen Ideen freien Lauf: ›Wie schön das Leben sein kann! Bald hole ich Michael raus, und alles wird sich zum Guten wenden! Bestimmt wird alles noch besser klappen, als ich es mir in diesem Moment vorstellen kann! Er ist durch eine harte Prüfung gegangen, älter und reifer geworden. Diesen Sommer wird der Junge einundzwanzig . . .‹

Ich lächelte bei der Vorstellung. Wie war das damals, als ich Michael noch in mir trug? Damals ging ich durch die gleichen Gassen wie heute. Er war schon als Fötus zu spät dran: Zehn Tage überfällig, hieß es. Oder hatten wir uns nur verrechnet? Ja, ich erinnerte mich wieder an den Weg zum Krankenhaus: Es war ein warmer Sommerabend, die Wehen hatten eingesetzt. Peter und meine Mutter begleiteten mich. Genau diese Straße sind wir hinuntergegangen! Im Krankenhaus brachte man mich in den Kreißsaal, aber als die Wehen wieder nachließen, fuhr man mich in ein Krankenzimmer zu den Wöchnerinnen. Gegen Morgen verstärkten sich die Krämpfe, und eine Patientin rief nach der Schwester. Sie brachte mich erneut in den Geburtsraum. Eine Nonne in langer dunkler Tracht mit einer weißen Haube bewachte mich. Sie maß regelmäßig meinen Puls, berechnete den Zeitabstand der Wehen und tastete behutsam meinen Bauch ab. Dann stand sie auf und stellte sich an ein Pult, das an der Wand angebracht war, und schrieb irgend etwas. ›Um Himmels willen‹, dachte ich, ›ich bekomme ein Baby, und die Frau neben mir kritzelt seelenruhig vor sich hin! Hilft mir denn niemand? Steht mir keiner bei?‹ Jetzt kam das Kind! Ich konnte es deutlich spüren. Der Kopf schob sich durch die Öffnung, und ich schrie zu der Nonne: »Schwester, das Kind kommt!« Warum, sage ich mir heute, warum rief ich sie und ließ Michael nicht einfach kommen? Ich konnte schon fühlen, wie die Schädeldecke des Kindes aus der Öffnung heraustrat! Die Schwester fuhr erschrocken auf und war plötzlich ganz aufgeregt: »Das geht mir jetzt aber zu schnell! Damit habe ich noch nicht gerechnet! Ich muß die Ärztin rufen!« Dabei kam sie auf mich zu und, statt dem Baby und mir zu helfen, schob sie den Kopf des Kindes wieder zurück!

Ein wahnsinniges Gefühl! Ich glaubte, verrückt zu werden. Sie drängte den Kopf, der aus der Enge herauskam, einfach in meinen Körper zurück! »Was tun Sie?« schrie ich entsetzt und schutzlos. Die Schwester entgegnete: »Erst muß die Frau Doktor kommen. Ohne medizinische Hilfe führen wir hier keine Geburt durch!« Die Ärztin war schnell zur Stelle und setzte mir eine Spritze in den linken Arm. »Holen Sie mein Kind!« brachte ich stockend hervor. »Es war schon fast da!« Die Ärztin blieb ruhig: »Wir praktizieren die schmerzfreie Geburt. Die Injektion wirkt gleich, und dann holen wir Ihr Kind!« Tatsächlich, ich verlor die Sinne. Als ich wieder wach war, hatte ich kein Zeitgefühl mehr. Es muß früher Nachmittag gewesen sein. Jemand reichte mir mein Baby. Es war ein kleiner zarter Sohn, nur fünf Pfund schwer. Ein Sonntagskind. Die Schädeldecke lief wie die Spitze eines Eis nach oben zu. Ich starrte auf den Kopf. »Das bildet sich in wenigen Tagen zurück«, versicherte mir eine Schwester beruhigend. ›Kein Wunder‹, dachte ich zerschlagen, ›daß der Kopf eierförmig ist! Er stand viel zu lange im Geburtskanal. Hoffentlich hat das Kind keinen Sauerstoffmangel erlitten. Verdammt, warum habe ich Idiotin der Schwester Bescheid gesagt, als der Kopf austreten wollte? Bei der nächsten Wehe wäre er draußen gewesen, dann hätten sie Michael holen müssen, auch ohne Spritze!‹

Am darauffolgenden Tag war die Hebamme, die an unserem schweren Tag offenbar frei gehabt hatte, wieder im Dienst. Ich vernahm, wie sie sich auf dem Flur mit der

Nonne stritt, und meinte herauszuhören, daß es um Michael ging. Machte sie der Frau Vorwürfe wegen ihres Verhaltens? War sie erzürnt über Michaels anormale Kopfform, die man hätte vermeiden können? Ich war mir nicht sicher. Jedenfalls umsorgte sie das Baby in zärtlicher Liebe, gab ihm die immer bereitstehende Flasche. Michael trank nur sehr wenig, sog am Nuckel, schluckte ein paar Mal und spuckte das Getrunkene wieder aus. Obwohl ich Milch hatte, verweigerte er die Brust. Er schlief in meinen Armen einfach ein und ließ sich nur mit Mühe wieder wecken. Das gleiche Verhalten zeigte er bei der Flasche: Entweder kam ihm die Milch wieder heraus oder er schlief nach wenigen Zügen mit dem Sauger im Mund tief und fest ein, so daß er, um wenigstens noch etwas zu trinken, immer wieder unsanft geweckt werden mußte. Die Ärztin entließ mich nach der normalen Wöchnerinnenzeit. Die Hebamme verwehrte mir jedoch streng die Mitnahme meines Kindes: »Es ist zu zart. Der Nabel ist noch nicht abgeheilt!«

Zwei Tage später durfte ich meinen Schatz abholen. Die Hebamme empfing mich zur vereinbarten Uhrzeit, nahm mich mit in das Säuglingszimmer – was damals noch nicht üblich war, weil man Krankheitsübertragungen befürchtete – und zeigte mir, wie sie mein Kind fütterte und die Flasche zubereitete. Wieder sabberte Michael die Milch aus dem Mund. Die Hebamme wischte den Schaum sorgfältig fort und zog ihm frische Wäsche an.

»Geben Sie ihm oft genug am Tag die Flasche, damit er am Abend genug im Bauch hat! Wenn er spuckt, dann warten Sie etwas, und bieten Sie ihm erneut Milch an!« riet sie mir.

»Ich habe in den letzten Jahren mehrere Kleinkinder versorgt«, verteidigte ich mich, »mein jüngster Bruder ist gerade einmal drei Jahre alt!«

Aber die Geburtshelferin hörte mir nicht zu, sondern sprach weiter von meinem, wie sie sagte, »sehr sensiblen Baby«.

Ich wollte meinen Sohn in die Arme schließen und nach Hause bringen. Aber die Hebamme ließ es sich nicht nehmen, Michael durch das Gebäude zu tragen und ihn in den Kinderwagen zu legen, den ich unten für ihn bereitgestellt hatte. Sie beugte sich über ihn, streichelte ihn und raunte ihm leise, bewegende Worte zu. Schließlich wandte sich mir die große, kräftige Frau mit ihrem polnischen Akzent zum Abschied zu: »Pass-ssen Sie gut auf Ihr-rr Kind auf! Es ist ein ganz besonderes-ss Kind! Bitte pass-ssen Sie gut auf!« Und dann spazierten wir beide, mein erstgeborener Sohn und ich, an einem schönen Sommertag eben diese Straße hinunter, vorbei an der mir damals unbekannten stählernen Gefängnistür.

Jetzt stand ich wieder vor dem Gebäude mit den dicken Mauern. Ich hatte das Auto direkt vor der schweren Eingangstür geparkt. Jede Minute mußte Michael heraustreten. Die Tür sprang auf. Da kommt er! In der Hand trug er eine Sporttasche, die die wenigen Habseligkeiten enthielt, die er im Gefängnis sein eigen nennen durfte. Schon saß er neben mir. Mein Gott, waren wir froh! Mir schossen Freudentränen in die Augen, und auch Michael rieb sich die Lider. Ich ließ den Motor an: »Schnell weg von hier!«

Ich hörte Michaels Worte: »Mama, paß auf! Konzentrier dich aufs Fahren! Du weißt doch, wenn du nervös bist, fährst du noch schlechter als sonst!«

›Er hat recht‹, dachte ich. ›Wie haben mich der Lärm und die Hektik damals nach meinem ersten Besuch im Gefängnis erschreckt! Viel, viel schlimmer muß die Umgebung jetzt auf ihn wirken . . . Ich fahre ganz langsam, das ist besser.‹

Endlich kamen wir zu Hause an. Er ist wieder da, mein Sohn! Er ist wieder bei uns, bei seinen Eltern!

Das Spiel ist aus

Michael fand sein Zuhause unverändert vor und nahm wieder alte Familiengewohnheiten auf: Die Brüder und der Vater spielten zu dritt Tennis, und wenn das Wetter gut war, gingen wir schwimmen. Andreas und seine Freunde verhielten sich Michael gegenüber sehr kameradschaftlich. Niemand kritisierte ihn oder warf ihm seine Haftstrafe vor. Alle versuchten, ihn zu unterstützen und ihm die Rückkehr in das bürgerliche Leben zu erleichtern. Ich bewunderte das Verhalten dieser jungen Menschen, glaube allerdings nicht, daß sich Michael sonderlich viele Gedanken über deren Bemühungen machte.

Wir unternahmen einiges, um für Michael irgendeine Arbeitsstelle zu finden. Vergebens! Die Jungendarbeitslosigkeit hatte ihren Höhepunkt erreicht, und für einen wie Michael war in dem System kein Platz. ›Gut‹, dachten Peter und ich, ›er hat keine Arbeit! Aber das Wichtigste ist, daß Michael im alltäglichen Leben wieder Fuß faßt und seine Wertvorstellungen korrigiert.‹ Immer wieder suchten wir das Gespräch mit ihm. Doch Michael begann, eigene Wege zu gehen, sonderte sich bald von Andreas und dessen Clique ab, hing zunächst den ganzen Tag ohne irgendeine Aufgabe oder ein Ziel vor Augen zu Hause herum.

Vom Sozialamt bekam er hundert Mark im Monat. Da er damit wie in früheren Zeiten nicht auskam, erhielt er von uns zusätzlich Geld. Dann zog sich Michael noch mehr zurück, war grundsätzlich bereits außer Haus, wenn wir von der Arbeit kamen, und fiel erst nachts um drei oder vier Uhr ins Bett. Unsere anfängliche Enttäuschung über die erneute negative Entwicklung wich einer immer stärker werdenden Aggression gegen ihn: »Du tust aber auch gar nichts Sinnvolles! Such dir Arbeit, oder hilf uns zu Hause! Mit wem treibst du dich nachts ewig herum?«

Michael antwortete vage, meinte, wir sähen Gespenster. Peter und mir wurde sein Verhalten unerträglich. Wir hätten ihn am liebsten aus der Wohnung geworfen! Auch Andreas beschwerte sich zunehmend über den Bruder: »Wenn Michael in eurer Abwesenheit Freunde mitbringt, sind das meistens fünf oder sechs Männer, einer primitiver als der andere. Was dann abläuft, könnt ihr euch nicht vorstellen! Die Horde gröhlt und lacht mich aus, wenn ich sie bitte, etwas leiser zu sein. Die warnen mich, daß ich in meiner eigenen Wohnung die Schnauze halten soll, sonst verprügeln sie mich oder machen meine Stereoanlage kaputt! Und Michael sitzt da und grinst.«

Ohne eine lange Vorrede und ohne Einwände abzuwarten, drohten wir Michael, ihn auf die Straße zu setzen, wenn er noch ein einziges Mal fremde Menschen in unsere Wohnung brächte. »Ja sicher, das war mein Fehler«, lenkte er ein. »Das kommt nicht wieder vor.«

Eines Nachmittags erwartete er uns in der Wohnung. Er hatte uns vorsätzlich abgepaßt. Wir wurden instinktiv mißtrauisch. Was konnte er wollen? Wir versuchten, uns unsere Abwehrhaltung nicht anmerken zu lassen. Michael sollte wie gewohnt die Möglichkeit haben, uns seine Wünsche oder Gedanken mitzuteilen. Nach einigen Vorreden stieß er zum Kern der Sache vor: »Wißt ihr, ich würde gern ausziehen. Ich könnte ein möbliertes Zimmer im Haus eines Freunds bekommen. Ich will euch nicht so auf die Nerven gehen. Und ihr sagt doch immer, wie wichtig es ist, Eigenverantwortlichkeit zu entwickeln! Das wäre ein erster Schritt. Ich bin schließlich alt genug! Ich hab' auch schon behördliche Auskünfte eingeholt über einen möglichen Mietzuschuß und Unterhaltszahlungen: Es ist so, daß ihr zwar die Miete für das Zimmer zahlen müßtet, aber ich würde den Normalsatz zum Lebensunterhalt bekommen, wenn ich nicht mehr zu Hause wohne!«

Peter und mir gefiel der besagte Freund zwar nicht gerade, aber daß Michael ausziehen wollte, war uns recht. Unsere sofortige Zustimmung überraschte ihn. Er schien sich auf einen längeren Kampf eingestellt zu haben.

Ohne unsere Hilfe renovierte Michael »sein« Zimmer. Er tauchte in das Glück des Selbständigwerdens ein. Das Haus, in das er einziehen wollte, lag ganz in unserer Nähe in einer kleinen Straße und war mit Abstand der verkommenste Bau weit und breit. Dem Besitzer, der hier mit seinen vier Kindern lebte, fehlte das Geld, um es besser instandzuhalten.

Michael machte sich rar. Ab und zu kam er vorbei, um seine schmutzige Wäsche gegen saubere einzutauschen, um etwas zu essen oder um ein geringes Taschengeld und die Zimmermiete zu erbitten. Zwei Monate später stand der Vermieter vor unserer Wohnungstür: »Ihr Sohn hat bisher noch keine Miete vollständig bezahlt, außerdem benimmt er sich mehr als rücksichtslos. Mitten in der Nacht dreht er seine Musik auf. Im übrigen habe ich den Verdacht, daß er und mein Sohn Drogen nehmen. Was heißt Verdacht – eigentlich bin ich mir sicher!«

Das war etwas viel auf einmal. Ich setzte mich verdattert hin, kramte geistesabwesend in meiner Handtasche und überreichte dem Vermieter einen Scheck über das fehlende Mietgeld. Dann vereinbarten wir, daß Peter die Summe künftig auf das Konto des Vermieters überweisen würde. Endlich ging er wieder. »Drogen!« sank es in mein Gedächtnis: »Drogen!« Nicht das auch noch!

Als Michael einmal wieder vorbeischaute, weil er Geld brauchte, stellten Peter und ich ihn zur Rede. Michael lachte laut auf. »Mama«, scherzte er. »Du weißt doch, daß ich Angst vor Spritzen hab'! Außerdem kenne ich genug Süchtige. Die sind doch alle fertig! Meint ihr, ich will auch so werden? Das ist doch lächerlich! Guckt mal meine Arme an: kein einziger Einstich! Hier, meine Fußgelenke!« Tatsächlich, nichts an seinem Körper deutete darauf hin, daß er Rauschgift spritzte. Aber es gab genug andere Drogen . . . Mit der Drohung, ihn nicht mehr zu Hause aufzunehmen, wenn er sich nicht angemessen aufführe, mit vielen Ermahnungen und etwas Geld entließen wir unseren Sohn.

Innerlich verweigerten Peter und ich jede konkrete Auseinandersetzung mit dem Problem »Droge«. Hatten wir den Kindern nicht immer wieder erzählt, wie schrecklich es ist, süchtig zu sein, und daß der Konsum von Rauschmitteln zwangsweise zur Abhängigkeit führe? Vielleicht hätten wir uns damals ein paar Bücher kaufen oder eine Beratungsstelle für Drogensüchtige aufsuchen sollen, denn letztlich blieben wir unwissend. Uns blieb verborgen, wie vehement sich die Lebensgewohnheiten eines Drogenabhängigen aufgrund seiner Sucht gezwungenermaßen verändern und von denen eines Normalbürgers unterscheiden.

Wahrscheinlich wären wir dann hellhöriger gewesen, als wir eines Tages beim Nachhausekommen bemerkten, daß ein abschließbares Fach an unserer Bar aufgebrochen worden war, obwohl sich darin kein Alkohol befand, wie Michael ganz genau wußte. Er hatte sich das wenige Geld für Notfälle und die von unserem letzten Urlaub übriggebliebene Fremdwährung genommen. Insgesamt ein geringer Betrag, vielleicht hundert Mark.

Peter erneuerte das Schloß. Als Michael nach einer langen Pause wieder bei uns aufkreuzte, empfing ihn der Vater mit Vorhaltungen. Peter vermittelte ihm, wie enttäuscht er sei, und sprach von innerer Verwahrlosung. Michael mußte uns den Wohnungsschlüssel aushändigen. Er sollte jetzt nur noch kommen, wenn wir da waren, und vorher anrufen . . . Immer dasselbe! Michael wußte sich nicht zu verteidigen, hatte keine Argumente und weinte. Und unter Tränen bat er seinen Vater um Verzeihung, schluchzend entfernte er sich aus dem Haus. Ich blickte durch das Fenster, sah ihn wie ein Häuflein Elend das Haus verlassen und die Straße überqueren. Für einen kurzen Moment schaute er zu mir hinauf.

Wir feierten zusammen Weihnachten. Michael schlief sogar bei uns. Peter und ich beobachteten ihn genau, konnten aber keine Veränderungen feststellen. ›Zumindest‹, dachten wir, ›muß er sich doch irgendwo in diesen Tagen seine Drogen beschaffen wollen!‹ Aber Michael verließ kaum die Wohnung. Er wirkte geduldig und freundlich – wie immer – und fand anhängliche

Worte: »Ich freue mich so sehr, daß ich hier bei euch feiern kann! Wenn ihr wüßtet, wie schwer mir gerade die Weihnachtstage im Knast gefallen sind!« Gewiß, die Stimmung war etwas getrübt und die Tage nicht ganz frei von inneren Sorgen. Doch dieses Weihnachtsfest brachte uns einander wieder näher durch die Gespräche, die gemeinsamen Spiele, die Spaziergänge und das gute Essen.

Silvester feierten die Kinder für sich. Andreas war inzwischen sechzehn und hatte eine Freundin. Michael fühlte sich durch den Familienzusammenhalt gestärkt und war voller Pläne. Im Frühjahr wollte er mit seinem Freund irgendwo auf Montage arbeiten: »Die nehmen auch ungelernte Kräfte. Ach, wenn es bloß schon Frühling wär'! Dann verdien' ich mein eigenes Geld, und es geht aufwärts!«

Monate später meldete sich sein Vermieter wieder bei uns: »Mein eigener Sohn hat mir zusammen mit Michael Geld gestohlen!« brauste er am Telefon auf. »Michael muß sofort das Zimmer räumen! Seine Fotoalben behalte ich als Pfand. Er kann sie gegen die zweihundert Mark, die er mir entwendet hat, eintauschen!« Unmittelbar nach dem Anruf stand Michael schon mit einem Teil seiner Sachen vor unserer Tür. Wir holten den Rest mit dem Auto ab, waren aber nicht bereit, die zweihundert Mark zu entrichten.

Der Verlust seiner Fotos schmerzte Michael sehr. Er liebte seine Alben, kannte jedes Bild, las hingebungsvoll die Texte, die ich unter die Schnappschüsse geschrieben hatte. Sie zeigten Michaels Leben ohne die grausame Wirklichkeit. Jedem seiner neuen Bekannten hatte er diese Bücher vorgelegt und dazu die Begebenheiten bis ins kleinste Detail beschrieben. »Als allererstes kaufe ich die Fotoalben zurück!« gelobte er.

Wir stellten ihm eine Liege im Wohnzimmer auf, da wir die Wohnung inzwischen etwas verändert hatten. »Ich bleibe nicht lange bei euch!« beschwichtigte er uns. »Ich bemüh' mich gleich morgen um eine eigene Wohnung. In der alten Bruchbude konnte ich mich eh nicht verwirklichen. Dann gehe ich auch gleich zum Arbeitsamt. Vielleicht haben die was. Jetzt wird alles anders!«

In der Tat: Es wurde vieles anders. Nur nicht so, wie Michael es sich vorgenommen hatte. Er lebte auf die Art, die wir von ihm kannten, vielleicht noch eine Spur nachlässiger, denn er gab sich bald überhaupt keine Mühe mehr, den Schein zu wahren. Das Leben in der Familie wurde für ihn immer unwichtiger, sogar lästig. Wegen Geldfragen gerieten wir immer häufiger aneinander.

Michael fing an, irgendwelche Gegenstände aus unserer Wohnung zu entfernen, sie zu verkaufen oder ins Pfandhaus zu tragen. Egal, ob es eine kleine elektrische Kaffeemühle, Peters Aktenkoffer, elektrische Heizlüfter, das Waffeleisen, Sportgeräte, ein Trainings- oder ein Judoanzug war. Erst verschwand mein Fahrrad, dann Peters. Wir kauften die Gegenstände, die er ins Pfandhaus brachte, zurück und lernten so die betreffenden Institute unserer Stadt kennen. Meist bevorzugte Michael ein Pfandhaus, das ich vom Büro aus durch die belebte Fußgängerzone in der Mittagspause erreichen konnte. Meine Kleinbildkamera – Wert etwa zweihundert Mark – kaufte ich auf diese Weise mindestens fünf Mal zurück. Auch den Bruder verschonte Michael nicht: Nachdem Andreas' Taschenrechner weg war, vermißten wir seine lammfellgefütterte Jacke.

Regelmäßig durchwühlten wir Michaels Kleidung nach Pfandscheinen, wenn er schlief. Fanden wir welche, so lösten wir den Gegenstand aus. Manchmal gab er auch einer gezielten Aufforderung nach und händigte uns einen solchen zerknüllten Zettel ohne viel Aufhebens aus.

Dann fanden wir das Barfach zum zweiten Mal aufgebrochen vor: Peters kostbarer, massiv goldener Ring fehlte! Der einzige, den er besaß. Ich hatte ihm das Schmuckstück einmal auf seinen Wunsch hin zu Weihnachten geschenkt und seine Initialen darauf eingravieren lassen. Der Ring hatte eine persönliche Geschichte, einen Seltenheitswert und war oft an Peters Hand bewundert worden, wenn er ihn zu einer besonderen Gelegenheit trug.

Leider hatte Michael den Ring direkt verkauft, so daß wir ihn nicht wiederbekommen konnten. Noch heute sehe ich mich manchmal auf Trödelmärkten danach um. Meinen eigenen Schmuck schleppte ich zu Hause schon längst gut verpackt in der Handtasche von Zimmer zu Zimmer mit mir herum. Das war die Lehre, die ich aus dem Verschwinden einer Goldkette mit wertvollen Steinen – dem einzigen Erbstück meiner Großmutter – gezogen hatte! Weitere Wertgegenstände wie ein komplettes zwölfteiliges Silberbesteck aus dem Nachlaß meiner Mutter, Messingleuchter und sogar unsere Skier und Skischuhe brachte ich bei einer Freundin in Sicherheit.

Es war die Hölle! Keiner von uns fühlte sich mehr in der Lage, die Vorgänge, die unser Leben beherrschten, zu steuern. Wir kamen uns nur noch wie Statisten vor, die hin und her geschoben wurden und keine eigene Rolle hatten. Michael bewegte sich in diesem Durcheinander ungerührt und zufrieden. Gleichmütig nahm er die Nachricht auf, daß wir ihm kein Geld mehr geben würden, keine müde Mark mehr! »Okay«, nickte er bloß fatalistisch, während wir unsere Portemonnaies nachts unter das Kopfkissen schoben.

Wir lebten in Angst und Schrecken. Meist rumpelte es um vier Uhr morgens an der Wohnungstür. Das war so die übliche Uhrzeit, zu der Michael nach Hause kam. Wenn er seine Schlüssel vergessen oder irgendwo liegengelassen hatte, klingelte er uns aus dem Schlaf. Manchmal blieb sein Bett nächtelang unberührt. Einmal fuhr ich im Tiefschlaf hoch und öffnete automatisch die Wohnungstür. Vor mir stand die Kriminalpolizei, die durch ihr Klingeln Einlaß begehrte.

»Was wollen Sie mitten in der Nacht?« fragte ich mit belegter Zunge und merkte in meiner aufkommenden Flattrigkeit gar nicht, daß ich den Männern, die gegen unsere Tür drückten und mich zur Seite schoben, in meinem durchsichtigen Nachthemd eine peinliche Vorstellung bot.

»Wo ist er?«

»Wer? Was wollen Sie von mir?« gab ich ängstlich zurück.

»Na, wer wohl? Ihr Sohn! Sagen Sie uns, wo er ist!«

Zwei Männer gingen zielstrebig in die Wohnung, die anderen drei buxierten mich gnadenlos nach hinten und trieben mich den sechs Meter langen Flur bis ins Wohnzimmer vor sich her.

»Ja, wo ist er denn nun, Ihr Sohn?« ertönte es unwirsch.

»Ich weiß es nicht«, entgegnete ich wahrheitsgemäß.

»Aber er wohnt doch hier?«

»Ja!« Allmählich begann ich, die Dinge wieder einander zuzuordnen: das Aus-dem-Schlaf-gerissen-Werden, die fremden Männer vor der Tür, ihre Fragen.

»Sagen Sie, was soll das überhaupt alles bedeuten?« fragte ich perplex.

»Ihr Sohn ist identifiziert worden. Und zwar einwandfrei!«

»Aha, und weswegen?« insistierte ich.

»Er hat eine Frau überfallen und ihr die Handtasche geraubt!«

»Sie müssen sich irren«, betonte ich überzeugt. »Das entspricht überhaupt nicht seinem Charakter.«

»Woher wollen Sie das wissen? Sie wissen ja nicht mal, wo Ihr Sohn ist!« sagte einer der Beamten patzig zu mir.

»Stehlen ja«, pflichtete ich mir selbst unbeirrt bei, »aber niemals in direkter Konfrontation! Wo soll das gewesen sein?«

Der Polizist nannte den Stadtteil.

»Da soll Michael gesehen worden sein?« Ich schüttelte entschieden den Kopf. »Das glaube ich nicht. Das ist nicht sein Revier. Da hält er sich niemals auf.«

»Das tut nichts zur Sache«, mischte sich ein Kollege ein. »Er ist einwandfrei wiedererkannt worden, und nur das ist maßgebend.«

»Klar ist er wiedererkannt worden!« versuchte ich meinen Spott zu zügeln. »In einer so großen Kartei kann es gar nicht ausbleiben, daß da jemand dabei ist, der dem Täter ähnlich sieht. Was glauben Sie, wie schnell Sie identifiziert werden, wenn Sie ein Foto von sich reinlegen!«

In der Zwischenzeit hatten die anderen Männer sämtliche Zimmer durchsucht und sogar unter den Betten gefahndet.

»Also hier in der Wohnung ist er nicht!« meldete einer der Truppe.

»Darf ich das Bild einmal sehen?« lenkte ich ein, als ich bemerkte, daß mein Ansprechpartner das Fahndungsfoto in der Hand hielt. »Ist das das Bild, auf dem Michael erkannt worden ist?«

»Ja!«

»Das Bild ist aber alt. Das muß von der Festnahme in seiner Bundeswehrzeit her stammen!« kommentierte ich.

»Stimmt! Woran sehen Sie das?«

»An seinen entsetzlich kurzen Haaren. Er hat jetzt wieder langes Haar, etwa so lang wie ich! Warten Sie, ich zeige Ihnen ein aktuelles Foto.« Ich fingerte die Alben aus dem Regal und suchte ein Foto heraus, das unmittelbar nach Michaels Internatszeit entstanden war. »Da, schauen Sie: So sieht er heute wieder aus. Kein Vergleich mit Ihrem Bild!«

»Ja, guckt euch den mal an!« forderte der Wortführer seine Kollegen auf. »Wie gut der aussieht! Na, dann war das ja mal wieder nichts! Kommt, wir gehen! Kann ich das Foto mitnehmen?«

»Nein«, sagte ich barsch.

Am nächsten Tag erfuhr ich, daß die Kriminalpolizei das ganze Haus geweckt hatte. Achtzehn Familien! Ein paar Männer hatten sich um das Gebäude verteilt, zwei bezogen im Keller Posten, zwei gingen hinauf zum Dachboden. Insgesamt dürften zehn bis fünfzehn Kripobeamte aufmarschiert sein. Die Blicke der übrigen Hausbewohner verfolgten mich.

»Wissen Sie, was die Kripo hier wollte? Wen haben die

gesucht?« wandte sich eine Nachbarin im Treppenhaus an mich.

»Meinen Sohn Michael! Aber das Ganze hat sich schon geklärt!« setzte ich ihr überreizt auseinander.

Ich hörte, wie unten daraufhin eine Tür klappte, wie plötzlich der Fahrstuhl ging, ein anderer Hausbewohner seinen Gang zur Wohnung hinauf fortsetzte, die Nachbarin aus ihrer Tür trat. Ich fühlte mich deprimiert und etwas beklommen. Schnell verzog ich mich mit meinen Einkäufen.

»Ich habe eine Überraschung für euch!« empfing uns Michael eines Abends fröhlich. »Kommt mit ins Wohnzimmer. Ich zeig' euch was!« Ja, das hätten wir uns wirklich nicht träumen lassen: Auf dem Couchtisch stand eine komplette, nagelneue Stereoanlage. Überschwenglich demonstrierte uns Michael die einzelnen Funktionen: »Wißt ihr, wie lange ich mir so eine schon gewünscht habe? Die ist nicht so billig wie die von Andreas. So eine wollte ich auch nie haben. Diese hat sechstausend Mark gekostet!« Ich legte intuitiv meine Hand vor den offenen Mund, stöhnte auf und ließ mich in einen Sessel plumpsen. »Mama!« beschwor mich Michael abwiegelnd, »die ist nicht geklaut! Die habe ich richtig gekauft. Hier ist der Kaufvertrag, und da: die Zahlscheine für die Raten! Ich arbeite demnächst, aber ohne Steuerkarte. Meinst du, ich zahl' auch noch Steuern? Die Raten kann ich dann spielend bezahlen!«

Wie sich herausstellte, war Michael einfach in einen Laden gegangen und hatte erzählt, daß er ab dem kommenden Monatsersten anfange zu arbeiten. Wir konnten es nicht fassen: Ein Geschäftsmann hatte einem fremden jungen Menschen nur aufgrund dieser ungenauen Auskunft – ohne Anzahlung und ohne Einkommens- oder Arbeitsnachweis – ein Gerät von so hohem Wert verkauft, sogar noch geliefert!

»Michael, sei vernünftig! Ein Vertrag über sechstausend Mark plus Zinsen! Weißt du überhaupt, wieviele Jahre lang du zahlen mußt?« schaltete sich Peter ein.

»Diese Raten kannst du doch nie bezahlen! Und erzähl uns nicht, daß du demnächst Arbeit hast. Das ist doch gelogen – du willst gar nicht arbeiten! Gib die Anlage zurück – sofort! Jetzt, wo sie noch neu ist!« bekräftigte ich.

Wütend sprang Michael auf: »Quatsch! Das ist meine! Die habe ich legal gekauft! Das einzige, was ich mir in meinem Leben selbst gekauft hab'! Macht, was ihr wollt: Die gebe ich nicht mehr her!«

Was waren das für schreckliche Tage, Wochen, Monate! Es war seine Anlage, sein Vertrag. Wir waren nicht verantwortlich. Michael war volljährig! Darüber hinaus hatte der Geschäftsinhaber überaus leichtfertig gehandelt. Uns war klar, daß er keinen Pfennig von seinem Geld sehen würde. Wir expedierten den Turm in den Flur, weil wir den Anblick nicht ertragen konnten. Da man die Musikanlage dort nicht anschließen konnte, benutzte Michael sie nicht. Schon bald fehlte das Kassettendeck: Michael hatte es »vorübergehend« ins Pfandhaus gebracht: »Das kann ich ja jederzeit wiederholen!«

Es war eine Verzweiflungstat, daß Peter schließlich über einen Makler eine Wohnung anmietete. Wir zahlten die Courtage, die Kaution und die erste Miete von unserem Geld, das uns inzwischen an allen Ecken und Enden fehlte. Für unseren Sohn, der stahl, der log und sonstwas anstellte! »Bitte versteh!« flehte Peter. »Das ist kein Leben mehr. Michael muß hier raus! Wir brauchen Ruhe!«

Für Michael war die Wohnung ein Geschenk des Himmels: Sie war hübsch eingerichtet und mit allem, was man braucht, ausgestattet, dabei noch vergleichsweise billig. Er zog sofort mit Sack und Pack um. Unseren Wohnungsschlüssel übergab er Peter. Wir atmeten auf. Endlich konnten wir unser Haus wieder ohne Angst oder Herzjagen betreten! Endlich nachts wieder ungestört schlafen!

In den folgenden Wochen ließ er sich nicht mehr bei uns blicken. Irgendwann brachte er mir einen Haufen schmutziger Wäsche vorbei. Er erzählte, daß er nun ganz andere Freunde habe, nicht mehr solche »wie früher«, und daß er jetzt zur Ruhe kommen wolle. Die Wochen vergingen, aber Michael holte sich seine Wäsche nicht wieder ab. Ich wurde unruhig. Schließlich bin ich eine Mutter. Seine Mutter! Also ging ich zu Michaels Wohnung. Auf mein Läuten reagierte niemand, aber ich hörte Stimmen durch die Wohnungstür dringen. »Michael!« rief ich laut. »Mach auf!«, und klopfte vorsichtig gegen die Tür.

Etwas verlegen stand Michael im Türrahmen: »Ach Mama, du! Was? Ach so, die Wäsche! Ja, komm rein!«

Ihm schien so schnell keine Ausrede einfallen zu wollen, also trat er zurück. Zigarettenqualm schlug mir entgegen. Auf dem Boden lümmelten sich vier junge Männer herum, die alle in einem schlechten äußeren Zustand waren, verwahrlost aussahen und Tätowierungen an den Armen, Händen und sogar am Hals aufwiesen. In der einen Ecke häuften sich ein paar Schlafsäcke: Die Leute schliefen hier also auch! Überall lagen leere Bierflaschen herum, überquellende Aschenbecher, benutztes und verkrustetes Geschirr. Die absolute Unordnung – Dreck, wohin man sah. Ich stellte die Wäsche ab und bemerkte zu Michael im Weggehen: »Warum hast du eigentlich ein Bad, wenn du dich nicht wäschst? Hast du vielleicht Angst, in den Spiegel zu sehen? Guck dich mal an. Überleg dir, ob du das überhaupt noch bist!«

Verstimmt und bedrückt beschloß ich auf dem Rückweg: ›Da gehst du nicht wieder hin!‹ Täglich, ja stündlich erwarteten Peter und ich den Anruf, daß Michael wieder im Gefängnis saß. Es war schwer, an etwas anderes zu denken. Peter zerstreute seine Gedanken auf dem Tennisplatz. Wenn er mitten im Spiel war, schaltete er ganz ab, vergaß alle Probleme und war nur noch er.

»Du kannst dir gar nicht vorstellen, wie schön das ist, an nichts denken zu müssen und einfach nur Tennis zu spielen! Du mußt dir auch ein Hobby anschaffen – irgend etwas! Du mußt dich entspannen!« empfahl er mir.

Ja, aber wie? Ich hatte nicht mehr gelernt, als zu arbeiten, die Kinder, meinen Mann und den Haushalt zu versorgen. Die Zeit, ein Hobby zu entwickeln, hatte ich mir nie gegönnt. Wie sollte ich ausgerechnet jetzt eine vergnügliche Freizeitbeschäftigung aufnehmen, während mir das Leben von Tag zu Tag schwerer wurde? Also blieb alles beim alten: Ich strickte hin und wieder einen Pullover oder las ein gutes Buch. Sozusagen als Pausenfüller. Doch in mir tickte die Uhr: Wann würden wir wieder Nachricht von Michael erhalten?

Und wirklich, als das Jahr seinem Ende zuging, an einem feucht-nebligen Herbsttag ohne Licht und Sonne war es soweit: Ein Pfarrer hatte die Aufgabe übernommen, uns die Mitteilung zu machen, daß sich Michael wieder in Haft befand, dieses Mal in einer Erwachsenenanstalt. Warum und weshalb, davon erhielten wir noch keine Kenntnis.

Tags darauf klingelte das Telefon im Büro für mich: Die Besitzerin von Michaels Wohnung meldete sich. Höflich und diskret fragte sie: »Haben Sie schon Möglichkeit gehabt, sich die Wohnung anzusehen?«

›Die Wohnung!‹ fiel mir siedendheiß ein. ›Du meine Güte! Wir haften in vollem Umfang. Peter hat den Mietvertrag unterschrieben!‹

Laut verneinte ich, und die Dame schlug vor, daß Peter und ich die Zimmer zunächst inspizieren sollten, danach könnten wir sie unter einer bestimmten Telefonnummer anrufen und alles weitere besprechen.

»Vielen Dank für Ihre Rücksicht!« beendete ich das Gespräch.

Ohne lange abzuwarten, holte ich mir die Besuchserlaubnis beim zuständigen Gericht ab sowie die Genehmigung, mir Michaels Wohnungsschlüssel aushändigen lassen zu dürfen. Durch ein großes Eisentor gelangte ich in den Hof. Hinter diesen gräßlichen Mauern war Michael also eingesperrt. Besuchsschein, Personalausweis, Handtasche, das Kleingeld für die Zigaretten, das Abtasten mit dem Kontrollgerät, Türen auf, Türen zu, das Wartezimmer: Alles hatte ich schon durchlitten, und doch war der Schmerz wie neu.

In dem schmalen Vorraum harrte ich endlose drei Stunden aus. Mir gegenüber saß ein Mann, der unablässig seinen Hut in den Händen drehte und von Zeit zu Zeit aufseufzte. Mit einem von Qual und Pein entstelltem Gesicht wandte er sich mir zu: »Ich besuche meinen Sohn. Ich bin der einzige, der sich um ihn kümmern kann. Er ist unser einziges Kind, und er hat uns schon so weh getan in unserem Leben! Aber ich kann ihn nicht allein lassen. Ein Glück, daß seine Mutter schon seit Jahren unter der Erde liegt und das nicht mehr erleiden muß! Und Sie, besuchen Sie auch Ihren Sohn?«

»Ja«, antwortete ich mit tonloser Stimme. »Ja, ich besuche auch meinen Sohn.« Damit versiegte das Gespräch. Der Mann fummelte an seiner Kopfbedeckung und stöhnte. Zwei Frauen und zwei kleine Kinder traten herein – ein etwa vierjähriger Junge und ein Mädchen im Alter von ungefähr sieben Jahren. Die jüngere Frau war die Mutter der Kinder, die andere die Großmutter. Die vier Gestalten waren ausgesprochen ärmlich gekleidet, blaß, mager, ich würde fast sagen: untergewichtig. Laut unterhielten sich die beiden Frauen in einer ordinären Sprache. Der Junge verhielt sich noch erträglich unruhig, während das Mädchen starke Verhaltensstörungen aufwies, rastlos über die wenigen Quadratmeter des Vorzimmers tobte und frech war.

Das Warten entwickelte sich für alle Anwesenden zur Tortur, da die Mutter und die Großmutter die Kleine auch noch permanent beschimpften: »Wir bringen dich gleich nachher in die Klapsmühle, du bist ja nicht ganz dicht! Laß diese elende Rennerei, hörst du!« Das Mädchen schrie laut auf: »Ich will nicht in die Klapse! Mama soll dahin!« Der Junge griff ihre Worte auf: »Doch, du kommst in die Klapse, ätschibätschi! Dann bin ich dich endlich los und hab' die Oma ganz für mich allein.«

»Ach was!« fuhr die Großmutter dazwischen. »Wir binden sie einfach an einen Stuhl fest, solange wir hier warten müssen! Guck mal, der Mantelgürtel da tut's schon!«

Das Mädchen heulte gellend, der Junge prustete. Zwischendurch mußte die Siebenjährige mehrmals auf die Toilette.

»Mußt du schon wieder pinkeln?« keifte die Mutter. »Pinkel doch in die Hose! Im Bett machste dich doch auch immer ein!«

Aber das Mädchen brüllte solange, bis sich die Mutter erweichen ließ, den Schlüssel für die Toilette zu holen. Alle Besucher atmeten während dieser kurzen Unterbrechung auf. Dann logen die beiden Frauen den Kindern vor, sie würden hier deren Vater im Krankenhaus besuchen. Das Mädchen fand dieses Krankenhaus komisch. »Ich war schon einmal in einem Krankenhaus«, rief es aufsässig. »Das war ganz anders. Da waren so Schwestern in weißen Kitteln, und dann waren da lauter Zimmer mit Betten und . . .«

»Halt dein Maul!« befahl die Mutter. »Und heute nachmittag kommst du in die Klapse!«

Das Mädchen kreischte . . .

Endlich wurde ich aufgerufen. Schweißgebadet, leichenblaß und zittrig stand ich meinem Sohn gegenüber. »Mama!« empfing mich Michael ehrlich besorgt. »Ist doch alles halb so wild! Ich bin doch schließlich im Knast und nicht du! Ich steh' das schon durch, keine Panik!« Ich fühlte mich gleich besser, erzählte von den Kindern und den Frauen im Wartezimmer. »Ach so, ja«, erklärte sich Michael mit mir solidarisch, »das glaub' ich dir. Es gibt schon schlimme Familien. Ich war oft bei solchen Leuten. Du hast ja keine Vorstellung, wie das bei denen zugeht!« Dann erzählte er mir von seiner Festnahme: »Mama, ich dachte, ich spiel' in einem Krimi mit: Als ich aus dem Haus gehen wollte, stürmte plötzlich ein

Beamter auf mich zu, hielt mir eine Knarre an den Körper und rief: ›Hände hoch! Ich schieße!‹ Du Mama, ehrlich, ich hab' vor Schiß nicht einmal einen Zeh bewegt! Dann kamen noch mehr Bullen hervor, stürmten das Treppenhaus hoch und traten oben die Wohnungstür ein. Die haben meine drei Kumpels festgenommen und die Bude durchsucht.«

Verständnislos schüttelte ich den Kopf: »Aber Michael . . .?« Ich erfuhr, daß einer der drei anderen seinen Hafturlaub eigenmächtig verlängert und bei Michael Unterschlupf gefunden hatte. Er war in sein Gefängnis zurückgebracht worden. Der zweite saß jetzt im gleichen Gebäude wie Michael. Und der dritte war erst achtzehn und würde sicher in eine Jugendhaftanstalt kommen.

»Ich glaube, den lassen sie bald wieder frei«, mutmaßte Michael. »Er ist nicht vorbestraft und wohnt noch bei seinen Eltern. Du, Mama, schau mal: Hier ist seine Adresse. Könntet ihr nicht mit seinen Eltern sprechen? Von sich aus meldet der sich bestimmt nicht zu Hause!«

Ich versprach es. Wie immer war die Besuchszeit viel zu schnell vorbei. Nach dem Ziehen der Zigaretten folgte der Abschied.

»Ich besuch' dich wieder regelmäßig«, flüsterte ich mit tränenerstickter Stimme.

»Ja, Mama, danke!« Und Michael verschwand.

Noch am gleichen Abend begutachteten wir den Schaden an Michaels Wohnung. Die gewaltsam aufgestoßene Wohnungstür mußte erneuert werden. Peter nahm die Maße. Einige Holzpaneele hingen abgerissen von der Wand ab. Mein Mann meinte, sie mit Leim und Nägeln wieder befestigen zu können. Wir klaubten einige von Michaels Sachen zusammen, um sie gleich mitzunehmen. In die teure Stereoanlage mußte einer kräftig hineingetreten haben, denn das Gehäuse war zertrümmert. Das war bestimmt auch der einzige Grund, warum sie überhaupt noch dastand: In diesem defekten Zustand war sie unverkäuflich.

Anschließend fuhren wir bei den Eltern des achtzehnjährigen Jungen vorbei. Nach mehrmaligem Klingeln und langem Warten öffnete die Mutter von Michaels Freund die Tür. Nein, sie wisse nicht, wo ihr Sohn stecke, antwortete sie. Wir klärten sie auf.

Die Frau brach in Tränen aus: »Ich hab's geahnt! Ich hab's geahnt! Aber ich hab' gehofft, er schläft nur woanders . . .«

Weinend wandte sie sich uns zum Abschied noch einmal zu: »Ich werde mich beim Gericht erkundigen und dann meinen Sohn besuchen. Entschuldigen Sie mich jetzt!«

Peter war diese Szene höchst unangenehm gewesen. Der Anblick der aufgelösten Frau hatte ihn sehr berührt. Während der Heimfahrt machte er seinem Ärger Luft. Laut schimpfte er über diese Söhne, die sich und den Eltern das Leben so schwer machten: »Die sitzen jetzt tatenlos auf Kosten der Steuerzahler im Gefängnis herum! Damit kommen sie viel zu billig weg! Arbeiten müßten sie, Tag und Nacht, um den Schaden, den sie anrichten, wieder gutzumachen!«

Zu Hause räumten wir für Michael das oberste Fach im Wandschrank aus und legten seine wenigen Kleidungsstücke ordentlich hinein. Irgendwann würde er sie wieder benötigen.

Es kostete uns zwei volle Arbeitstage, um die verschmutzte Wohnung wieder so herzurichten, wie sie bei

Michaels Einzug ausgesehen hatte. Die Vermieterin erwies sich uns gegenüber als sehr freundlich, verzichtete auf Einhaltung der Kündigungsfrist und behielt als Entschädigung die von uns beim Einzug gestellte Kaution ein. Wir waren mit dieser Regelung einverstanden und ihr für ihr Verständnis äußerst dankbar. Ihr Verhalten verdiente unseren ganzen Respekt, denn im Zusammenhang mit Michael waren wir eine durchaus andere Behandlung gewohnt. Viele Leute beschimpften uns im Lauf der Jahre auf das ärgste. Wütend äußerte ein Anrufer einmal, wir – die gesamte Familie – seien eine Verbrecherbande . . .

Die Begleichung der Abschlußrechnung über den Stromverbrauch beendete dieses Abenteuer. Peter und ich schworen tausend Eide, daß wir nie wieder eine Wohnung für Michael anmieten würden. Das sollte er von nun ab allein regeln!

Nervenkrieg

Der unfreiwillige Hausputz in Michaels Wohnung hinterließ bei mir Spuren: Ich bekam starke Rückenschmerzen. Zunächst dachte ich nur an eine körperliche Überbelastung oder an eine Muskelverspannung durch Zugluft. Doch das Leiden ließ nicht nach. In Folge dieser unerträglichen Schmerzen zog ich mein rechtes Bein nach. Ich sprach nicht mehr viel. Meine Stimme veränderte sich irgendwie. Morgens kämmte ich mir nur noch ungern die Haare. Mein schmerzverzerrtes Gesicht im Spiegel flößte mir Angst ein.

Peter nahm mir das Einkaufen ab. Er chauffierte mich im Auto zum Büro und holte mich nach Feierabend wieder ab. So mußte ich mich nicht mehr in das Menschengedränge im Bus zwängen. Statt daß sich mein Rücken dadurch erholte, wurde alles nur noch schlimmer. Bald konnte ich das betroffene Bein in Ruhe gar nicht mehr bewegen. Nachts fand ich nur etwa eine Stunde Schlaf. Ich ging zum Arzt. Er fertigte Röntgenaufnahmen an und untersuchte mich eingehend, doch es ergab sich kein Befund. Nichts, was eine Nervenreizung verursachen könnte. »Bitte geben Sie mir wenigstens ein Medikament, damit ich besser schlafe!« bettelte ich erschöpft. Der Doktor verschrieb mir Valium. Der Schmerz blieb, die

Lähmung meines Beins ebenfalls, aber ich konnte des Nachts für einige Stunden entschlummern.

Peter hatte in jenem Frühjahr mit seinem Tennispartner eine Reise gebucht. Er zögerte, wollte mich nicht zehn Tage allein lassen. Ich überredete ihn, die Chance zu nutzen, um den unerträglichen Streß abzubauen, stellte meine Krankheit als eine Lappalie dar, versprach ihm, mit Sicherheit in der Zwischenzeit gesund zu werden. Halbherzig entschied sich Peter schließlich nach langem Zureden für den Urlaub.

Am Tag nach seiner Abfahrt erhielt ich per Brief Michaels Jahrespaketmarke. Ich mußte ohnehin für das Mittagessen mit Andreas einkaufen gehen, griff daher kurzentschlossen zum Hörer, entschuldigte mich bei der Arbeit und nahm mir einen Tag frei. Zunächst schleppte ich mich hinkend in einen Sessel und döste übermüdet vor mich hin. Seit Wochen trug ich meinen weißen – mittlerweile gräulichen – selbstgestrickten Pullover, von dem ich versunken eine Weile lang Wollfussel abzupfte. Irgendwann überwand ich mich und schlich zur Wohnungstür. ›Du gehst jetzt einkaufen!‹ befahl ich mir selber. ›So geht das doch nicht!‹

Mein Bein wollte mir kaum mehr gehorchen. Mit zusammengebissenen Zähnen schaffte ich es, den Supermarkt zu erreichen. Mein weiterer Weg führte zur Bank, wo ich dringend Geld abheben mußte. Am Schalter wurde mir ganz komisch, und ich ließ mich matt auf einen Stuhl nieder. In tiefster Qual starrte ich vor mich hin. Plötzlich begann ich unkontrolliert zu weinen: Mein ganzer Körper schien sich in Tränen auflösen zu wollen. Ich saß mitten in der Bank und vergrub das Gesicht in den Händen, fand keine Möglichkeit, mich zu beherrschen.

Das Geschehen um mich herum nahm ich gar nicht mehr wahr. Ein Bankangestellter brachte mir das Geld und versuchte, mich mit freundlichen Worten zu beruhigen. Aber er sollte gehen und mich weinen lassen! Nach einem unglaublichen Tränenbach meinte ich schließlich, mich aufraffen zu können.

Wie ein gekrümmtes Bettelweib quetschte ich mich beim Metzger zwischen die Leute. Ich wollte Andreas doch endlich wieder ein richtiges Essen vorsetzen! Wahrscheinlich wäre ich längst an der Reihe gewesen, aber ich wartete, bis mich eine Verkäuferin ansprach. Ihre Stimme drang wie aus weiter Ferne zu mir. Ich öffnete den Mund, aber die Stimme versagte. Meiner Sinne nicht mehr mächtig tippte ich konfus mit den Fingern auf die Auslagen an der Theke. Die Bedienung wußte nicht, wie sie handeln sollte. Ich hatte gänzlich die Orientierung verloren und wurde wieder von einem Weinkrampf übermannt.

Gleich zwei Personen stürzten hilfsbereit auf mich zu und brachten mich nach hinten in ein Büro. Als ich auf ihre Fragen nicht antwortete, suchte eine Frau nach meinem Personalausweis, bot mir an, ein Taxi zu bestellen, fragte, ob ich einen Arzt benötigte. Ich schüttelte abwehrend den Kopf. »Ist denn jemand bei Ihnen zu Hause?« fragte sie wieder. Ich nickte zustimmend. Dann sagte ich: »Ich muß noch etwas mitnehmen. Mein Sohn hat seit Tagen kein Essen gekriegt!« Die Verkäuferin packte mir Frikadellen ein, und ein Taxi fuhr mich nach Hause.

Als Andreas nach der Schule heimkam, fand er mich im Sessel zusammengekauert und schluchzend vor. Er versuchte mich ganz zärtlich zu trösten, ließ einen Kaffee durchlaufen und servierte ihn mir in meiner Lieblingstasse. Dann ging er in die Küche, machte Pfannkuchen und stellte mir einen hin: »Komm, Mama, du mußt was essen!« Doch ich stierte wie weggetreten an die Dekke. Andreas rief unseren Hausarzt an und vereinbarte, daß er nach der Sprechstunde bei uns vorbeikäme.

»Ein Nervenzusammenbruch infolge enormer psychischer Anspannung«, konstatierte er. »Aber sie ist stark genug, um ihn zu überwinden. Morgen geht es ihr bestimmt schon wieder besser!« Auf meinen Wunsch hin rief Andreas eine Freundin von mir an, die Krankenschwester ist. Sie kam für ein paar Stunden vorbei, streichelte mich, erzählte verschiedenes und hielt mir still die Hand, wenn mich die Tränen überwältigten. Den folgenden Tag verbrachte ich in meinem Sessel, weinte haltlos oder starrte apathisch vor mich hin, ohne wirklich etwas zu denken. Mein Kopf war leer, mein Gehirn wie ausgeschaltet.

Andreas kümmerte sich rührend um mich: »Mama, heute haben wir eine Klassenarbeit, die ich unbedingt mitschreiben will. Danach bin ich aber gleich wieder bei dir. Kannst du zwei Stunden allein bleiben?«

»Ja, Andreas!« Als er zurückkam, fragte ich ihn, ob er das Paket für Michael packen könne.

›Ich muß es zum Gefängnis bringen, bevor die Marke verfällt‹, hämmerte es in meinem Schädel.

Und tatsächlich: Am nächsten Tag fuhr ich in die Stadt! Während Andreas mich daheim wie ein Kleinkind umsorgte, mobilisierte ich meine letzten Reserven, um zu Michael zu gelangen. Zuerst mußte ich die Besuchserlaubnis beim Gericht abholen. Plötzlich war hierfür ein anderes Büro zuständig. Diese Tatsache ließ mich zusammenbrechen. Ich weinte laut und war nicht in der Lage, irgend etwas zu tun oder zu sagen. Eine junge Angestellte hatte Mitleid, besorgte mir die Genehmigung und reichte mir frische Papiertaschentücher. Ich machte mich wieder stark, wollte zu Michael gehen und auf keinen Fall mehr weinen.

Ich gab das Paket ab und verzog mich ins Wartezimmer. Entgegen meinem Willen heulte ich schon wieder. Erstaunlicherweise war außer mir niemand im Raum. Da rief mich ein Beamter auf: »Ihr Sohn ist gestern nachmittag in eine andere Haftanstalt gebracht worden. Sie müssen das Paket leider wieder mitnehmen!« Das ganze Vorhaben hatte mich so viel Kraft und Mühsal gekostet, daß ich mich eisern weigerte, diese Tatsache zu akzeptieren: »Wieder mitnehmen? Um Himmels willen – nein! Es ist für meinen Sohn, er soll es bekommen!« Meine Nase lief, auf den Wangen flossen heiße Tränen herunter, ich senkte meine rotgeweinten Augen.

So wie ich aussah und mich ja auch fühlte, konnte ich nicht auf die Straße. Also blieb ich im Wartezimmer und wimmerte in mein Taschentuch. In kurzen Abständen sah ein Beamter nach mir. Dann kamen die ersten Besucher. Im Hof stand ein Transportwagen. Die Pförtner unterhielten sich mit dem Fahrer, und mir war, als redeten sie über mein Paket. Ein Wärter holte mich in den Hof und meinte: »Sieh sie dir doch an, Karl! Mach eine Ausnahme, und nimm den Karton mit! Du fährst doch jetzt dahin!« Der Fahrer weigerte sich zunächst – es war wohl untersagt, Pakete auf diese Art zu befördern. Dann entschied er sich doch noch um. Mein Blick war verschwommen, mein Pulloverausschnitt klatschnaß. Einer der Aufpasser wirkte beschwichtigend auf mich ein, etwa in der Art, daß jetzt ja alles in Ordnung sei und mein

Sohn das Paket heute noch bekäme. Er riet mir, sofort nach Hause zu gehen und nicht noch woanders umherzuirren.

Auf der belebten Straße fühlte ich mich wie von einer bauschigen Wolkenwand umhüllt. Die Umwelt stellte sich mir nur schemenhaft und weit entrückt dar. Ich verspürte ganz klar den Wunsch, diese grauenvolle Welt zu verlassen. Ich wollte sterben, nicht mehr leiden, fliegen! Von dem Moment des freien Falls erhoffte ich mir eine Befreiung, eine Erlösung von meiner Not. Der Nebelvorhang um meinen Körper zog sich zu, wurde dichter, fast undurchsichtig. Ohne meinem eigenen Antrieb zu folgen, fand ich mich auf einmal auf dem obersten Deck eines Parkhauses wieder. Ich sah hinunter in die Tiefe. Dort liefen die Menschen auf den Bürgersteigen in verschiedene Richtungen, die Autos schoben sich durch den Verkehr, alles um mich herum erschien mir wieder deutlich. Die schützende Nebelwand war plötzlich verschwunden. Nackt, als wäre ich ohne Bekleidung, fühlte ich mich jetzt. Der eisige Wind, der über das Dach peitschte, trieb mir Schauer über den Rücken und weckte meine Sehnsucht nach Wärme und meiner Familie. ›Nein‹, hallte es in meinem Inneren, ›du darfst nicht gehen! Du darfst sie nicht allein lassen, Peter, Andreas und Michael. Du darfst sie nicht in Zweifel stürzen und mit Schuldgefühlen belasten! Ich muß leben. Ich muß den Weg aus dieser Dunkelheit heraus suchen. Irgendwo gibt es Licht, auch für mich!‹

Verwirrt schloß ich die Wohnungstür auf. Ich fiel in meinen Sessel und schaute teilnahmslos vor mich hin. Irgendwann entschloß ich mich, mich etwas herzurichten. Um meine Haare zu ordnen, blickte ich in den Spiegel. Eine fremde Fratze starrte mich an. Ekel stieg in mir hoch. ›Das bin ich nicht‹, hörte ich mich mit tonloser Stimme sagen. ›Mit der habe ich nichts zu tun!‹ Ich nahm mir vor, nie mehr in einen Spiegel zu sehen.

Peter kam aus dem Urlaub zurück. Er machte sich heftigste Vorwürfe. Dann packte er den Stier bei den Hörnern: Er ließ Badewasser für mich ein und forderte mich auf, mich gründlich einzuseifen. Inzwischen wusch er meinen Pullover durch. Als ich mich abgetrocknet hatte, war mein handgestricktes Oberteil tropfnaß. Ich mußte etwas anderes anziehen. Ich benahm mich wie ein bockiges Kind: »Nein! Das zieh' ich nicht an! Ich will den Pulli haben, bitte, meinen Pulli!« Peter sprach auf mich ein, erzählte viel, viel zuviel, ich konnte ihm nicht folgen. »Sei bitte still«, erklang meine Stimme heiser. »Laß mich in Ruhe!«

Undefinierbare, kreisende Ideen beherrschten meinen dumpf schmerzenden Kopf. Ich befand mich inzwischen in einem absolut willenlosen Stadium, ließ nur noch mit mir geschehen. Ich aß, wenn ich essen sollte, wusch mich, wenn es mir aufgetragen wurde, schlief, wenn man mich zu Bett brachte.

In diesem Zustand des Dahinvegetierens stellte mich Peter einem Psychiater vor. Da ich durch mein ständiges Weinen nicht ansprechbar war, beantwortete Peter die Fragen des Fachmanns. Dieser entschied, mich an eine psychiatrische Klinik zu überweisen. Es war offensichtlich schwierig, einen Platz zu bekommen. Peter fuhr mich gleich von der Arztpraxis zu einem Krankenhaus, und dann zu noch einem und noch einem. Der Weg vom Parkplatz in die Gebäude, die langen Wartezeiten, die Unterredungen mit dem fremden Personal erschöpften mich vollends. Ich heulte furchtbar, schüttelte mich vor

Kälte, sprach kein Wort und klammerte mich an meinen Mann. Ich war zu irgendeinem Wesen ohne Persönlichkeit verkommen, hatte keinen Bezug mehr zum eigenen Ich. Eine unbeschreibliche Angst breitete sich in mir aus.

Peter beschloß, diese Folter zu beenden und fuhr mich nach Hause. Ich saß wieder in meiner Ecke, durfte mich verkriechen und dämmerte vor mich hin. Etwa eine Woche später hatte der Arzt ein Bett für mich gefunden. Ich trug wieder meinen hellen, inzwischen sauberen Pullover. Ich bäumte mich auf, als Peter sich in der Klinik von mir verabschiedete. Dem Arzt antwortete ich in unzusammenhängenden Stichworten. Meine eigene Stimme war mir unheimlich.

Die ersten Tage waren scheußlich. Dann, ganz langsam, wich die Furcht. Mir wurde ein erstes Gespräch mit dem Psychologen verordnet. Langsam und einfühlsam lenkte er die Unterhaltung. Ich mußte mich ungeheuer zusammennehmen und konzentrieren. »Ihre Krankheit«, erklärte er mir vorsichtig, »ist auf eine totale Verweigerung von Geist und Seele zurückzuführen. Wir wollen sehen, daß wir daraus hinausfinden!« Der Termin hatte mich in hohem Maß gefordert. Im Bett fiel ich wieder zurück ins Nichts. Ich war sowohl psychisch als auch physisch vollkommen am Ende.

Ich schloß Notfreundschaften mit meinen Zimmergenossinnen und lernte andere mental angegriffene Frauen kennen. Binnen weniger Tage bewegte ich mich im Stationsbereich relativ sicher umher und konnte das Leid meiner Mitpatientinnen wahrnehmen. Es gab also viele psychisch kranke Menschen! Ich war nicht die einzige! Eine echte Kommunikation fand dennoch nicht statt. Kaum jemand probierte, sich einem anderen anzunähern, die

Konzentrationsfähigkeit reichte nicht aus, um die Probleme eines Gegenübers zu erfassen, und die Beschäftigung mit der eigenen Trauer schränkte das Einfühlungsvermögen drastisch ein.

Ich war in einem Vierbettzimmer untergebracht. Die meisten Frauen auf der Station waren etwa in meinem Alter. Mit Bestürzung sah ich, daß einige aber auch erstaunlich jung waren. Viele befanden sich schon seit Monaten in der Klinik, und für die meisten war es nicht die erste psychiatrische Behandlung. Mir schien, daß die meisten Erkrankungen durch familiäre Konflikte hervorgerufen wurden. Im Lauf der Zeit bemerkte ich auch, daß der Besuch von Angehörigen viele Patienten in eine extreme Hektik und Angst versetzten, zuweilen schon Tage vor dem Ereignis. Das gesamte Krankheitsbild verschlechterte sich in den darauffolgenden Tagen erneut. Das Gefühl des Versagens beschäftigte einen enorm. Natürlich war die Situation auch für die Verwandten nicht leicht. Ihnen wurde viel Stärke und Kraft abverlangt, denn sie mußten nicht nur das Schicksal des Nahestehenden verkraften, sondern auch den Alltag bewältigen.

Ein siebzehnjähriges türkisches Mädchen wurde als Neuzugang in unser Zimmer geführt. »Nur alte Frauen!« nörgelte sie herum. »Kein einziges junges Mädchen. Ich möchte nach Hause!« Sie war tumorkrank, kam direkt aus einer Krebsklinik und sollte nach Stabilisierung ihrer Psyche sofort in ein Sanatorium eingewiesen werden, in das sie ebensowenig wollte. Mit den Reaktionen eines Kleinkindes weigerte sie sich, ihre Sachen auszupacken. »Komm! Wir räumen deine Kleider gemeinsam in den Schrank!« munterte ich sie auf. Sie fand ihre Anziehsachen doof und langweilig. »Nie darf ich mir meine Kleider selbst aussuchen!« jammerte sie unter Tränen.

Meine Kleidung hingegen, die ich ihr daraufhin zeigen mußte, fand sie schön! Eine Bluse aus durchsichtigem Stoff, der mit einem Blumenmuster in den Grundfarben lila und schwarz bedruckt war, sagte ihr besonders zu. Ich schenkte sie ihr und legte noch einen passenden, selbstgehäkelten Pullunder, in altrosa mit goldenem Lurexfaden, dazu. Für einen Augenblick war sie glücklich, aber es war ihr klar, daß sie eine so dünne Bluse niemals würde tragen dürfen. Ich war ihre Freundin geworden.

Sie schüttete mir ihr Herz aus, erzählte von ihren Eltern, den Geschwistern, der Tumorklinik, von ihrer Krankheit, ihren Wünschen und von ihrer Angst vor dem Tod. Sie hatte sich selbst den Namen Melanie gegeben. »Melanie klingt so wunderschön!« meinte sie hingerissen. »Mein echter Name gefällt mir nicht. Der ist doof.«

Wenn wir nebeneinander den Gang hinunterpromenierten, legte sie ihren Arm um meine Schulter oder umschlang meine Taille. Von einer Sekunde zur anderen konnte ihre Stimmung umschlagen. Hatte sie eben noch lauthals gelacht, so verfiel sie im nächsten Moment in trübsinnige Klagen. Irgendwie fand ich immer Zugang zu ihr. Ihr Verhalten war verständlich, hatte sie ihre Jugend doch bisher in Krankenhäusern verbracht, in denen sie so viele, alte und junge Menschen, hatte sterben sehen!

Ich durchlitt diverse Gespräche mit der Stationsärztin, dem Psychologen und in der Gruppe. Peter besuchte mich. Andreas war zu Hause geblieben, um Abstand und Zeit zu gewinnen. »Komm«, brachte mich Peter auf andere Gedanken, »laß uns ein bißchen in die Stadt gehen. Der Arzt hat es erlaubt!«

Es kostete mich viel Überwindung, den Schutz des Krankenhauses zu verlassen. Panik ergriff wieder Besitz von mir und ließ meinen Körper steif werden. Aber an Peters Seite konnte ich die mir mittlerweile ungewohnte Umgebung, die vielen Leute und den überaus strapaziösen Straßenverkehr verkraften. Wir wanderten über einen Weihnachtsmarkt und kehrten in ein Café ein. Zum Abendessen lag ich wieder in meinem Bett. Der Nachmittag war für mich zwar sehr anstrengend gewesen, aber immerhin hatte ich der Klinik den Rücken zu kehren vermocht – ein kleiner Fortschritt! Meine Zimmergenossinnen beneideten mich, und Melanie wünschte sich nichts sehnlicher, als auch einmal solch einen Stadtbummel zu unternehmen.

Bei der nächsten Chefvisite bat ich, das kommende Wochenende zu Hause verbringen zu dürfen. Ich durfte! Unter Berücksichtigung der Umstände wurde dieser Besuch ein voller Erfolg. Er motivierte mich zu weiterer Besserung. Meine kleine türkische Freundin empfing mich mit überschäumender Freude. Um sie glücklich zu machen, holte ich eines Tages die Erlaubnis der Stationsschwester ein, mit Melanie allein in die Stadt gehen zu dürfen. Am folgenden Nachmittag schlugen wir beide den gleichen Weg ein, den auch Peter gewählt hatte. Melanie war selig, hängte sich bei mir ein und redete unentwegt über die vielen Eindrücke, die sie hier bombardierten!

Ich führte sie in das beste Café der Stadt, das über ein hervorragendes Kuchenangebot verfügte. Nach langem Zuspruch konnte ich sie zu einem Törtchen mit Walnüssen und Karamel überreden. Wir setzten uns in die erste Etage an einen Fensterplatz und begutachteten die Passanten auf der Straße. Ich bestellte eine warme Schokolade mit Sahne für Melanie und ein Kännchen Kaffee für mich. Die Rechnung löste einen leichten Schock bei ihr aus, doch ich hatte sie ja eingeladen. »Soviel Geld bekomme ich gerade in einem Monat!« tuschelte sie hinter vorgehaltener Hand. »Mein Vater gibt mir jede Woche nur fünf Mark, und wenn ich mal mehr haben möchte, dann sagt er: ›Du bekommst doch alles, was du brauchst, im Krankenhaus!‹«

Gemeinsam fanden wir den Weg zurück. Die Stationsschwester atmete sichtlich auf, als sie uns wohlbehalten zurückhatte. Ich war an die Grenze meiner momentanen Leistungsfähigkeit gestoßen, aber ich war sehr froh darüber, daß ich den Mut gehabt hatte, Melanies Wunsch zu erfüllen. »Das war der schönste Tag in meinem Leben!« platzte das Mädchen freudestrahlend in unserem Zimmer heraus. »Jedenfalls seit ich krank bin!« fügte sie einschränkend hinzu.

Um mir die Stunden der langen Kliniktage zu vertreiben, begann ich, Topflappen zu häkeln. Die Stationsschwester gab mir die Wolle, und die fertigen Produkte sollten auf einem Basar, den das Krankenhaus von Zeit zu Zeit veranstaltete, verkauft werden. Mein junger Schützling suchte sich ein paar hübsche Farben aus, setzte sich neben mich und machte mir die Handarbeit nach. An einem Nachmittag war sogar ein Platz in dem Malkurs für mich frei. Ohne eine ärztliche Anordnung erhalten zu haben, ging ich jeden Morgen vor dem Frühstück zur Gymnastik.

In der Abgeschiedenheit der Heilanstalt stabilisierte sich meine Psyche zunehmend. Ich war nicht mehr so verkrampft, konnte die Tränen bezwingen. Mein Gehirn nahm seine Denkfunktionen allmählich wieder auf.

Wenn auch nicht sehr schnell, gelang es mir, Ideen aufzugreifen und sie zu verarbeiten. Meine Stimme normalisierte sich, und ich fand meine Gesichtszüge nicht mehr so abstoßend.

Die neuen, frischen Gedanken wanderten zu Michael. Ich wollte ihn sehen, ihm zeigen, daß ich gesund war. Ich wollte ein Weihnachtspaket für ihn packen und es ihm bringen, denn bis Heiligabend waren es nur noch sechs Tage, und ich war nun schon drei Wochen in der Klinik. Ich wollte nach Hause und das Fest für meine Lieben ausrichten.

Vor meiner Entlassung spazierte ich mit Melanie noch einmal in die Stadt. In einem Schaufenster bewunderte sie ein Feuerzeug, das sie ihrem Vater gern zu Weihnachten schenken wollte. Ich kaufte es. Der Preis war nicht der Rede wert. Einen teuren Gegenstand hätte Melanie wohl staunend betrachtet, sie hätte aber nie den Wunsch geäußert, ihn besitzen zu wollen. Die Kategorien »teuer« und »billig« stufte sie tatsächlich nach dem Richtwert von fünf Mark ein.

Für ihre Mutter hatte sie ein Paar selbstgemachte Topflappen zu Weihnachten beiseite gelegt. Zusammen mit dem Feuerzeug verwahrte sie die Geschenke in ihrer Nachttischschublade und holte sie mehrmals am Tag heraus, um sie zärtlich von allen Seiten zu betrachten und sorgfältig abzutasten. Diese Handlung kam einem Ritual gleich. Selbstvergessen verlor sie sich in dieser Betrachtung. Stolz und Glück lagen in ihren Gesichtszügen. Das waren die Momente, in denen sie ganz sie selbst war und nicht das kranke türkische Mädchen.

In der letzten Zeit sprach sie mich nur noch mit Kosenamen an: »Mein Schatz«, »mein Liebling«, »meine

Sonne«, »meine Gute« sagte sie zu mir. Dazu schloß sie mich in ihre Arme, küßte und streichelte mich, so als wolle sie alle Zuwendung der Welt hier und jetzt von mir empfangen. Wieviel Liebe sie mir gegeben hat, war ihr sicher nicht bewußt.

Unser Abschied war erstaunlicherweise viel problemloser als ich befürchtet hatte. »Ich weine immer erst, wenn ich allein bin!« behauptete sie, und nach unzähligen Umarmungen und dem Versprechen, ihr in das Sanatorium, in das sie bald kommen sollte, zu schreiben, klang die Begegnung mit diesem lieben, schwermütigen Mädchen aus.

Mein Heim! Meine Familie! Meine zaghaft aufkommende Freude schlug um in Schrecken. Das Läuten des Telefons, die Türschelle, der Gedanke an den nächsten Tag genügten, um bei mir ein Herzflattern auszulösen – von den vielen Menschen im Supermarkt ganz zu schweigen. Peter und Andreas wickelten sich wie ein Schutzfilm um mich: Sie übernahmen Tür und Telefon, teilten sich die Haushaltsarbeit und die Einkäufe. Geschah etwas Unvorhergesehenes, so war ich außerstande, folgerichtig zu reagieren. Meine Gedanken waren bei Michael, immer und nur bei ihm: Ich meinte, den Schmerz über sein eingesperrtes Dasein förmlich mit ihm zu teilen. Oder litt nur ich?

Wie ein Videoband spulte sich die Einsicht in meinen grauen Zellen ab: ›Du bist verantwortlich für sein Leben und auch für seine Gefangenschaft! Du hast ihn geboren! Er ist dein Kind!‹ Trauer, Depressionen, Selbstvorwürfe und autodestruktive Gedanken wechselten sich ab. Stumpfsinnig brütete ich vor mich hin. Dann erhielt ich einen Brief von Michael: Über Peter hatte er von meinem

Klinikaufenthalt erfahren. Er schrieb, daß er sich Sorgen um mich mache, und bat um Verzeihung dafür, daß er der Anlaß meiner Krankheit sei. »Ich kann es gar nicht ertragen, die ganze Familie ins Leid zu stürzen, Mama. Versucht doch zu verstehen, daß das mein Leben ist, das ich lebe! Ich muß diesen Weg allein gehen. Ihr habt damit gar nichts zu tun«, las ich. »Es ist wirklich nicht meine Absicht, Euch in irgendeiner Weise zu belasten. Wenn Du Dich wieder stark genug fühlst, dann komm mich besuchen! Und pack ein Weihnachtspaket, wenn Du es schaffst.«

Tja, vielleicht hatte er recht. Vielleicht war das die Welt, in der er sich wohlfühlte? Aber kann ein Mensch als Straftäter glücklich sein? Ich wollte zu ihm. Noch vor Weihnachten fuhr mich Peter zu dem Gefängnis, in dem sich Michael jetzt befand. »Muß das wirklich sein?« äußerte Peter seine Bedenken. »Willst du dir das antun? Hoffentlich verschlimmert das Wiedersehen mit Michael deine Krankheit nicht!«

Ich mußte eine halbe Stunde vor dem Tor stehen, bis es für Besucher geöffnet wurde. Eine Frau wartete mit mir. Über ein paar belanglose Bemerkungen zum Wetter reichte der Dialog nicht hinaus. Der Gang ins Gefängnis folgte den gewohnten Prozeduren. Aber das Wartezimmer hier war hell und freundlich. Die Heizung war warm, und auf zwei großen Fensterbänken standen sogar Blumen. Schon nach kurzer Zeit konnte ich meinen Sohn in die Arme schließen. Sechs Wochen hatten wir uns nicht gesehen. Es schmerzte mich, ihn so lange allein gelassen zu haben. »Ab jetzt besuche ich dich wieder alle vierzehn Tage«, versicherte ich ihm. Der Gedanke löste in mir ein Hochgefühl aus.

Michaels Aussehen hatte sich weiter verbessert. Er sah fast so aus wie früher. Ja, denn es hatte auch für Michael einmal ein Leben ohne Drogen, Alkohol, Straftaten und Gefängnis gegeben! Wie lange war das her? ›Ach, laß die Vergangenheit ruhn!‹ sagte ich mir. ›Denk an jetzt, an diesen Augenblick, in dem ich Michael sehen und spüren kann. Das ist doch das Wichtigste überhaupt!‹

Auf meine Frage hin antwortete mir Michael geradeheraus: »Klar hab' ich auch mal Drogen ausprobiert, Mama! Aber das machen doch viele andere auch! Ich bin ja nicht süchtig, wenn du das meinst. Schließlich habe ich keine Entzugserscheinungen gehabt, seit ich wieder sitze! Und das ist doch wohl der beste Beweis, oder?«

Nun, ich mußte zugeben: Was er sagte, stimmte. Ich hatte ihn ja schon wenige Tage nach seiner neuen Inhaftnahme besucht und keine für mich erkennbaren Entzugserscheinungen bemerken können! Im Gegenteil, er sah weitaus frischer aus als zuvor. Auch jetzt wirkte er zufrieden und glücklich, war gesprächig und voller Zuversicht, die sich auf mich übertrug und mich dazu befähigte, alleine mit der S-Bahn nach Hause zu fahren. Ich war sehr aufgeregt, aber ein kleiner Anfang war geschafft. Ich hatte die Hemmschwelle gegenüber der Öffentlichkeit überwunden!

Während der folgenden Weihnachtsfeiertage vergaß ich in all dem Trubel die Einnahme meiner Tabletten. Ich stellte fest, daß ich mich ohne die Medikamente nicht schlechter fühlte, und beschloß, ab jetzt keine Pillen mehr zu schlucken. Die folgenden Phasen der Erholung durchschritt ich relativ schnell. Dennoch fühlte ich mich wie umgewandelt. Meine Gefühle waren merkwürdig gedämpft und nicht mehr intensiv spürbar, egal, ob es sich um Freude oder um Trauer handelte. Die Erlebnisse der Vergangenheit schienen mir nicht mehr zu gehören. Ich war unfähig, eine Verbindung zu meiner eigenen Kindheit, zu meinen Kindern in jungen Jahren oder zu meinem früheren Leben mit Peter herzustellen. Es war, als ob eine Brücke hinter mir eingestürzt wäre.

Im Januar ging ich wieder arbeiten. Meine Kollegen und Kolleginnen bereiteten mir einen freundlichen Empfang. Diesem Mitarbeiterkreis habe ich ein gutes Stück meiner Genesung zu verdanken: Sie schonten und entlasteten mich, wo es nur ging, halfen mir in schwierigen Situationen, nahmen mich stets wie auf Verabredung mit in die Kantine und ließen mich nie im Stich. Ich erledigte wieder wie gewohnt die Terminarbeiten, doch das Telefon und den Publikumsverkehr überließ ich anderen. Ich hoffte, durch die neuen Anforderungen meine Persönlichkeitsveränderungen verwinden und mich von meinem privaten Schicksal ablenken zu können. Es gelang!

Alle zwei Wochen sah ich nach Michael. Wie durch Zauberhand verloren die Gefängnisbesuche ihren Schrecken. Sie wurden erneut zur Gewohnheit: die zuvorkommenden Beamten, das relativ gemütliche Vorzimmer, die angenehm kurze Wartezeit. Ein einziges Mal sah ich einen jugendlichen Gast hier, der einen Freund aufsuchen wollte. Ich habe mich oft darüber gewundert, warum sich die jungen Leute, die vor einer Verhaftung gegen alle und alles zusammenhalten, danach nicht mehr umeinander kümmern. An einem anderen Tag trat eine ältere Frau mit einem kleinen Kind herein. Obwohl sich der Kleine ganz leise verhielt, ermahnte sie ihn ständig zur Ruhe. »Ich weiß, daß dies nicht der geeignete Ort für Kinder ist«, entschuldigte sie sich unaufgefordert, »aber es kümmert sich sonst niemand um meinen Enkel, und ich kann ihn nicht so lange unbeaufsichtigt lassen! Ich möchte hier meinen großen Enkelsohn besuchen. Er braucht wenigstens ab und zu neue Wäsche . . .« Für wenige Minuten nahmen alle Wartenden an ihrem Monolog teil. Dann versicherten wir ihr, daß ihr Enkelkind wirklich ganz lieb und brav sei und in keiner Weise störe.

Wie oft habe ich während eines Gefängnisbesuchs mehrere Päckchen Taschentücher gebraucht! Jetzt saß eine sich ununterbrochen schneuzende Frau neben mir. Ihr deutlich zu erahnendes Bemühen, nicht laut aufzuschluchzen, ließ sie immer stärker weinen. Ihre Papiertaschentücher waren bereits verbraucht. Ich schob ihr ein neues Päckchen zu. Dieser in Tränen zerfließenden Frau galt mein ganzes Mitgefühl. Ich wollte ihr Mut zusprechen, aber sie ging nicht darauf ein. »Vielleicht«, sagte ich, »können Sie sich draußen ein bißchen beruhigen!« Ich hakte sie unter, und wir setzten uns im Flur auf eine Treppenstufe. Um Platz für die Vorübergehenden zu schaffen, mußten wir ganz eng aneinanderrücken. Ohne Abwehr ließ sie es zu, daß ich ihr den Arm um die Schultern legte. Vorsichtig stellte ich ein paar Fragen. Um ihr die Antwort zu erleichtern, erzählte ich von Michael.

»Ja, ich besuche auch meinen Sohn«, preßte sie hervor. »Ich weiß gar nicht, was passiert ist. Und ich weiß auch nicht, was mit mir los ist. Ich muß immerzu weinen.« Ich tröstete sie damit, daß ihr Sohn möglicherweise nur eine Bewährungsstrafe bekäme.

»Ja, ja, er ist auch nicht vorbestraft«, keimte die Hoffnung in ihr auf. »Wir haben im ganzen Leben noch nie etwas mit der Polizei zu tun gehabt!«

»Sehen Sie, das ist doch schon ein Vorteil! Und wenn

er noch zu Hause wohnt, wird er vielleicht sogar aus der Untersuchungshaft entlassen!«

Sie wurde ruhiger und versuchte, sachlich zu denken. »Aber ja«, ermunterte ich sie, »Ihr Sohn ist bestimmt bald wieder bei Ihnen zu Hause.«

Dann brach sie wieder in Tränen aus: »Was hat er nur getan? Was hat er verbrochen? Ich weiß es nicht!«

Ich war erschöpft, ihr Ausbruch riß mich mit. Wir weinten beide, versuchten uns abwechselnd Trost zu spenden und Halt zu geben. Allmählich legte sich unsere Erregung. Die Frau stand auf und bedankte sich für – wie sie sagte – meine Freundlichkeit und dafür, daß sie sich einmal hätte aussprechen dürfen. Sie habe niemanden, dem sie sich anvertrauen könne. Sie fühle sich so unendlich einsam in diesen Tagen.

Der schreckliche, dunkle Winter wich einem zarten Frühling. Die Natur erwachte aus ihrem Schlaf, und auch ich fühlte, daß ich ein neues Leben beginnen würde. Die Zukunft lag vor mir – ich mußte sie nur richtig gestalten. »Ach Peter!« seufzte ich eines Abends träumerisch. »Ich würde jetzt ja so gern nach Spanien fahren! Mich in der leichten, warmen Luft bewegen und das Meer sehen.« Diese Wunschvorstellung nahm bald Gestalt an. Ich wollte unbedingt in dieser Jahreszeit verreisen. Peter konnte sich jedoch keinen Urlaub nehmen – zuviele Arbeitstage waren ihm durch meine Krankheit bereits verlorengegangen. Allein wollte er mich nicht dorthin lassen: »Weißt du eigentlich, wieviele Ängste ich in den vergangenen Monaten um dich ausgestanden habe? Und jetzt willst du so eine weite Reise auf eigene Faust unternehmen? Zwei Wochen ohne Hilfe und Gesellschaft? Glaubst du, das ist vernünftig? Ich halte das für mehr als unverantwortlich!«

»Peter«, schmeichelte ich, »es geht mir wirklich wieder gut. Ich möchte so gern fahren. Es wird mir helfen, ganz allein mit mir selbst zu sein und mich ohne die Unterstützung anderer zurechtzufinden!« Eine Freundin von mir entschied sich, mit mir zu fliegen. Sie hatte zwar ein anderes Ziel, würde mich aber auf der Hin- und Rückreise begleiten. Auf dem Flughafen verabschiedete ich mich von Peter an der Paßkontrolle. Durch eine Glaswand warf er mir Luftküßchen zu und versuchte zu lächeln. Mich überkam eine leichte Unsicherheit. Wollte ich denn wirklich . . .? Schon wurde unsere Flugnummer aufgerufen, und die Schleuse zu der Maschine tat sich vor mir auf. Ich schob alle Zweifel beiseite und schritt voran.

Drei Stunden später erreichte ich den altgewohnten Ferienort. Wie von selbst entwickelte sich allmählich ein Tagesrhythmus, der mir die Furcht vor der Einsamkeit, dem Trübsinn und der Selbstzerfleischung nahm. In aller Ruhe richtete ich mir mein Frühstück her, sonnte mich ein wenig und las unterhaltsame Bücher, die mir eine Kollegin geliehen hatte. Am frühen Nachmittag zog ich mich sorgfältig an, schminkte mich und machte einen langen Spaziergang. Die Abende verbrachte ich in einem bestimmten Restaurant. Ohne daß es einer Absprache bedurft hätte, war dort nach wenigen Tagen immer ein kleiner Tisch für mich reserviert. Die Kellner verwöhnten mich mit lokalen Leckereien und einem Gute-Nacht-Trunk auf Kosten des Hauses. Ich nahm daheim zur eigenen Beruhigung noch eine Schlaftablette und lag bis zum späten Morgen entspannt im Bett. Obwohl ich keinen Ansprechpartner um mich hatte, fühlte ich mich von Tag zu Tag wohler, auf eine ganz besondere Art frei.

Der Zufall wollte es, daß auf dem Rückflug ein Herr zu meiner Rechten saß, der mich nach dem Start höflich ansprach: »Verzeihen Sie, darf ich Ihnen etwas sagen? Ich bin vor vierzehn Tagen mit dem gleichen Flieger nach Spanien gereist wie Sie, und es fällt mir auf, wie außergewöhnlich erholt Sie wirken!« Ich freute mich über das Kompliment. Der Mann erzählte mir, er habe seine Mutter in Spanien besucht, die dort ihre Winter verbringe. »Ich bin ohne meine Familie gereist . . .«, fuhr er zögernd fort, »und ich muß Ihnen anvertrauen, mir graut es ein wenig vor meiner Heimkehr! Mein Sohn ist . . . ist vor kurzem straffällig geworden, und . . . und sein jüngerer Bruder, meine Frau und ich leiden unbeschreiblich darunter. Wie oft habe ich mir schon gewünscht, tot zu sein!« Er stieß den Atem durch seine Nasenlöcher aus und ließ den Blick in die Ferne schweifen. »Ich kann diesen Sohn nicht mehr ertragen!«

Ich erzählte ihm zu seinem Erstaunen, daß ich dieses Schicksal mit ihm teilte, während meine Freundin vom Fensterplatz aus zuhörte. Gemeinsam entwickelten wir im Geiste resolute Lösungen: »Wenn wir menschenwürdig leben wollen«, nahm mein Sitznachbar mit entschlossener Miene Stellung, »dann geht das nur ohne unsere Söhne. Wir müssen sie rausschmeißen, jawohl! Laß sie doch leben, wie sie wollen! Vielleicht bringt sie das zur Besinnung!« – Mein Gott, schon wieder diese Hoffnung, sie könnten sich eines Tages bessern!

Wir nickten uns aufmunternd zu: »Man müßte sich von dem ganzen Grauen rigoros abwenden!« Der Mann sprach Worte aus, die mich noch lange begleiten würden: »Man müßte den Wohnort wechseln. Einen Strich darunter ziehen. Neu anfangen!«

Mit solcherlei Vorstellungen flog ich Peter entgegen. Er erwartete mich hinter der Absperrung, und das Glück, einander wohlbehalten wiederzusehen, überwältigte uns und versetzte uns in einen rauschhaften Zustand. Zu Hause hatten Andreas und Peter ein köstliches Abendessen vorbereitet, zu dem sie ein paar neugekaufte Platten auflegten, deren Musik mir, wie sie wußten, besonders gefiel. Leider kam ich nicht dazu, meiner Freude und Dankbarkeit Ausdruck zu verleihen, denn ein nicht enden wollender Redefluß ergriff von mir Besitz. Es war, als habe sich eine Blockade in mir gelöst, und ich redete und redete, bis tief in die Nacht hinein.

Zu diesem Zeitpunkt begann ich, den Trauermantel, der mich gefangengehalten hatte, abzustreifen. Ich entwickelte unbemerkt die Fähigkeit, Michaels Leid von meinem Leben zu trennen – so, wie Michael es mir einst in seinem Brief auseinandergesetzt und wie es auch der Mann im Flugzeug gemeint hatte. ›Michael und ich‹, sah ich ein, ›haben zwei Jahre lang nicht familienerhaltend funktioniert. Aber jetzt bekommt meine Familie neuen Auftrieb! Ich muß daran arbeiten!‹

Es erschien mir wie ein Wunder, daß Peter und Andreas diese Zeit überhaupt mitgemacht und überlebt hatten. Natürlich konnten wir den Weg bis zu meiner endgültigen Gesundung nur langsam, Schritt für Schritt gehen. Mein Abtauchen in die Dunkelheit hatte sich über Jahre hinweg vollzogen, und mein Emporkommen mußte zwangsläufig entsprechend lang dauern. Nur mühsam gelang mir die Auseinandersetzung mit meiner mir verändert erscheinenden Psyche. Viele Monate vergingen, bevor ich an einem ruhigen Tag unsere Familienalben besah und mit Peter über alte, längst vergangene Zeiten sprach. Der Anblick des kleinen, unschuldigen Michaels löste bei mir einen Tränenausbruch aus. Aber ich befand mich auf dem Pfad des inneren Friedens.

Über Umwege erfuhr ich damals von einer schweren Erkrankung der Ehefrau von Michaels erstem Bäckermeister. Nach endlosem Überlegen beschloß ich, sie im Krankenhaus zu besuchen. Sie war überrascht und dennoch sehr erfreut, mich zu sehen. »Merkwürdig«, begann sie, »seit ich hier liege, muß ich immer wieder an Ihren Michael und an sein unglückliches Leben denken! Mein Sohn hat mir alles über ihn erzählt. Wir hätten ihn damals nicht entlassen dürfen, dann wäre es vielleicht anders gekommen! Wenn er doch bloß immer zur Arbeit gekommen wäre, wie mein Mann es verlangte . . . wir hätten ihn behalten! Er war ein guter Bäcker, ein angenehmer Junge, kein schlechter Mensch! Wenn Michael wieder aus dem Gefängnis kommt, dann kann er, wenn er will, wieder bei uns anfangen. Er kann auch unser separates Zimmer beziehen . . .«

›Diese liebe Frau!‹ dachte ich bewegt. ›Sie ist sehr krank, und was tut sie? Sie sorgt sich um meinen Sohn!‹ Ich suchte nach passenden Worten, um mich zu bedanken. Dann lenkte ich von dem Thema ab, erkundigte mich nach ihrem Sohn.

»Er macht gerade seine Meisterprüfung«, berichtete die Frau, »und heiratet in wenigen Tagen!«

»Wie schön für Sie alle!« antwortete ich herzlich. »Das freut mich sehr! Dann bekommen Sie ganz bestimmt auch bald ein Enkelkind!«

»Ja, ja, hoffentlich bald!« Und für wenige Minuten folgte sie ihren eigenen Gedanken.

Es wurde Zeit, sich zu verabschieden.

»Grüßen Sie Ihre Familie«, bat ich höflich.

»Ach ja, danke!« erwiderte sie. »Aber bitte verlieren Sie nicht den Glauben an Ihren Sohn! Michael ist trotz allem ein guter Mensch, was auch passiert.«

Beim Verlassen des Zimmers drehte ich mich noch einmal um: »Leben Sie wohl!« In diesem kurzen Moment lächelten wir Mütter uns an. Eine souveräne Wärme, Verbundenheit und Liebe lagen in ihrem Ausdruck. Das Wissen, daß ihre Krankheit sie bereits besiegt hatte, schwang mit. Die Unabwendbarkeit des Schicksals und die Ahnung, daß wir uns auf dieser Welt nicht mehr begegnen würden, trugen unsere Blicke. Nickend bestätigte sie den Abschied: Sie wußte, was ich dachte.

Die große Liebe

Nach einer sechsmonatigen U-Haft war der Tag von Michaels Gerichtsverhandlung gekommen. Mir war völlig klar, daß er erneut verurteilt werden würde. Und doch war da die Hoffnung: die Hoffnung auf eine Bewährungsstrafe, die Hoffnung, ihn nach dem Prozeß wieder in unserer Familie haben zu können . . .

Michael hatte dieses Mal einen Pflichtverteidiger gestellt bekommen. Peter und ich stotterten immer noch die Rechnung seines ersten Anwalts in kleinen Raten ab. Der Häftling wurde von zwei Beamten mit Handschellen hereingeführt. Irritiert stellte ich fest, daß der riesige Aktenberg auf dem Richtertisch ausschließlich die Gerichtsunterlagen meines Sohns umfaßte. Die Vorstrafen wurden verlesen: unerlaubter Waffenbesitz, Einzelgespräch beim Jugendrichter . . . Das kannte ich ja alles schon.

Die nun folgende Anklage lautete auf Hehlerei in zwei Fällen. Michael habe in seiner Wohnung Diebesgut gelagert und einen Teil davon auch verkauft. Dabei handelte es sich um goldene Kaffeelöffel und Kuchengabeln, die bei einem Einbruch gestohlen worden waren, in den Michael aber erwiesenermaßen nicht verwickelt gewesen war. Den Rest des Diebesguts machten Sportwaffen aus, die einer seiner »Freunde« dem Vater entwendet und dann für zwei Tage in Michaels Wohnung versteckt hatte. Sie seien, so Michael, nach Ablauf dieser Frist von einem anderen Mann mitgenommen und verkauft worden. Michael versicherte, dem Freund damit nur einen Gefallen erwiesen und kein Geld dafür bekommen zu haben. Munition hatte die Polizei nicht gefunden.

Ein Beamter, der bei Michaels Festnahme und der Wohnungsdurchsuchung dabeigewesen war, erschien im Zeugenstand. Nein, in Michaels Wohnung seien keine Reste des Diebesguts gefunden worden, es gäbe keinen Hinweis darauf, daß die Unterkunft als ein entsprechendes Zwischenlager auf Dauer gedient habe. Auch der Verdacht, dort werde mit Drogen gehandelt, lasse sich nicht bestätigen: Man habe kein Rauschgift entdecken können. Als der Richter Michael direkt nach seinem Verhältnis zu Drogen befragte, bestritt mein Sohn eine Sucht.

Dann wurde über ein von Michael gestohlenes Fahrrad gesprochen. Ich saß wie vom Donner gerührt da: Es sollte aus unserem Gemeinschaftskeller, aus dem Besitz von einem unserer Nachbarn verschwunden sein! Michael gab den Diebstahl zu. Dann rief das Gericht einen jungen Mann auf, der zum Tatbestand der Hehlerei vernommen werden sollte. Der Angeklagte gestand, daß er mit anderen – bereits aktenkundigen – Freunden, aber ohne Michael, tagsüber in ein Einfamilienhaus ganz in unserer Nähe eingestiegen war und dort das goldene Besteck hatte »mitgehen lassen«. Verzweifelt versuchte er den Eindruck zu erwecken, daß die hier diskutierte Straftat ganz aus Versehen passiert sei und er eigentlich nichts Böses im Sinn gehabt hätte. ›Die verhandelten Fälle sind doch nur zufällig ans Tageslicht gekommen!‹ schöpfte ich innerlich Verdacht. ›Wahrscheinlich haben Michael und der andere noch viel mehr auf dem Kerbholz!‹

Als beide versprachen, sich in Zukunft wie mündige Bürger verhalten zu wollen und sich umgehend Arbeit zu suchen, konnte ich es nicht wirklich glauben. Das Gericht war dahingehend unterrichtet, daß beide Angeklagte bei einer etwaigen Bewährungsstrafe wieder im Elternhaus aufgenommen werden würden. Wir Mütter unterstrichen diese Feststellung durch ein bejahendes Kopfnicken.

Die Beratungszeit des Richters und der Beisitzer war kurz: Beide Söhne wurden zu einer Haftstrafe von einem Jahr verurteilt. Die Zeit der Untersuchungshaft, in beiden Fällen sechs Monate, wurde berücksichtigt, der Rest der Strafe auf Bewährung ausgesetzt. Nach diesem Urteilsspruch waren die zwei wieder frei, und wir Mütter durften sie gleich mit nach Hause nehmen.

Ich konnte nicht anders: Ein Glückstaumel ergriff mich. Michael war wieder frei! Er durfte es noch einmal versuchen! Verflogen waren die Gespräche im Flugzeug. Vergessen war, daß hier zwei vor Kraft strotzende junge Männer vor Gericht gestanden hatten, die der Gesellschaft mit ihrer dreisten Lebensart schadeten. Verdrängt hatte ich meine Meinung, daß das Strafmaß, in Relation zu der kriminellen Tat, zu milde ausgefallen war. – Ich hatte meinen Sohn wieder, und alles würde gut werden! Noch einmal würde er nicht im Gefängnis landen wollen, ganz sicher nicht!

Peter und ich waren aus vollem Herzen bereit, ihn wieder in unsere Obhut zu nehmen. Innig fielen sich Vater und Sohn zu Hause in die Arme. »Nur Straftaten, Michael, Straftaten darfst du keine mehr begehen!« schärfte ihm Peter ein. »Du kannst mit uns über alles reden. Versprich mir das!«

»Ja, Papa! Damit ist jetzt endgültig Schluß. Glaub mir! Ich muß wahnsinnig gewesen sein.«

»Hier, Michael, damit dir alle Türen wieder offenstehen. Ich habe die Schlüssel extra für dich nachmachen lassen!« Die Überraschung war Peter gelungen: Damit hatte selbst ich nicht gerechnet. Betroffen und beschämt nahm Michael das neue Bund mit dem großen silbernen »M« an sich. Er war sich der Situation voll bewußt.

»Michael, mein Junge, hör mir zu: Das hier ist dein Haus, aber auch unser Haus. Der einzige Rückhalt, den du hast, sind wir. Ein Heim kannst du nicht eintauschen und durch nichts auf der Welt ersetzen. Entweihe dieses Haus nicht! Vergiß das bitte nie!« Peter schaute Michael beschwörend an. Der feierliche Charakter dieser Worte rührte Michael. Mit feuchten Augen ging er zur Wohnungstür und probierte den Schlüssel aus. Er klopfte seinem Vater liebevoll auf die Schulter, bedankte sich bei ihm und versicherte, er werde diese Schlüssel in Ehren halten, für alle Zeit.

In den nun folgenden Monaten unternahmen Peter und ich alle Anstrengungen, um Michael klarzumachen, daß er sich grundlegend ändern müsse, daß das alles nicht noch einmal passieren dürfe, daß er eine Aufgabe bräuchte. Michael verwies uns in unsere Grenzen. Es war uns unmöglich, ihm tiefergehende Einsichten oder Gefühle zu entlocken. Nach zwei Jahren Haftstrafe hatten wir von ihm etwas weniger banale Überlegungen als die, die wir nun zu hören bekamen, erwartet. Enttäuscht fragten wir uns, ob es sich um eine Frage des Vertrauens oder des Zugangs handelte.

»Michael?« fragte ich eines Tages. »Sag mal, warum machst du eigentlich keine Therapie? Es gibt so viele Formen und Möglichkeiten! Du entwickelst doch gar keine neue Lebensperspektive! Mit Hilfe eines Fachmanns könntest du das korrigieren. Dein Fehlverhalten kann sehr viele Gründe haben: Vielleicht sind es wir Eltern, die dir hinderlich sind, vielleicht sind es früheste Erlebnisse aus deiner Kindheit? Du mußt es herausfinden! Nur so läßt sich etwas bewegen.«

»Jetzt sag bloß noch, ich bin verrückt!« muckte Michael auf. »So einen Blödsinn mache ich nicht mit! Therapeuten, Psychologie – darauf pfeife ich, ganz ehrlich. Was soll ich mit dem Unfug? Mir geht's doch gut! Ich brauch' keine Behandlung.«

Ich weiß zwar nicht weshalb, aber Michael hatte jetzt Anspruch auf Arbeitslosenhilfe. Zu unserer Überraschung ging er mit diesem Geld äußerst sparsam um. Und dann lernte er ein Mädchen kennen: Pia! Sie wohnte noch bei ihren Eltern, war einundzwanzig Jahre alt und machte eine Schneiderlehre. »Sie hat einen super Schulabschluß: lauter Einsen und Zweien, sogar in Englisch und Französisch! Und für ihr letztes Zeugnis hat sie vom Vater ein eigenes Auto geschenkt bekommen!« erklärte Michael stolz. Pia und seine Liebe zu ihr füllten nun sein Denken und Handeln aus. Er war nicht nur über beide Ohren verschossen, nein, er liebte sie!

Vom ersten Augenblick an, in dem wir sie kennenlernten, waren Peter und ich uns einig: Michael und Pia verkörperten ein wunderbares Liebespaar! Nicht nur, daß Pia außergewöhnlich hübsch war mit ihrer schlanken Figur, ihren dunklen Augen und ihrem schmalen Gesicht, das von glänzenden, langen braunen Haaren eingerahmt war. Die beiden gehörten auch zu den selten glücklichen Paaren, die durch ihre Liebe zueinander befähigt sind, Harmonie um sich herum zu verbreiten. Wenn sie aufkreuzten, dann gab es nur noch Michael und Pia. Sie hielten sich oft bei uns auf, eigentlich fast immer, bewegten sich eng aneinandergeschmiegt durch den Wohnraum und kuschelten sich Seite an Seite auf einen Sessel. Hingebungsvoll schlang Michael den Arm um seine sensibel und zerbrechlich wirkende Freundin, während sie auf der Küchenbank das Abendessen erwarteten.

Pia war ein sehr liebes und stilles Mädchen, genau wie Michael zurückhaltend und unaufdringlich. Peter und ich wunderten uns über die Wahl, die sie getroffen hatte: Michael hatte keinen Beruf, war nicht annähernd so intelligent wie sie – und besaß bei Gericht ein Vorstrafenregister . . . Aber Pia nahm das gar nicht krumm. Sie ging mit Michael so selbstverständlich um, als würden sie sich schon Jahre kennen.

An einem Samstagabend leisteten mir Pia und Michael vor dem Fernseher Gesellschaft. Peter war beruflich auf einer Messe und Andreas mit Freunden zu einem Konzert gefahren. Plötzlich rief ein Junge aus unserer Nachbarschaft an: »Andreas hat auf der Hinfahrt einen Anfall bekommen. Er hat unterwegs keinen Sauerstoff mehr gekriegt, wurde ganz hart. Wir haben von einer Tankstelle aus den Notarzt gerufen. Er liegt jetzt im Marienkrankenhaus.« ›Andreas, mein lieber Andreas!‹ dachte ich entsetzt. ›Ich will sofort zu ihm ins Krankenhaus, aber Peter hat den Wagen!‹

Pia zeigte sich von ihrer bedächtigen und patenten Seite. Sie suchte die Nummer der Klinik heraus und wählte sie an. Als sie den diensthabenden Arzt in der Leitung hatte, übergab sie mir den Hörer. »Sind Sie die Mutter?« hörte ich den Doktor fragen. »Sie können Ihren Sohn morgen früh abholen. Das waren nur die Nerven. Er hat hyperventiliert. Ein ziemlich schwerer Anfall. Ich habe inzwischen mit Ihrem Sohn gesprochen und ihm erklärt, wie er sich in Zukunft bei solchen Attacken verhalten muß. Im übrigen . . .«

»Aber, ich verstehe das nicht«, schnitt ich ihm das Wort ab, »Andreas ist immer so selbstbewußt und sicher. Er ist kein bißchen nervös!«

»Ja, ja«, wehrte der Arzt ab, »in Ihrer Familie gibt es offensichtlich große Probleme. Und Streß, der über einen längeren Zeitraum anhält, macht sich nun einmal irgendwann bemerkbar. Aber es gibt Schlimmeres! Die Anfälle werden eines Tages sicher wieder ganz verschwinden.«

Ich fand meinen Jungen sehr blaß im Krankenhaus vor. Auf dem Nachhauseweg in Pias Auto erzählte er uns, daß seine Freunde und er gestern abend zu fünft in einem engen Kleinwagen losgefahren seien. Dann hätten sie sich in der Straße geirrt und einen langen Umweg einschlagen müssen. Zu allem Überfluß hätten die Jungen laut durcheinandergesprochen und viel geraucht. Andreas brachten die schlechte Luft und die Aufregung, nicht rechtzeitig zum Konzert zu kommen, dazu, immer schneller zu atmen, weil er das Gefühl bekam, sonst zu ersticken.

Der Arzt hatte ihm gezeigt, daß er in solchen Fällen einfach eine kleine leere Plastiktüte an den Mund halten und darin ein- und ausatmen müsse. Dieser Trick wurde Andreas nun auch zum psychologischen Hilfsmittel. Vor dem Verlassen der Wohnung vergewisserte er sich immer, ob eine Plastiktüte in der hinteren Hosentasche steckte. Die Angst vor der Angst begleitete ihn. Geriet er in Streß und bemerkte er, daß er kurzatmig wurde, dann griff er reflexartig zu der Tüte. Er entwickelte Techniken, einen Anfall frühzeitig zu erkennen und keine neue Hyperventilation mehr zuzulassen. Ich denke, seine Herzschmerzen und die damit verbundene Lebensangst, an denen er Jahre zuvor gelitten hatte, waren eine Vorstufe zu diesem krankhaften Verhalten.

Etwa eine Woche später rief mich die Mutter eines Schulfreunds von Andreas an, der Lars hieß. Er war ein intelligenter und sensibler Junge, der derzeit einige Schwierigkeiten mit sich selbst und seinem Elternhaus ausfocht. In langen Diskussionen vertraute er sich Andreas bei uns zu Hause an. Seit Jahren plante Lars, von zu Hause »abzuhauen«, alles hinter sich zu lassen und irgendwo einen Neubeginn zu erproben. Ich hatte versucht, positiv auf ihn einzuwirken und ihm verständlich zu machen, wie sehr er seine Eltern noch brauche und wie wichtig es sei, zunächst das Abitur zu bestehen.

Die Stimme von Lars' Mutter erschien mir nun etwas unangenehm berührt. Umständlich wand sie sich am Telefon: ». . . und jedenfalls würde ich Sie bitten, Andreas davon zu überzeugen, daß es für Lars jetzt besser ist, wenn er keinen Kontakt mehr zu Andreas hat. Ich glaube nämlich, daß sich die Freundschaft der Jungen negativ auf Lars auswirkt . . .«

Ich war verunsichert, aber auch verärgert. ›Das ist doch eine Unverschämtheit!‹ ging es mir durch den Kopf. ›Andreas soll einen schlechten Einfluß auf Lars haben?!‹

»Was wollen Sie damit sagen?« entgegnete ich laut. »Andreas ist Ihrem Sohn ein treuer Freund. So gesehen, ist er Lars eine Hilfe, aber niemals ein Schaden!«

Ihr Schweigen mündete in ein Weinen. Im Hintergrund hörte ich jetzt den ungeduldig werdenden Ehemann. Sie bemühte sich, ihr Vorhaben zu Ende zu bringen: »Ich muß wohl am besten wissen, welcher Kontakt für meinen Sohn gut ist!« verteidigte sie sich mühselig. »Ihr Sohn Andreas ist es jedenfalls nicht. Sie müssen wissen, daß Lars Drogen genommen hat! Und ich bin froh, daß er sich jetzt wieder etwas gefangen hat und weiter zur Schule geht!«

»Ja, und was hat Andreas mit den Drogen Ihres Sohns zu tun?«

»Nichts direkt, aber ich bin ganz sicher, daß Lars die Rauschmittel in der Schule bekommen hat!«

»Worauf wollen Sie hinaus?« wiederholte ich.

Sie hörte auf zu weinen und sagte, bevor sie sang- und klanglos auflegte, nur noch: »Wenn ich jemals jemanden sehe, der Drogen verkauft, dann zeige ich ihn an!«

Für mich hörte sich das wie eine Drohung an. Ich erzählte Andreas von dem Telefonat. Schon nach wenigen Worten reagierte er sehr erregt und zornig, wurde kurzatmig und fahl im Gesicht.

»Andreas, leg dich etwas hin! Komm erst einmal zur Ruhe. Wir können uns später unterhalten!« wirkte ich auf ihn ein.

Andreas verkrümelte sich ans Klavier, fand nicht die richtigen Töne und hämmerte wild auf die Tasten ein.

»Komm, Junge, warum bist du so wütend?« forschte ich behutsam.

»Die Frau weiß nicht, was sie tut! Die hat echt den Überblick verloren. Weißt du, was die gemacht hat?« brachte er mit erstickter Stimme hervor.

»Nein!« antwortete ich zaghaft und in ängstlicher Vorahnung.

Andreas berichtete, daß Lars' Mutter zum Rektor gegangen war, um ihn auf den Drogenhandel in seiner Schule hinzuweisen und um darum zu bitten, daß stärker auf die Drogengefährdung der Schüler geachtet werde. Als der Direktor und die Lehrer sie aufforderten, ihre Behauptungen zu beweisen, holte die verzweifelte Mutter zum Schlag gegen Andreas aus, nannte Michael, den älteren, straffälligen Bruder, äußerte den Verdacht, Andreas mische in der Sache bestimmt irgendwie mit.

Andreas wurde daraufhin ahnungslos und unvorbereitet vor die Lehrerschaft zitiert und mußte Rede und Antwort stehen. Um uns nicht zu belasten, hatte er zu Hause nichts erzählt.

»Mama, viele haben Lars zugrunde gerichtet, aber nicht ich! Ich bin sein Freund«, beteuerte er.

»Ich weiß!« beschwichtigte ich ihn. »Aber sag mal, meinst du, Michael verkauft Drogen?«

Andreas zerstreute meine Bedenken. Michael ein Dealer! Das konnte er sich nun wirklich nicht vorstellen. Aber er selber saß ganz schön in der Klemme. Lars' Mutter hatte ihn ohne einen vernünftigen Grund belastet, obwohl ihr Sohn probiert hatte, sie mit allen Mitteln von ihrer fixen Idee abzubringen. Nun mußte sich Andreas im Verhör so verteidigen, daß auch nicht der Hauch eines Verdachts übrigblieb, sonst würde er von der Schule verwiesen. Doch er war entschlossen, sich nicht unterkriegen zu lassen. Er wollte das Abitur schaffen, und er wollte studieren!

»Andreas, das lasse ich nicht zu! Ich will nicht, daß man dich in der Schule wie einen Verbrecher behandelt! Papa und ich werden mit dem Rektor sprechen, sonst reden die dich da noch in Grund und Boden. Schließlich tragen wir die Verantwortung dafür, daß Michael dein Bruder ist!« bezog ich Position.

Aber Andreas mochte sich nicht darauf einlassen. Er wollte sich selbst behaupten und das Ganze allein durchstehen. Peter und ich machten uns große Sorgen. Wir vermuteten, daß sein Hyperventilationsanfall auf diesen Vorfall, von dem wir nichts gewußt hatten, zurückzuführen war. Dem Tag seiner Befragung fieberten wir entgegen, als sei es das Jüngste Gericht. Am späten Vormittag rief er uns von der Schule aus an. Er hatte das Verhör überstanden und war für nicht schuldig befunden worden! Tränen lösten seine anfängliche Erleichterung ab. So gedemütigt worden zu sein, hatte ihn zutiefst verletzt.

In den nächsten Wochen erzählte Pia immer öfter von Spannungen zwischen ihr und ihren Eltern. Der Vater wollte eine Trennung von Michael erzwingen. Peter und ich hatten dafür volles Verständnis. Welche Eltern geben ihre Tochter schon gern in die Hände eines Mannes, der sie nach menschlichem Ermessen unglücklich machen wird? Wer wünscht sich für sein Kind schon einen vorbestraften Partner, der möglicherweise Kontakt zu Drogen hat und keinen Willen zeigt, sich zu ändern?

Wir diskutierten mit Michael und Pia über diese scheinbar sehr heftigen Auseinandersetzungen, kritisierten Michael und forderten ihn auf, im Rahmen seiner Fähigkeiten eine Basis für sein weiteres Leben zu schaffen, sich um Arbeit zu bemühen. Wenn schon nicht für sich, dann eben für Pia! Da seine Freundin selbst jedoch keine Erwartungshaltungen dieser Art an ihn herantrug, tat Michael das Ganze mit der Bemerkung ab, er müsse niemandem etwas beweisen. Überrascht entnahmen wir Pias Worten, daß ihr ihre Arbeit auch nicht mehr so gut gefalle. Alles, was die beiden wollten, war zusammenzubleiben. Um keinen Preis wollten sie sich trennen. »Michael ist meine große Liebe«, schluchzte Pia verzagt. »Ohne ihn will ich nicht leben!« Michael wollte Pia auch nicht verlieren, nicht allein gelassen werden! Herzzerreißende Szenen setzten der Diskussion ein Ende.

Wir versuchten, mit Michael allein die Weichen zu stellen: »Michael, es ist an der Zeit, daß du deine Pflichten erkennst. Sieh mal, Pia vertraut sich dir ganz und gar an! Wovon wollt ihr leben? Wie stellt ihr euch eine gemeinsame Zukunft vor?« Aber Michael sah da keine Probleme. Er wollte am liebsten mit ihr eine eigene Wohnung beziehen, und das mit der Arbeit, das werde sich finden.

Eines Abends rief Pias Vater bei uns an und führte mit Peter ein längeres Zwiegespräch. Er vertraute ihm seine Sorge über Pia an, die er schon einmal aus der Drogenszene geholt habe, sagte, er sei sich ganz sicher, daß seine Tochter und Michael Drogen nähmen. Pia sei sehr labil, so der Vater, und Michael doch auch. Sie ergänzten sich beide und böten die besten Voraussetzungen, um in das Rauschgiftmilieu abzurutschen. »Glauben Sie mir«, führte der Vater aus, »jeder sucht sich seine Kontakte in Übereinstimmung zu seinen Veranlagungen aus! Und bei Michael und Pia ist das nicht anders!«

Pia, die gerade bei uns zu Besuch war, bestritt, jemals süchtig gewesen zu sein. »Okay«, lenkte sie ein, »mein früherer Freund war ein Dealer, aber selbst war er nicht abhängig! Dafür war er viel zu abgebrüht. Außerdem hockt der schon lange im Gefängnis!« Peter und mich packte sichtbar das Entsetzen. Was sie da sagte, paßte so gar nicht in das Bild, das wir uns von ihr gemacht hatten.

»Ach, so schlimm war das doch auch wieder nicht!« beteuerte Pia. »Ich hab' eine Stinkwut auf meinen Vater, und jetzt hab' ich etwas übertrieben. Mein damaliger Freund ging ja regelmäßig arbeiten. Der hat nur mal so bei Gelegenheit Drogen verkauft.«

»B-bei Gelegenheit?« Ich schnappte wie ein Fisch nach Luft und legte mir geistesabwesend die Hand auf mein Herz. »Kinder, wißt ihr eigentlich, wie elend eine Drogensucht ist? Ihr würdet unausweichlich so enden: im Dreck, im Streß, in der Qual der Abhängigkeit, im körperlichen Verfall!« Aber Pia und Michael wußten genau Bescheid. Einen solchen Weg wollten sie auf gar keinen Fall gehen. »Unser Leben soll schön sein!« zwinkerten sie sich zu. »Wir wollen es genießen!«

Der Zwischenfall brachte Peter und mich ins Wanken: Wer hatte recht, Pia oder ihr Vater? War sie drogensüchtig gewesen, oder war sie es nicht? Welche Rolle spielte Michael dabei? Nahm er Drogen? Wenn ja, welche? Kauften sie zu zweit Rauschgift? Wenn das tatsächlich zutraf, dann konnten die beiden ausgezeichnet lügen!

Die vielen Widersprüche verunsicherten uns. Es war schwierig, sich in diesem Wirrwarr zu orientieren und eine Meinung zu bilden. Wir stolperten immer wieder über den »Dealer«, mit dem Pia früher liiert gewesen war, doch dann entschieden wir im Zweifel für den Angeklagten. Natürlich trennte sich das Duo nicht, nur weil es der Vater wollte! In vollkommener Übereinstimmung und ohne irgendein verräterisches Zeichen zu setzen, kosteten Michael und Pia jede Sekunde ihrer Liebe aus. Sie verbrachten ihre Zeit fast ausschließlich in unserer Wohnung und gingen nur sehr selten aus.

Pias Vater setzte seine Tochter massiv unter Druck. Er

nahm ihr die Autoschlüssel mit der Bemerkung ab, er werde ihr den Wagen unter diesen Umständen nicht mehr finanzieren. Seine Maßnahmen steigerten sich so weit, daß er Pia eines Tages des Hauses verwies. Zerknirscht stand sie mit einem Teil ihrer Habe vor unserer Wohnungstür. Peter setzte sich mit Pias Vater in Verbindung. »Ich sage Ihnen, ich habe Beweise dafür, daß beide Heroin spritzen«, meinte dieser zornig und ungeduldig, ohne die Bereitschaft, das Problem ewig zu erörtern. »Pia hat unsere Familie schon einmal an die Grenzen des Erträglichen getrieben. Ich will sie nicht mehr sehen! Das bin ich im übrigen auch unserem Sohn schuldig, der ehrlich und pflichtbewußt ist – genau das Gegenteil von Pia. Er macht in einem Jahr seinen Realschulabschluß und hat bereits einen Ausbildungsplatz. Wir werden dann von hier wegziehen! Glauben Sie's mir, sie sind drogensüchtig, alle beide!«

»Und was soll ich jetzt tun?« trumpfte Peter auf. »Soll ich sie etwa auf die Straße setzen?«

»Das ist allein Ihre Entscheidung. Machen Sie, was Sie wollen!« antwortete der Vater. »Aber wenn Sie Pia bei sich behalten, dann werden Sie bald Ihr blaues Wunder erleben und es bereuen, sie jemals überhaupt kennengelernt zu haben!«

Es war zum Verrücktwerden! Übertrieb Pias Vater? Die Liebenden wiesen alle Vorwürfe von sich. Ich suchte ihre Körper nach möglichen Einstichen ab. Pia und Michael duldeten die Prozedur, ja, sie waren nicht einmal beleidigt. Mir wurde das Ganze unangenehm, ich schämte mich. »Lassen Sie sich bloß nicht von der Panikmache meines Vaters anstecken«, kommentierte Pia. »Das ist doch alles Unsinn!«

Peter und ich berieten unter vier Augen. Mit welchem Geld sollten Pia und Michael denn auch eine Sucht finanzieren? Nach unseren Informationen benötigte ein Heroinabhängiger über tausend Mark im Monat allein für das Rauschgift. Die Arbeitslosenhilfe von Michael und Pias Lehrgeld waren viel zu gering. Wir gelangten zu dem Ergebnis, daß Pia bei uns wohnen sollte, bis der Vater zur Einsicht gekommen wäre. Ungewollt übernahmen wir ein Stück Verantwortung dadurch, daß wir ihr ein Dach über dem Kopf gaben, ein Bett zum Schlafen und etwas zu essen. Michael war mehr als stolz auf uns – auf seine Eltern, die in jeder Notlage verläßlich halfen.

Beide schliefen jetzt auf der Liege in unserem Wohnzimmer. Morgens nahm Peter Pia mit in die Stadt und setzte sie vor der Eingangstür ihres Lehrbetriebs ab. Etwa eine Woche später lag in unserem Briefkasten ein Schreiben an Pia von ihrer Lehrfirma. Der Brief war nicht über die Adresse ihres Elternhauses nachgesandt worden, sondern trug original unsere Anschrift. Der Inhalt war kurz und bündig: »Hiermit kündigen wir Ihren Lehrvertrag . . .«. Die Begründung: Die Auszubildende schiene in Drogenkreisen zu verkehren und habe sich der elterlichen Verantwortung entzogen, wodurch sie für den Betrieb nicht mehr tragbar sei.

»Das war mein Vater!« fuhr Pia hoch. »Das kann nur er gewesen sein. Ich bin polizeilich noch bei meinen Eltern gemeldet. Woher sollen die Ihre Anschrift haben?« Peter und ich überlegten, ob wir uns dagegen verwahren sollten, als »Drogenkreis« betitelt zu werden, denn das hätte man aus dem Brief herauslesen können. Doch jenes hätte eine Auseinandersetzung mit dem Lehrherrn bedeutet, und davon hatten wir schon genug in unserem Leben gehabt. Wir wollten unsere Ruhe und unternahmen nichts.

Wir rieten Pia dazu, sich beim Arbeitsamt zu melden und sich um eine neue Lehrstelle zu bewerben. Der Kündigungsgrund wirkte jedoch so abschreckend, daß sich ihre Suche bald im Sand verlief. Ihr Arbeitslosengeld war minimal, aber sie war immerhin krankenversichert.

Nachdem wir vier Wochen abgewartet hatten, Pias Vater allerdings nicht anrief, beschlossen wir, eine Lösung für unser Wohnproblem zu finden. So, wie es jetzt war, konnte es nicht bleiben, denn unser Appartement war entschieden zu eng für fünf Personen. Es ging nicht anders: Pia und Michael mußten ausziehen. Voller Vorfreude studierten die beiden regelmäßig die Wohnungsinserate in der Zeitung. Nach einigen Wochen intensiver Suche hatten sie Glück. Nicht weit von uns entfernt wurde eine kleine Zwei-Zimmer-Wohnung angeboten. »Bad, Einbauküche, kleiner Balkon, Heizung, Teppichboden, Wohn- und Schlafzimmer. Sofort beziehbar.« lautete der Annoncentext. Pia und Michael nahmen, ohne Zeit zu verlieren, Kontakt mit dem Makler auf, und wir zahlten die Courtage, die Mietkaution sowie die erste Miete.

Michael trat offiziell als Mieter auf. Bei einer sparsamen Haushaltsführung und unter Berücksichtigung des zu erwartenden Wohngelds konnten die zwei von Michaels Arbeitslosenbetrag leben. Stürmisch versicherten sie sich, daß sie nun unbedingt arbeiten wollten, um sich schön einzurichten. Nun, das war Zukunftsmusik. Wir mahnten sie, ihre Vorhaben auch in die Tat umzusetzen.

Doch zunächst bekam Pia gepflegte Schlafzimmermöbel mit dem so begehrten französischen Bett von Verwandten geschenkt. Peter holte sie ab, trug und verlud sie, stellte sie in der neuen Wohnung auf. Von ihrer Mutter erhielt sie Haushaltsgegenstände, die der Vater überraschenderweise anlieferte. Dieses Treffen hätte ein Anlaß zur Versöhnung sein können, doch der Vater knurrte nur, er tue lediglich seiner Frau einen Gefallen, seine Einstellung zu Pia und zu ihrem Wesen habe er keineswegs geändert.

Schade! Aber Pia wirkte nicht sehr betroffen. Sie hatte einen Weg gefunden, die Anordnungen ihres Vaters zu unterlaufen. Sie hatte sich durchgesetzt. Wir verfolgten die Entwicklung mit gemischten Gefühlen: Schließlich hatten wir ihr dabei unter die Arme gegriffen. Nur die Überlegung, daß Pia über einundzwanzig Jahre alt und folglich für sich selbst verantwortlich war, gab uns die Sicherheit, nicht fahrlässig gehandelt zu haben.

Pia und Michael blieben ein glückliches Paar. Sie verbrachten jede Minute gemeinsam. Trotz des wenigen Geldes, das nur bei ganz konsequenter Kalkulation überhaupt reichen konnte, habe ich sie niemals im Streit erlebt, niemals anders als ausgeglichen und fröhlich gesehen. Zärtliche Zuneigung sprach aus jeder ihrer Bewegungen, und auf der Straße spazierten sie stets Hand in Hand.

Wie aus heiterem Himmel traf uns ausgerechnet am Tag von Andreas' Geburtstag die Gewißheit der Droge! Andreas hatte schon mehrere jugendliche Gäste in seinem Zimmer versammelt, als Michael und Pia hereinschneiten. Ich bereitete in der Küche gerade ein Käsefondue vor, als ich bemerkte, daß sich das Stimmengewirr nebenan schlagartig gelegt hatte. Deutlich vernahm ich Pias Stimme. Sie schien die Gesellschaft zu unterhalten.

›Ungewöhnlich!‹ dachte ich. ›Ich habe sie noch nie eine lange Rede halten hören!‹

Ich näherte mich Andreas' Zimmer und horchte. Zuerst verstand ich nicht, worum es ging. Dann versteinerte sich mein Gesicht: Sie hielt gerade einen Vortrag über Drogen und deren Auswirkungen! Sie zählte verschiedene Medikamente auf, nannte deren wesentliche Wirkstoffe, beschrieb ihre Folgen und Effekte, setzte genau auseinander, welche Stoffe mit anderen kombinierbar oder mit Alkohol verträglich seien. Das Wort Heroin fiel zwar nicht, doch den Beginn ihrer Ausführungen hatte ich ja verpaßt. Sie wollte anscheinend, daß die Anwesenden von ihren Erfahrungen profitierten!

In unbändigem Zorn riß ich die Zimmertür auf und fuhr Pia voller Verachtung und Entrüstung an: »Sag mal, bist du nicht ganz klar im Oberstübchen? Meinst du wirklich, daß sich die jungen Leute hier für deine blöden Drogengeschichten interessieren? Hast du nichts Besseres zu Andreas' Feier beizutragen? Wie sehr ihr mit eurer Sucht eure Familien tyrannisiert, scheint euch überhaupt nicht klar zu sein. Das ist doch der Gipfel!« Ich steigerte mich in meine Wut und verlor die Beherrschung: »Von mir aus kannst du mit Michael am Rauschgift verrecken! Aber laßt andere aus dem Spiel! Von uns kriegt ihr keine Hilfe mehr!« fauchte ich.

Über den Raum senkte sich eine verdatterte Stille. Hilflos versuchte Pia sich zu entschuldigen, doch Michael gab ihr ein Zeichen, still zu sein. Sie standen wortlos auf und gingen, ohne sich zu verabschieden.

Am Abend saßen wir mit Andreas zusammen. »Was sagst du zu all dem?« fragte ich. »Schockiert dich das nicht?«

»Mich wundert gar nichts mehr«, antwortete er. »Ich hab' schon immer den Verdacht gehabt, daß sie irgendwas nehmen. Aber jetzt ist es ja raus: Sie fressen Tabletten jeder Art und kippen dazu Alkohol, oder auch nicht. Wenn sie mehr Geld hätten, würden sie bestimmt nur harte Drogen nehmen, aber die beiden sind ja viel zu faul! Schlafen bis mittags! Ein halber Tag reicht nicht aus, um genug Geld zusammenzubekommen. Selbst wenn man viel klaut, muß man die Ware ja auch versetzen!«

Mit der Gewißheit, die beiden nun für eine längere Zeit nicht zu Gesicht zu bekommen, gingen wir schlafen.

Pia überraschte uns etwa drei Wochen nach diesem Intermezzo mit einem Besuch. Daß sie allein kam und sich in einer erkennbar schlechten Verfassung befand, ließ uns Böses ahnen. Ihr Gesicht war bleich und kalt, die Lippen schmal und bläulich verfärbt. Bei ihrem Anblick wurde mir bewußt, wie schrecklich mager sie geworden war. Sie zitterte wie Espenlaub und begann zu weinen, noch ehe sie etwas von sich geben konnte. Ich nahm sie spontan in die Arme, drückte sie an mich, strich ihr über das Haar und wollte ihre kühlen, mageren Finger in meinen kräftigen Händen wärmen. Sie kam mir wie ein junges Vögelchen vor, das bibbernd auf einem Ast sitzt und um Hilfe piepst.

Allmählich hatte sie sich wieder in der Gewalt und schluchzte: »Wir sind gestern in der Innenstadt gewesen, und weil wir keine Kohle mehr hatten, wollten wir in der Geschenkabteilung eines Kaufhauses Ware klauen, um sie ins Pfandhaus zu bringen. Ein Kaufhausdetektiv hat uns geschnappt, dann das Übliche: Verhör, Personalien und so weiter. Schließlich durften wir wieder gehen. Wir sind ein paar Blöcke weiter ins nächste Kaufhaus rein.

Wieder hat uns ein Detektiv gesehen, und dann haben uns die Bullen zum Polizeipräsidium gebracht. Weil ich nicht vorbestraft bin, haben sie mich am Abend laufen lassen, aber mit Michael durfte ich nach meinem Verhör nicht mehr reden, und ich hab' bis jetzt nichts mehr von ihm erfahren. Er ist bestimmt in U-Haft!«

In diesem Augenblick schien Pia die Schwächste zu sein, also trösteten wir sie: »Michael meldet sich ganz bestimmt in den nächsten Tagen. Dann weißt du, in welcher Haftanstalt er sitzt und kannst ihn besuchen!« Ja, sie wollte ihn sehen und schwor, so oft es möglich war, ins Gefängnis zu ihm zu gehen. Sie wirkte etwas zuversichtlicher und aß sogar eine Kleinigkeit.

Zwei volle Wochen verstrichen, dann erschien Pia wieder: »Michael hat geschrieben! Eine Besuchserlaubnis habe ich schon. Ich fahr' morgen.« Sie nannte uns die Fahrtzeiten, und wir gaben ihr Geld für den Zug, passende Münzen für den Zigarettenautomaten und dreißig Mark, die sie für Michael einzahlen sollte. Ich erklärte ihr den Wert der Paketmarke, sagte, ich würde die Ware gern mit ihr zusammen einkaufen, könne das aber auch allein erledigen, wenn sie wolle. »Geld«, gab sie zu, »habe ich wirklich nicht! Ich habe gestern Michaels Arbeitslosenunterstützung angenommen und gleich die Miete davon bezahlt. Ich will die Zimmer unbedingt behalten. Wenn er rauskommt, soll er zu mir nach Hause kommen können. Ich bleib' Michael treu. Wir waren so glücklich!«

Pias Bekenntnis zu Michael ließ in uns eine angenehme Ruhe aufkommen. Sie würde sich um ihn kümmern. »Pia, wenn du Hilfe brauchst, dann komm bitte ganz schnell zu uns!« baten Peter und ich. »Wir helfen dir, wo wir nur können. Und wenn du einsam bist oder Sorgen hast, dann sag Bescheid. Wir sind für dich da!«

Pia kuschelte sich fröstelnd in Michaels Strickjacke: »Die ist so schön warm! Ich trage sie jeden Tag. Dann bin ich Michael ganz nah.« Sie wollte Michael Grüße ausrichten und uns in den nächsten Tagen von ihrem Besuch berichten. Aber ich wartete vergebens: Pia kam nicht. Mitte Dezember traf ein Brief von Michael aus einer ganz anderen Haftanstalt ein. Pia habe sich nicht bei ihm blicken lassen und ihm auch nicht geschrieben. Er sei sich sicher, daß sie sich nicht mehr melden würde. Er ließ kein böses Wort über seine Ex-Freundin verlauten, äußerte aber auch kein Bedauern darüber, sie verloren zu haben. Das Unglück, das er empfunden haben muß, teilte er uns nicht mit. Er bat mich lediglich, in sein Gefängnis zu kommen und, wenn möglich, ein Weihnachtspaket zusammenzustellen.

Alles schien auf den Kopf gestellt zu sein: Was war bloß los? Warum hatte uns Pia Geschichten erzählt und Michael gar nicht aufgesucht? Was war aus ihrer großen Liebe geworden?

›Naiv sind wir gewesen, Peter und ich!‹ erkannte ich zerschmettert. ›Wir haben an ein Wunder geglaubt, das aus ihrer beider Liebe erwachsen würde. Sie sind in Wahrheit unheimlich schwach! Sie haben ihre Liebe mit Füßen getreten. Jetzt ist jeder wieder allein und kämpft für sich: Michael im Gefängnis und Pia Gott weiß wo!‹ Ich trauerte um meinen Sohn und um die Liebe der Welt.

Doch es hieß handeln! Ich wählte die Nummer des Arbeitsamts: »Mein Sohn Michael bezieht Arbeitslosengeld. Möglich, daß seine Freundin Pia den Betrag einbehält, obwohl sich mein Sohn in Haft befindet!«

»Ihr Sohn ist volljährig. Ich darf Ihnen keine Auskünfte erteilen«, erklang die stereotype Antwort des Beamten. Doch dann schien er sich Michaels Akte genauer anzusehen, wurde freundlicher und bedankte sich für den Anruf.

»Ich will größeres Unheil verhindern«, entgegnete ich knapp und legte auf.

›Die Wohnung muß gekündigt werden!‹ dachte ich als nächstes und setzte mich mit der Hausverwaltung in Verbindung. Der Sachbearbeiter ließ sich freundlich auf das Gespräch mit mir ein: »Wir sind bereits informiert. Doch die Wohnungsauflösung dauert auch unter diesen Umständen mehrere Monate«, erklärte er geduldig. »Dieses Zwischenspiel frißt ein ganz schönes Loch in unsere Finanzen, das kann ich Ihnen sagen: Außer den ersten Zahlungen haben die beiden nur eine Miete überwiesen! Der Mietausfall und die anfallenden Gerichtskosten gehen von vornherein zulasten des Vermieters, weil solche Leute sowieso nie zahlen . . . Sie helfen uns schon sehr, wenn Sie bereit sind, die Wohnung für Ihren Sohn zu räumen. Den Schlüsseldienst bestelle ich, denn die Schlösser müssen alle erneuert werden. Wir können uns morgen vor der Wohnung verabreden, wenn es Ihnen recht ist!«

Pünktlich erschien ich am nächsten Tag zum vereinbarten Termin. In der Wohnung herrschte ein Chaos erster Güte. Auf dem Fußboden lag Michaels und Pias Kleidung verstreut herum, Bücher, Zeitschriften, persönliche Papiere und Abfälle häuften sich in allen Räumen. Die Küche war völlig verdreckt. Stapel von Geschirr, auf dem Essensreste vor sich hin schimmelten, bedeckten die Spüle, den Küchentisch und den Linoleumboden. Im Schlafzimmer lag nur eine Matratze. Die Bettwäsche war bestimmt Monate lang nicht mehr gewechselt worden. Ansonsten gab es außer in der festinstallierten Küche keinen einzigen Einrichtungsgegenstand mehr in den Zimmern. Der Hauswart kam in die offene Wohnung und erklärte, die Möbel seien alle kürzlich von einem Gebrauchtmöbelhändler abgeholt worden.

»Ich heiße Martinez«, kam er mitteilsam auf mich zu und reichte mir die Hand. In dem Bestreben, mir nicht zu nahezutreten, erkundigte er sich höflich und taktvoll nach Michael: »Ich wünsche ihm, daß es ihm trotz des Gefängnisses gutgeht! Hoffentlich ist das nette Mädchen inzwischen wieder bei seinen Eltern. Gerade diese beiden waren so freundliche und gut erzogene Menschen! Ich habe noch nie ein Paar gesehen, das sich so geliebt hat. Es ist ein Jammer, daß sie nicht fähig waren, besser auf sich aufzupassen!«

Ich hatte meine Pflicht erfüllt. Mehr als die Wohnung dem Vermieter zu übergeben und Michaels Eigentum mit nach Hause zu nehmen, war nicht meine Absicht und wurde auch nicht gefordert. Ich schnürte drei große blaue Müllsäcke zu: Einer enthielt Michaels Sachen, einer Pias und der dritte Abfall. Ich sah mich noch ein letztes Mal um: überall Dreck. Dreck, den jetzt Unbeteiligte beseitigen mußten. Die Aufgabe fiel Herrn Martinez und seiner Frau zu. Ich schämte mich für Michael und für dieses sichtbare Ergebnis meiner Erziehung.

Dann packte ich Michaels Sack an, doch Herr Martinez eilte herbei, um ihn mir abzunehmen. »Sie brauchen sich nicht zu bedanken«, kam er mir zuvor. »Ihre Last ist schwer genug!« Damit trug er Michaels Sachen hinunter und legte sie in meinen Kofferraum. »Da denkt man, man hat eine gute Menschenkenntnis, und was passiert?«

meinte er kopfschüttelnd. »Ich kann immer noch nicht glauben, daß sie süchtig sein sollen. Man sah ihnen rein gar nichts an! Ich wünsche Ihnen und Ihrem Sohn nach dem Gefängnis eine glücklichere Zeit!«

Ich atmete in meinem Auto ein paarmal tief durch. Dann fuhr ich nach Hause. Ich brachte Michaels Kleidung wieder in Ordnung und verstaute sie im gewohnten Wandschrankfach. Die Telefonnummer von Pias Vater lag auf meinem Schreibtisch. Mit glasigem Blick beäugte ich das Telefon. Es mußte sein! »Guten Tag . . .« meldete ich mich mit bekümmerter Stimme. »Ich habe soeben Michaels Wohnung aufgelöst und wollte Sie bitten, Pias Eigentum dort abzuholen. Der Hausmeister wird Ihnen öffnen.« Pias Vater antwortete schlicht: »Gut, ich weiß Bescheid!«

›Ihm ist längst alles klar!‹ erkannte ich.

Ich fragte ihn ungewiß: »War Pia bei Ihnen? Wohnt sie wieder bei Ihnen?«

»Nein, nein!« zerstörte er meine Illusionen. »Ich habe seit Monaten nichts von ihr gehört! Aber ich wußte trotzdem immer, was passiert! Sie und Ihr Mann, Sie haben mir damals nicht geglaubt. Die beiden haben von Anfang an gelogen, und Sie haben sich ausnehmen lassen! So etwas kann man mit mir nicht machen, und das weiß meine Tochter ganz genau!«

Regungslos sah ich nach der Unterhaltung auf den Hörer in meiner Hand, als ob er mir Auskunft geben könnte! ›Warum hat dieser Vater alles gewußt?‹ fragte ich mich. ›Woher hat er seine Informationen bezogen? Nur wir, wir haben nie etwas kapiert! Wir, die wir so viele Gespräche geführt haben, uns bemüht und abgestrampelt haben! Verdammt, die ganze Anstrengung war umsonst. Das Ergebnis wird letztlich von ganz anderen Kräften bestimmt. Von Hinterhältigkeit und Lüge! Wir müssen nicht andere beschützen, sondern uns selbst‹, beschloß ich. ›Wir dürfen uns dem nicht mehr aussetzen!‹

Ich rückte den Stuhl an den Sekretär und schrieb an Michael: »... Leider kann ich Dich vor Weihnachten nicht mehr besuchen. Mir fehlt die Zeit dazu. Die Feiertage und der Urlaub meiner Kollegen bringen für mich Mehrarbeit mit sich. Ich schaffe es nicht, mir einen Urlaubstag zu nehmen! Aber ich denke viel an Dich ...«

Wochen später fuhren Peter und ich an einem widerlichen, naßkalten Wintertag in die Stadt. Auf dem Rückweg sahen wir Pia noch ein letztes Mal. Zuerst fiel mir Michaels Jacke auf, die sich aus einer Gruppe junger Menschen abhob. »Peter, schau mal, da ist Pia! Siehst du, wie sehr sie friert?« sagte ich, und obwohl ich warm und trocken im Auto saß, kroch ein Kribbeln über meinen Rücken. Pia war nicht wiederzuerkennen. Sie hatte deutlich abgenommen, wirkte ungepflegt, und ihr Gesicht hatte die Schönheit von einst ganz verloren. Schon waren wir vorbei. Peter fuhr bei der nächstmöglichen Gelegenheit an die Seite und parkte.

»Die arme Pia!« bemerkte er fassungslos, nachdem er den Motor ausgestellt hatte. »Was können wir tun? War sie es wirklich?« Ja, es war Pia gewesen! Besser gesagt, ein dunkler Schatten ihrer selbst hatte da in der Kälte der Straße gestanden, eingehüllt in Michaels Strickjacke. Wir wollten zurückfahren, sie mitnehmen und wärmen, ihr etwas zu essen geben. Doch dann? Sie einfach von der Straße auflesen, bedeutete nicht, ihre Probleme zu lösen!

»Wenn sie wirklich ihr Leben ändern will«, resignierte Peter, »dann muß sie die Entscheidung selber treffen! Sie weiß, wo wir wohnen. Sie weiß, daß sie zu uns kommen kann. Aber es heißt, solche Menschen müssen erst ganz tief fallen, bevor sie zur Umkehr bereit sind. Wenn es dann nicht schon zu spät ist! Sie muß selbst wollen, sonst hat alles keinen Zweck. Komm, ich fahre weiter! Wir können ihr nicht helfen.«

Schweigend rollten wir durch den Nieselregen. ›Die Erinnerung an Michael ist in ihr lebendig‹, überlegte ich, ›denn sie trägt immer noch seine Jacke! Ach, hätten sie sich doch eine anständige Arbeit gesucht! Wie machtlos sind wir Eltern! Unsere Kinder sind nur Leihgaben ans Leben. Wir dürfen sie großziehen und eine Zeitlang unser nennen. Aber was sie dann aus ihrem Leben machen, das entzieht sich oft unserem Willen. Wir müssen zusehen, wie sich Michael zugrunderichtet. Es ist so traurig!‹ Ich seufzte.

Der Weg ins Nichts

Weihnachten, ohne Michael vorher noch einmal besucht zu haben! Ohne zu wissen, wie er sich fühlte, und ob er gesund war! Dann endlich, der erste Besuch. Mein Gott, war ich froh, meinen Sohn zu sehen, ihn berühren zu dürfen und festzustellen, daß er wohlauf war! Und auch Michael freute sich wahnsinnig. In seinen Augen lag ein kindlicher Glanz. Er empfand mehr als das: Für ihn war mein Besuch lebensnotwendig.

Mit dem Verlust von Pia hatte er sich abgefunden: »Auch wenn du das nicht verstehst, Mama, es ist schon in Ordnung! Ich weiß, daß sie so handeln mußte. Natürlich hab' ich gehofft, daß sie kommt und mich nicht allein läßt. Die ersten Wochen hier waren die Hölle. Ich war unglücklich, verzweifelt und die ganze Zeit krank . . . Aber die Krankheit kennst du ja.«

Ich senkte den Kopf: »Du hast dich schlecht gefühlt? Und jetzt – bist du jetzt wieder gesund?«

»Aber ja, das siehst du doch, Mama. Mir geht's gut. Ich konzentrier' mich nur noch auf die Zeit hier. Es werden bestimmt zwei Jahre, vielleicht auch drei!«

Über Pia und darüber, welches Leben sie zusammen geführt hatten, sprachen wir nicht. Ich stellte ganz behutsame, vorsichtige Fragen, aber Michael schlüpfte wie ein

Aal durchs Netz oder wechselte einfach das Thema. Der vergangene Sommer, Pia und all die Ereignisse blieben sein Geheimnis.

»Okay, Michael, du willst nicht darüber reden«, resümmierte ich, »aber bist du in der Lage, positive Konsequenzen aus den Geschehnissen zu ziehen?« Ich erhielt eine flache, nicht zu Ende gedachte Antwort: »Na klar! Meinst du, ich mach' so etwas noch einmal?«

›Ich muß ihn dazu anregen, mehr über sich selbst nachzudenken!‹ überlegte ich. ›Natürlich sollen ihn meine Besuche moralisch unterstützen, aber meine eigentliche Aufgabe ist es, mehr zu bewirken!‹ Laut sagte ich: »Michael, du mußt dein Verhalten ändern! Du schadest dir selbst. Und die Gesellschaft präsentiert dir dafür die Rechnung – wie jetzt!«

Ich beabsichtigte, ihm Denkansätze anzubieten, die er mit in die Einsamkeit nehmen sollte, in seine mir unbekannte Zelle hinter diesen furchterregenden Mauern. Er sollte die ihm hier verordnete Zeit konstruktiv gestalten.

»Mama, mach dir keine Sorgen! Bisher habe ich viel Scheiße gebaut, das weiß ich auch. Warum, das blick' ich selbst nicht richtig! Glaubst du, ich denke da nicht von allein drüber nach? Wenn ich rauskomme, dann wird alles besser. Dann fängt mein Leben überhaupt erst an. Dann werdet ihr euch über mich wundern: Ich kann auch vernünftig sein!«

Plapperte er einfach nur? Dachte er wirklich nach? Simulierte er? Ich war mir nicht ganz sicher: »Wenn du nicht verstehst, warum du dich so verhalten hast, dann geh in eine fachärztliche Behandlung, Michael! Bestimmt kannst du hier im Gefängnis auch an Gruppengesprächen teilnehmen, vielleicht sogar Einzelgespräche erwirken!«

»Komm, hör auf mit dem Unsinn!« Michael sperrte sich wieder. »Ich hab' mich noch nie besser gefühlt. Ich brauche keinen Arzt!«

»Was du brauchst ist einen Gesprächspartner!« beharrte ich. »Jemanden, der dir zuhört und deine Gedanken ordnet. Jemanden, der Schlußfolgerungen aus dem zieht, was du sagst, und dir diese mitteilt. Nur in Gesprächen über einen längeren Zeitraum hinweg kannst du lernen, über dich nachzudenken. Nur dann hast du die Möglichkeit, dich wirklich zu ändern!«

»Mama, ich will nichts mehr davon hören!« stöhnte Michael verärgert. »So einen Schwachsinn mache ich nicht mit! Weißt du, was wichtig ist? Die Zeit im Knast heil zu überstehen! Das ist das einzige, worauf es ankommt!«

Ich ließ nicht locker, zwang ihn, mich anzuhören: »Ach was! Du mußt dich selbst überhaupt erst mal kennenlernen! Irgendwann in der Vergangenheit hast du das Vertrauen zu den Menschen verloren. Du hast kein Urvertrauen. Mit dir ist etwas schiefgelaufen. Du mußt das klären! Eine Lebensveränderung kommt nicht von allein, wie du dir das vorstellst! Du wirst genau da weitermachen, wo du aufgehört hast. Hier im Gefängnis wirst du doch nur aufbewahrt, sonst gar nichts. Du mußt selbst aktiv werden, an dir arbeiten, entdecken, was dich aus der Bahn geworfen hat!«

Doch gerade das wollte er nicht! Parallel zu unseren Unterhaltungen über dieses Thema steigerte sich Michaels Ablehnung. Ich verstand ihn nicht. Was sollte werden? Sah er denn immer noch nicht ein, daß er sich in die Hände von Spezialisten begeben mußte? Daß er psychisch völlig aus dem Gleichgewicht geraten war, daß er sich asozial verhielt und eindeutig ein Problem hatte?

Ich änderte meine Taktik. Vielleicht könnte ich ihn dazu überreden, nach der Entlassung in eine Wohngruppe zu gehen! Das wäre eine Perspektive! Resolut bestimmte ich: »Du mußt dich damit abfinden: Du brauchst Hilfe! In einer Wohngruppe wirst du von Sozialarbeitern betreut. Wir können dir die Unterstützung, die dich weiterbringen würde, nicht bieten, das hat die Vergangenheit bewiesen. Also, denk bitte darüber nach!«

Michael versuchte, auf mich einzureden und mich umzustimmen, sagte, er wolle sich sein Leben von niemandem vorschreiben lassen, sich niemandem unterordnen und sich keinen Zwängen aussetzen. Bei meinen nächsten Besuchen aber begann er, etwas nachzugeben. Er merkte, daß ich mich von meiner Idee nicht abbringen ließ. Dumm war er nicht. »Ich hab' mich jetzt langsam an den Gedanken gewöhnt, nicht mehr nach Haus' zu kommen«, reichte er mir die Hand. »Die Aussicht, später in eine Wohngruppe aufgenommen zu werden, gefällt mir sogar!«

»Ich freu' mich, Michael! Du hast die richtige Entscheidung getroffen.« Ich meinte, einen kleinen Sieg errungen, wenigstens seinen Verstand geweckt zu haben. Nach einer dieser Unterredungen ging ich zur Sozialarbeiterin des Gefängnisses: »Könnten Sie nicht auf Michael einwirken und ihm Vorschläge zur Unterbringung in einer Wohngruppe machen? Mein Mann und ich, wir können ihn nicht wieder aufnehmen und werden es auch nicht tun! Er muß in geschulte Hände übergeben werden, an ein regelmäßiges Leben und an Arbeit herangeführt werden. Wir sind mit Michael überfordert. Eine Wohngruppe haben wir mit ihm noch nicht ausprobiert. Vielleicht wäre das ein Weg!«

»Ihr Sohn ist bereits bei mir gewesen«, lächelte die Sozialarbeiterin zu meiner Überraschung. »Er hat sich bei mir erkundigt und die nötigen Unterlagen mitgenommen! Er muß sich allerdings schnell entscheiden, denn die Wartezeiten sind extrem lang!« Sie registrierte meine Freude und Erleichterung. »Ich muß Ihnen noch eins sagen«, fügte sie ernster werdend hinzu. »Die Zeit hier ist sehr lang. Am Ende sehen die meisten Häftlinge nur noch die Entlassung und die Freiheit, die vor ihnen liegt. Viele von ihnen wollen sie auskosten und gehen dann doch nicht in eine Wohngruppe, obwohl sie einen Platz bekommen hätten. Leider, aber die Erfahrung zeigt's! Sie bräuchten dringend jemanden, der sie begleitet, doch angesichts der Reglementierungen, die sie in einer Wohngruppe erwarten, ändern manche ihren ursprünglichen Willen . . .«

›Natürlich‹, dachte ich bei mir, als ich das Gefängnis verließ, ›Unwägbarkeiten gibt es immer und überall. Aber Michael hat sich dafür entschieden, und ich werde dafür sorgen, daß er an diesem Weg festhält. Das ist seine letzte Chance!‹

Draußen auf der Straße sog ich den warmen Sommertag mit allen Poren auf. Nachdem ich die Gefängnistore hinter mir gelassen hatte, beschloß ich, dieses Mal nicht mit dem Bus zu fahren, sondern zu Fuß zum Bahnhof zu spazieren. ›Mein Sohn kümmert sich jetzt um seine Zukunft! Er wird bald ein geordnetes Leben führen. Ein Leben, das wert ist, gelebt zu werden!‹ Ein zufriedenes Lächeln umspielte meine Lippen bei dem Gedanken an Michaels Bereitwilligkeit. Ich ging unter den beschützenden Laubkronen grüner Bäume Richtung Bahnhof, vorbei an den gepflegten Gärten mit ihrer wunderschönen, bunten Blumenpracht. Ich machte vor einem Handarbeitsgeschäft halt, vor dessen Ladentür ein einladender Korb mit verschiedenen Wollknäueln stand. Ich suchte mir eines aus grünem Bouclégarn heraus, das die Farbschattierungen dieses Sonnentags widergab. Als wollte ich meinen Besuch bei Michael mit mir mitnehmen, kaufte ich das Knäuel im Überschwang meines Glücksgefühls. Diese Wolle habe ich heute noch. Ich habe sie nie verarbeitet, sondern sie wurde für mich – wenngleich damals unbewußt – ein Stück Erinnerung . . .

Freudestrahlend erzählte ich zu Hause, ich hätte Michaels Gewissen wachgerüttelt und er hätte eingesehen, daß er sich ändern müsse. »Er hat sich an seine Sozialarbeiterin gewandt und schon Aussicht auf einen Platz in einer schönen Stadt!« sprudelte es aus mir heraus. »An den Wochenenden könnte er zu uns kommen. Irgendwann wird er sich soweit gefestigt haben, daß er Arbeit übernimmt.«

Verwundert machte Peter hier und da einen Einwand, spann den Faden weiter, den ich auslegte. »Jetzt wird es aber auch höchste Zeit!« lehnte er sich schließlich befriedigt zurück. »Ich hatte schon Angst, er würde bis ans Ende seines Lebens im Elend versacken.« In der Tiefe seines Herzens glaubte er noch an das Gute in seinem Sohn.

Andreas hatte unsere Wortwechsel aufmerksam verfolgt. Nach einer Weile hielt er es an der Zeit, uns seine Meinung mitzuteilen: »Ich will euch nicht enttäuschen, aber ich bin davon überzeugt, daß Michael niemals in eine Wohngruppe gehen wird! Das entspricht einfach nicht seinem Wesen. Ihr geht von ganz falschen Voraussetzungen aus. Ihr glaubt, Michael könne sich so, wie er ist, nicht wohlfühlen. Doch darin liegt euer Irrtum! Ich bin der Auffassung: Er fühlt sich wohl! Er liebt sein Leben, so wie er es führt. Er will es nicht ändern, und ebensowenig wird er regelmäßig arbeiten. Ihr habt die Schwierigkeiten, ihr macht`euch kaputt! Weil ihr Michael nicht akzeptieren könnt. Aber glaubt mir, er lebt in einer anderen Welt als ihr!«

»Na ja, jetzt übertreibst du aber etwas«, schaltete sich Peter ein. »Willst du behaupten, daß ein Mensch, der ständig zwischen Straftaten, Gefängnis, Alkohol und Drogen hin und her pendelt, zufrieden sein kann? Vielleicht bist du noch zu jung, um das zu überblicken.«

»Gut, dann bin ich eben zu jung. Aber seht euch Michael doch einmal an, wenn er mit seinen Leuten zusammen ist! Sagt bloß, da sieht er unglücklich aus! Nein, er will genau so sein! Für ihn ist das die Normalität. Sie wird nur durch eure Ablehnung anormal! Er ist nicht von Grund auf schlecht, nur anders.«

Über solche Erörterungen dachte ich oft nach, wenn ich jeden vierten Sonnabend zu Michael fuhr. Zeit genug dafür hatte ich, denn im günstigsten Fall benötigte ich für die Anfahrt zweieinhalb Stunden, um mit meinem Sohn dreißig Minuten lang reden zu dürfen. Insgesamt saß ich jedes Mal fünf Stunden im Zug, im Bus und in der Straßenbahn. Das kostete mich natürlich nicht nur meine Freizeit, sondern auch Geld. Um Michael das Leben im Gefängnis zu erleichtern, gab ich pro Jahr mein Gehalt eines Monats aus.

Doch mit dem Wechsel der Jahreszeiten verlor das Betreten des Gefängnisses seine abschreckende, quälende Wirkung auf mich. Im Gegensatz zu den tristen Betonburgen, die ich von früher kannte, war diese Haftanstalt ein altes Gebäude aus roten Ziegelsteinen, an dessen Innenhofwänden sich nach Durchschreiten eines kunstvoll gestalteten Torbogens wilder Wein emporrankte. Er erinnerte mich an das Haus, in dem ich meine Kindheit verbracht hatte.

Das Besuchszimmer war ausgesprochen kommunikativ gestaltet: Es war ein großer Raum mit zehn Tischen, die stets von den Häftlingen und ihrem Besuch besetzt waren. Auf die direkte Bewachung der Gespräche durch einen Beamten wurde vollkommen verzichtet. Auch das kannte ich nicht. Die Luft war durch die Geräusche der Sprechenden erfüllt, und die zwei großen Fenster trugen zu der entspannten Atmosphäre bei.

Zu meiner Freude durfte man die Gesprächszeit immer etwas überziehen. Anschließend ging ich mit Michael gemeinsam aus dem Zimmer und eine kleine Treppe hinunter zum Hof. Hier erst verabschiedeten wir uns. Ein Wärter begleitete Michael über die Pflastersteine auf die gegenüberliegende Seite, und über ein paar Stufen gelangten sie durch eine alte Glastür hindurch in Michaels Zellentrakt. Ich blieb auf meiner Seite stehen und sah ihm nach. Michael vergaß nie, sich noch einmal umzudrehen und mir zuzuwinken, auf mein Winken noch einmal zu antworten. Und tatsächlich, in diesen Momenten lächelte er.

Mit diesem positiven Eindruck verließ ich beruhigt das Gefängnis, um gleich darauf fieberhaft auf den Bus zu warten, der mich zum Bahnhof brachte. Ich wollte mich um keinen Preis eine Minute länger als unbedingt nötig an diesem Ort aufhalten. Die Stadt mit ihren vielen Sehenswürdigkeiten habe ich nie kennengelernt. Nur ganz selten erwischte ich einen Zug, auf den ich nicht oder nur kurze Zeit warten mußte. In der Regel verbrachte ich mindestens eine halbe Stunde in dem belebten Bahnhofsgebäude. Ich machte es mir daher zur Gewohnheit, eine Tasse Kaffee an einem Stand in der Nähe des Bahnhofseingangs zu trinken.

Eines Tages sprach mich hier eine Frau schüchtern an: »Entschuldigen Sie, ich komme gerade vom Gefängnis. Sie waren doch auch da?«

Ich war überrascht und wollte zunächst nicht antworten. ›Die Frau wäre mir aufgefallen!‹ dachte ich, denn sie war hochschwanger und, obwohl es Winter war, nur mit einem dünnen Sommerrock und einer Strickjacke bekleidet. ›Sie muß ja furchtbar frieren!‹ sinnierte ich. ›Aber wahrscheinlich sind das die einzigen Sachen, die ihr noch passen!‹ Ich zog mir meinen dicken Wintermantel, in dem mir sogar noch kalt war, um die Taille fest zu und verschränkte die Arme.

Ehe ich mich zu einer Antwort durchringen konnte, sprach sie bereits weiter: »Wir sind vorhin mit dem gleichen Bus zum Gefängnis gefahren, und ich habe mich sehr darüber gewundert, daß Sie genau wie ich dort ausstiegen. Ich habe mir überlegt, wen Sie wohl besuchen müssen. Und dann habe ich Sie mit Ihrem Sohn an dem Tisch gegenüber sitzen sehen. Das war doch Ihr Sohn, oder?«

»Ja, ja, das ist mein Sohn!«

»Sehen Sie: Das habe ich mir gedacht! Er ist Ihnen ähnlich, sie konnten nur die Mutter sein! Komisch: Obwohl Ihr Sohn ganz anders aussieht, sind Sie sich doch so ähnlich!«

Ich konnte gar nicht glauben, daß ich sie mit dem dikken Bauch und der dünnen Kleidung weder im Bus noch im Gefängnis noch auf der Busrückfahrt bemerkt haben sollte. ›So weit ist es mit dir gekommen!‹ sagte ich mir. ›Du läufst blind durch die Welt.‹

Um irgend etwas zu tun, bestellte ich für uns erst einmal zwei Tassen Kaffee, und die Frau erzählte weiter: »Ich habe meinen Mann besucht. Es war furchtbar. Wenn er bloß nicht so aufbrausend wäre!«

»Ach, ich erinnere mich . . . ja: Es ist jemand laut geworden! Das war Ihr Mann?«

»Ja, das war mein Mann. Ich hatte schon große Angst, daß der Beamte den Besuch abbricht! Dann wäre die ganze Fahrt für mich umsonst gewesen . . . Ich verstehe meinen Mann nicht: Da schreit er mich doch tatsächlich an, weil ich kein Geld für seinen Einkauf im Gefängnis überweisen kann! Dabei muß ich schon das Fahrgeld für den Besuch zusammensparen. Ich weiß sowieso nicht, wie wir das alles hinbekommen sollen. Wir haben Schulden: Mein Mann fährt immer betrunken Auto. Er hat schon viele Autos kaputtgefahren, die alle noch nicht bezahlt sind. Andauernd hat er wegen Verkehrsunfällen mit dem Gericht zu tun. Und ständig hat er einen in der Krone! Dann haben sie ihm den Führerschein abgenommen, aber er hat sich wieder einen Wagen gekauft und sich blau ans Steuer gesetzt. Deshalb ist er jetzt hinter Gittern. Er hat dabei einen Unfall gebaut. Können Sie sich so etwas vorstellen?«

Mitfühlend hörte ich der Frau zu, sagte nur etwas, wenn sie eine Antwort erwartete. ›Mit irgend jemandem muß sie reden!‹ dachte ich.

»Ich hatte gehofft, daß mein Mann wenigstens zur Geburt des Kindes zu Hause ist! Ich muß doch an das Baby denken! Wir müssen für seine Ausstattung sparen. Wir wohnen in zwei Zimmern ohne Bad. Da kann ich das Kleine nicht aufwachsen lassen. Was soll ich bloß machen?«

»Wann soll Ihr Kind denn kommen?« fragte ich sanft.

»In vier Wochen. Ich dachte, mein Mann würde mir dabei helfen, eine Wohnung zu finden. Irgendwie müssen wir uns auch einrichten, wir haben keine Möbel. Und statt dessen meckert er mich hier an: Ich sei geizig und wolle ihn ärgern! Er war wütend, weil ich das kaputte Auto verkauft habe. Aber sagen Sie mir: Was will er mit dem Schrottblech? Der bekommt nie wieder einen Führerschein, und die Steuern und Versicherungen können wir uns ohnehin nicht leisten. Sie machen sich gar keinen Begriff davon, wieviele Schulden wir haben: all die kaputtgefahrenen Autos, die Gerichtskosten und Forderungen durch Unfälle . . . Glauben Sie mir, in dem Berg Rechnungen und Mahnungen finde ich mich nicht mehr zurecht! Mir scheint, mein Mann macht sich überhaupt keine Sorgen. Nun soll ich ihn bedauern, weil er im Gefängnis steckt, dabei habe ich ganz andere Probleme. Mein Kind kommt in vier Wochen, und ich stehe mit leeren Händen da. Dabei war mein größter Wunsch, daß mein Kind es einmal besser haben sollte als ich und nicht so armselig aufwachsen würde. Sagen Sie mir: Wie soll ich das bloß alles schaffen?«

Ich dachte, sie müsse sich scheiden lassen. Allein könnte sie es schaffen. Aber laut entgegnete ich: »Sie dürfen sich jetzt nicht so aufregen. Das ist nicht gut für das Kind. Und es soll doch einmal glücklich werden! Die zwei Zimmer reichen erst mal für Sie und das Baby. Ihr Mann ist ja nicht da. Ohne ihn haben Sie bestimmt genug Zeit und Ruhe und können das Kind gut versorgen. Wer weiß, vielleicht würde ihm das Kindergeschrei gar nicht gefallen, und sicherlich weint das Baby in den ersten Wochen!«

»Sie haben recht. Davor habe ich auch große Angst. Eigentlich braucht ein Kind einen Vater. Doch manchmal denke ich, es wäre besser, wenn das Kind diesen Vater nicht hätte! Aber eine Scheidung: Daran darf ich gar nicht denken! Die wäre furchtbar. Ich weiß gar nicht, wie ich das machen soll!«

Ich riet ihr, im Fall einer Scheidung weit wegzuziehen, ganz woanders hin. Möglich, daß er dann da bleiben würde, wo er immer gewohnt und seine Trinkbrüder hatte.

»Ich weiß nicht, ich weiß nicht! Ich glaube, er freut sich gar nicht auf das Kind,« seufzte sie und wiederholte dann: »Ich muß an mein Kind denken!« Das waren Gedanken, die sie sehr beschäftigten.

Während des weiteren Gesprächs waren wir aus dem Bahnhofsgebäude hinausgeschlendert, doch der Frau wurde natürlich kalt, und wir gingen wieder zurück. Wir tranken noch einen Kaffee, und ich forderte sie auf, sich ein belegtes Brötchen auszusuchen. Endlich fanden wir eine freie Bank, und sie nahm aufatmend Platz. Plötzlich sprang sie entsetzt hoch: »Mein Zug fährt jede Minute! Ich muß mich beeilen. Wenn ich diesen Zug verpasse, habe ich keinen Anschluß mehr und komme heute nicht nach Hause!«

Hastig bahnten wir uns einen Weg zu ihrem Bahnsteig.

»Ich bin so froh, daß ich mit jemandem sprechen konnte!« Die Frau stand jetzt in der Zugtür. »Sie haben mir so geduldig zugehört! In unserem Dorf sehen mich alle schief an. Und ich schäme mich auch, wirklich wahr! Ich will da eigentlich gar nicht mehr wohnen. Wenn ich wenigstens Eltern hätte! Vielleicht würden die mir ja helfen. Aber ich habe keinen Vater, keine Mutter und auch keine Geschwister . . .«

Vieles hatte mir die schwangere Frau anvertraut, aber vieles hatte sie gewiß auch unausgesprochen gelassen! Ich verabschiedete mich von ihr und wünschte ihr und ihrem Baby alles Gute: »Zunächst ist es ganz wichtig, daß Sie Ihr Baby lieben. In dieser Liebe werden auch Sie Sicherheit finden! Wenn das Kind erst einmal da ist und Sie es beschützen müssen, dann wird Ihnen vieles gelingen. Glauben Sie mir! Dann geht alles leichter. Wenn Ihr Kind Ihnen wichtig ist, dann bin ich ganz sicher, daß Sie immer richtig entscheiden werden!«

Aufmunternd winkte ich ihr nach. Mein Zug war schon vor einer halben Stunde ohne mich abgefahren . . .

In meinem Abteil überdachte ich auf der Heimfahrt mein eigenes Schicksal: Zwangsläufig werden auch Sorgenkinder einmal erwachsen. Seit Michael seine Lehre abgebrochen hatte, hatte er nichts dazugelernt, außer vielleicht, seine Verstöße gegen Recht und Ordnung besser zu vertuschen. Vom jugendlichen Straftäter war er zum mündigen Wiederholungstäter geworden. Unter Einbeziehung der zwei vorangegangenen Bewährungsstrafen schätzte Michael seine Gesamtstrafe – so hatte er sich mir jetzt gegenüber ausgedrückt – mittlerweile auf etwa drei Jahre.

»Ich kann nur hoffen«, sagte er kurz vor der Verhandlung etwas aufgeregt zu mir, »daß die mir nicht noch ein paar Monate mehr aufbrummen. Dann werde ich nämlich in eine andere Haftanstalt verlegt! Hoffentlich berücksichtigen die Richter diesen Punkt . . . Ich hab' mich hier so gut eingelebt!«

Ich wohnte dem Prozeß wie gewohnt als Zuschauerin bei. Nach dem mir bekannten Verfahren erfolgte zunächst die Feststellung der Personalien, dann das Verlesen der Vorstrafen und schließlich die Bekanntgabe der Anklageschrift. Der erste Anklagepunkt bestand aus zwei Kaufhausdiebstählen. »Meine Freundin und ich«, beteuerte Michael, »waren damals wirklich in Not. Wir brauchten dringend Geld, um uns Essen zu kaufen. Mehr Diebstähle haben wir nicht verübt!«

Wohl wissend, wie ich reagieren würde, hatte mich Michael über mehrere Anklagepunkte nicht aufgeklärt. Der Vorwurf, er habe sich ein Gramm Heroin nachweislich von einer genannten Person gekauft, traf mich unvorbereitet! »Ich habe es mir zusammen mit meiner Freundin im vorigen Sommer auf einem Stadtfest geben lassen«, gab Michael zu. »Einfach aus Neugier. Wir wollten das mal ausprobieren.«

»Sind Sie drogenabhängig?« hallte es durch den Gerichtssaal. »Ich weise Sie darauf hin, daß Sie bei einer erwiesenen Drogensucht die Möglichkeit haben, sich statt der zu erwartenden Gefängnisstrafe einer Therapie zu unterziehen!«

Michael verneinte eine Drogensucht: »Von einmal Heroin muß man ja nicht gleich süchtig werden . . .«

»Nicht von einmal Heroin«, erwiderte der Richter, »aber haben Sie Tabletten oder andere Rauschmittel zu sich genommen?«

»Eine Zeitlang habe ich vom Arzt Tabletten verschrieben bekommen, weil ich so nervös bin und um meinen Alkoholkonsum zu reduzieren!« antwortete Michael ohne Umschweife.

›Ja, ja‹, nickte ich verbittert, ›mach nur weiter so! Pia

und du, ihr habt euch auf Krankenschein Aufputschmittel besorgt! Ich kenne dich: Auf eine Therapie willst du dich nicht einlassen, weil du da hart an dir arbeiten müßtest! Das Gefängnis brauchst du nur auszuhalten . . .‹

Ein Zeuge wurde in Handschellen hereingeführt. Es war ein gepflegter, gutaussehender Mann. Wie ich erfuhr, befand er sich zur Zeit wegen Verdacht auf Drogenhandel in U-Haft und hatte in seinen Vorverhören angegeben, Michael sei der Käufer eines Gramms Heroins gewesen. Im Verhandlungsraum schienen sich die beiden durch eine stumme Körpersprache zu verständigen. Der Blick des Mannes sagte meinem Sohn: ›Ich habe nicht anders handeln können! Tut mir leid, ich mußte deinen Namen nennen!‹ Und Michael reagierte seinerseits, als würde er das als Tatsache hinnehmen und auch entschuldigen.

Kernpunkt der Zeugenbefragung war, ob es sich wirklich nur um ein Gramm Heroin gehandelt habe und weshalb dem Dealer dieser Verkauf so gut in Erinnerung geblieben sei. Die Aussagen wirkten wie abgesprochen. Der Zeuge versicherte, daß er kein Großhändler sei und daher im Gedächtnis behalten könne, wem er was wann verkaufe. Michael habe außer einem Gramm Heroin niemals vorher oder nachher etwas bei ihm gekauft. Das Parkfest sei nun einmal ein besonderer Tag im Jahr . . .

Nächster Punkt: Fahrgelderschleichung – selbstverständlich, die durfte nicht fehlen. »Infolge Ihrer Unbelehrbarkeit«, beschied der Richter, »wird in Zukunft allein auf Grund des Tatbestands des Fahrens ohne gültigem Fahrschein eine Haftstrafe gegen Sie ausgesprochen werden müssen!«

Das Strafmaß, in Monaten formuliert, jedoch ohne Bewährung, lag unter Hinzurechnung der Reststrafen und abgerundet auf eine Gesamthaftzeit gerade noch in dem Bereich, der es Michael erlaubte, in seinem alten Gefängnis zu bleiben.

Nach der Verhandlung durften wir uns wenige Minuten lang sprechen. Michael war mit dem Ergebnis mehr als zufrieden.

»Einmal Weihnachten hast du schon überstanden«, redete ich ihm gut zu. »Nächsten Sommer wirst du fünfundzwanzig. Da hast du schon zwei Drittel deiner Strafe verbüßt. Vielleicht wird dir der Rest dann noch einmal zur Bewährung ausgesetzt!«

Zwei Beamte nahmen Michael in ihre Mitte und führten ihn ohne Handschellen ab. Ich blieb eine Sekunde stehen, dann lief ich ihnen nach. Indem wir uns zu viert unterhielten, begleitete ich Michael bis zu der Tür, durch die er allein gehen mußte. Die Einsamkeit, die ihn in der Zelle des Gerichtsgebäudes empfangen würde, drängte sich in mein Bewußtsein. ›Hoffentlich muß er nicht zu lang allein sein!‹ wünschte ich still. ›Wenn er doch bloß schon heute in seine Haftanstalt zurückgebracht werden würde!‹

Können Menschen wie Michael durch eine Haftstrafe geläutert werden? Wird er nach all der Untätigkeit in dem Gefängnis in der Lage sein, seinem Leben eine konstruktive Wende zu geben? So fragte ich mich. Oder war es nicht eher wahrscheinlich, daß das Gefühl der permanenten Unterdrückung noch stärkere zerstörerische Kräfte in ihm freisetzte? Ich stellte mir vor, wie sein Geist abstumpfen mußte. Wenn er sich nahtlos fügte – was Michael gewiß tat –, dann konnte er sein Nachdenken auf ein Minimum reduzieren: Wo er schlafen wollte, wer ihm die nächste Mahlzeit geben würde oder womit er sein nächstes Bier bezahlen sollte – all das brauchte ihn in der Haftanstalt nicht zu beschäftigen.

»Mama! Ich arbeite jetzt!« strahlte mich Michael bei meinem nächsten Besuch an. »Rat mal als was! – Als Buchbinder!« Eifrig übergab er mir zwei selbstgefertigte Notizbücher. »Das mit dem roten Einband ist für dich, das mit dem blauen für Papa«, sagte er. In Goldbuchstaben hatte er unsere Namen darauf geschrieben.

»Oh danke, Michael!« freute ich mich. Seinen Erzählungen zufolge schien ihm diese Tätigkeit sehr zu gefallen. »Vielleicht kannst du später daraus einen Beruf werden lassen?« hoffte ich. »Na ja, das wird sich zeigen. In der Geborgenheit der Wohngruppe werden dich Fachleute begleiten. Du wirst auf Verständnis und Vertrauen stoßen und das für dich auswerten können, Michael. Dann wirst du auch Zutrauen zu dir selbst finden.«

Ganz allmählich entwickelten wir zu Hause aus dem Gefühl, alles nicht mehr ertragen zu können, in zunächst ganz unbemerkten Schritten eine günstigere Sicht der Dinge. Wie die Ruhe den Sturm ablöst, so senkte sich über unsere Wohnung der Frieden. Wir genossen es, nicht mehr mit unangenehmen Überraschungen rechnen zu müssen, keine Anrufe mehr von Leuten zu erhalten, mit denen wir nicht sprechen wollten, keine Fremden oder Polizeibeamten an der Wohnungstür zu empfangen, die uns Fragen stellten. Kein Michael mehr, der nachts abgerissen und nach Alkohol stinkend ins Bett stolperte! Niemand mehr in unserer Wohnung, dem wir mißtrauen mußten. Wir brauchten unser Geld nicht mehr zu hüten und unseren Schmuck nicht länger zu verstecken. Die

Hausbar war jetzt aufgeschlossen, und unser Kontominus verringerte sich beständig!

Es kam der Punkt, an dem sich die Diskussionen um Michael erschöpft hatten. Alles war längst gesagt worden. Die Beeinflussung des Unmöglichen hatte nicht stattgefunden. Was sollte es – wir wollten nicht mehr daran erinnert werden, wollten ab jetzt lachen und fröhlich sein! Wir hatten uns bemüht, uns an Versprechungen geklammert, bis an den Rand des Wahnsinns gekämpft. Nun wollten wir einfach nur leben. Leben, ohne Angst haben zu müssen.

Ich rang mich langsam zu der Erkenntnis durch, unterdrückt worden zu sein. Es gelang mir, die Notwendigkeit, uns Michael vom Leib zu halten, einzusehen. Aus der Entfernung, wenn er zum Beispiel in einer Wohngruppe leben würde, sollte er jede erforderliche Hilfe von uns erhalten! Gemeinsam mit Peter hoffte ich auf den Tag, an dem Michael unsere Liebe erkennen würde, unsere Verweigerung nachvollziehen und uns verzeihen könnte.

Die lange Phase der Gesundung unseres Geistes mündete nun darin, daß ich die Reisen zu Michael immer ruhiger und gelassener erlebte. Obwohl ich zu meinem Sohn fuhr, der ein Strafgefangener war, ließ ich die Landschaft und die Orte entspannt vor dem Zugfenster an mir vorüberziehen und schwelgte verträumt in der Vergangenheit. Ich ließ Bilder in mir Revue passieren, spürte, wie Szenen aus längst vergangenen Zeiten in mir lebendig und Gefühle wieder in mir wach wurden. Ich gab mich ganz meinem Inneren hin. Durch die Fahrten zum Gefängnis und die vielen Erinnerungen, die dabei in mir aufstiegen, legte sich schrittweise meine seelische Zerrüttung, schloß sich für mich ein Kreis.

Wie war Michael niedlich gewesen, mein süßes, kleines hübsches Kind! Es hatte gar nichts mehr gemein mit meinem erwachsenen Sohn, den ich gerade besuchen fuhr! Warum war es mir nicht gelungen, ihn zu beschützen? Woran war dieses zarte Menschlein zerbrochen? Bei genauer Überlegung hatte es sich schon als Säugling verweigert, von den ersten Lebensminuten an, als es nicht trinken, und später, als Michael nicht essen wollte. Hatte ich ihm als Baby das Vertrauen genommen? Hätte ich damals nicht arbeiten und mehr Zeit für ihn haben sollen? Aber wie hätten wir dann unsere Geldnot bewältigt? Wieviel Liebe und wieviele Ängste verbanden mich mit meinem ersehnten Sohn!

Ich fand keine Erklärung dafür, daß dieser Junge, der durch seine Weichheit und seinen Charme die Zuwendung aller uneingeschränkt erfuhr, auch Tadel und Strafe in den Bereich positiver Aufmerksamkeit einzuordnen begann! Rückblickend, sozusagen im Zeitraffer und aus der heutigen Sicht, stellte es sich mir so dar, daß er jede Chance genutzt hatte, um im Mittelpunkt zu stehen. Immer wieder kehrten meine Überlegungen in sein Kleinkindalter zurück, damals, als die Nachbarin Michael vormittags nicht mehr versorgen wollte und ich als Briefträgerin arbeitete. Im Interesse des Kindes hätte ich aufhören müssen. Aber es fehlte nur noch ein knappes Jahr, bis Michael drei gewesen und in den Kindergarten gegenüber gekommen wäre! Hätte man mich in einem Jahr wieder dort eingestellt? Die Tatsache, daß der Kindergarten mittags von zwölf bis zwei Uhr geschlossen war, hätte gar keine andere Arbeitszeit zugelassen. Der Job war ideal.

In diesem einen Übergangsjahr hatte Michael jedoch

sehr viele wechselnde Bezugspersonen: Er war von der Familie eines Arbeitskollegen bei der Post in die Hände meiner Schwester, die zwei Kinder hatte, gewandert, kam dann in die Obhut einer lieben, älteren Dame, bis er schließlich in einem Ganztagskindergarten aufgenommen wurde, den er aber nach seinem dritten Geburtstag gegen den anderen, nähergelegenen Kindergarten eintauschte. Während mich der Zug sanft hin- und herschaukelte, erinnerte ich mich an ein Gespräch mit dem Schulpsychologen: ›Solange sich die Mütter in der verbleibenden Zeit intensiv um ihr Kind kümmern, schadet die Berufstätigkeit der Mutter niemandem‹, hallten seine Worte in mir nach. ›Ihr Sohn hat eine feste, unerschütterliche Bindung an beide Elternteile, sie ist sogar sehr ausgeprägt. Und diese Bindung wird im Kleinkindalter erworben. Also vergessen Sie Ihre Zweifel!‹

Michaels Babygesicht tauchte im Geist vor mir auf. Was war das Füttern für eine Tortur gewesen! Es hat mich wirklich Nerven gekostet. Um ihn zu wecken, habe ich ihn damals oft geschüttelt und ihm den Nuckel in den Mund geschoben. Manchmal hatte ich Glück, und er machte zwei, drei Züge, ehe er wieder einschlief. Andere Male erbrach er. Zur Zehnuhrmahlzeit und am frühen Morgen schlief Michael so fest, daß jeder Versuch scheiterte. Ich erinnere mich, daß meine Mutter mir das nicht glauben wollte und ihn einmal an sich nahm, um mir zu zeigen, »wie man das macht«. Ihre verwunderte Einsicht: »Nicht zu fassen! Er wird tatsächlich nicht wach!«

Michael brauchte als Kleinkind sehr viel Ruhe. Es gefiel ihm zum Beispiel gar nicht, im Kinderwagen gefahren zu werden. Das Schunkeln und die ungewohnte Geräuschkulisse störten ihn. Bis auf die Eßprobleme entwickelte er sich wie jedes andere Kind auch, ganz normal: Er konnte mit einem Jahr laufen, lernte früh sprechen und war mit etwa zwei Jahren sauber. Vom Tag seiner Geburt an lutschte er am Daumen, und bis ins Erwachsenenalter reagierte er mit ausgesprochener Zuneigung auf Liebkosungen im Schlaf. Er war nie ernsthaft krank, im Gegenteil: außerordentlich gesund! Dennoch fiel mir der Ausspruch der Amtsärztin anläßlich Michaels Einschulung im Alter von sechseinhalb Jahren wieder ein: »Ein Pfund weniger, und du kämst nicht in die Schule. Und ein Zentimeter kleiner, dann hätte es auch nicht geklappt!« In der Tat hätte Michael etwa bis zu seinem zehnten Lebensjahr lieber gehungert, statt etwas zu essen. Jede noch so kleine Zwischenmahlzeit war ihm lästig.

In der Ruhe der Bahnfahrten versuchte ich, seine Verhaltensweisen genauer zu analysieren. Ich besann mich auf eine fast gespenstische Episode aus seinen Kindertagen: Michael mochte zwei Jahre alt gewesen sein. Ich hatte mehrmals beobachtet, daß er, wenn ich mich auf dem Balkon aufhielt, versuchte, die Balkontür von innen zu schließen. Vergeblich, denn ich drückte sofort von außen gegen die Tür, und außerdem reichte er noch nicht an die Klinke heran. Dennoch ließ mich das Gefühl nicht los, daß er mich aussperren wollte. Peter und ich diskutierten die Angelegenheit und stellten den kleinen Michael auf die Probe: Während ich auf den Balkon trat und so tat, als würde ich Michael nicht sehen, behielt Peter ihn im Auge. Doch Michael machte keine Anstalten, die Tür zuzumachen. – Test bestanden!

Längst hatten wir die Geschichte vergessen, als Michael eines Tages im wahrsten Sinn des Wortes zuschlug:

nämlich die Balkontür! Als wäre es erst gestern vorgefallen, sah ich Michael im Gedächtnis flink und wendig die Tür zudrücken, in einer Bewegung daraufhin zur Klinke hochhechten und den Hebel zu sich ziehen, so daß die Tür in Kippstellung geriet. Dabei drückten seine Mimik und Gestik Freude über den errungenen Sieg aus und brennende Neugier auf das, was nun passieren würde.

Sein Papa war nicht zu Hause, konnte mich also auch nicht aus der mißlichen Lage befreien. Es erschien mir unglaubwürdig, daß dieses kleine Kind in seinen Plan mit einbezogen hatte, daß wir beide allein sein mußten, damit seine Tat gelingen konnte. Die Tür stand auf Kipp, und Michael schaffte es nicht, mit Hilfe meiner Anleitung etwas daran zu ändern. Allmählich geriet sein Sieg bei ihm in Vergessenheit und schlug in Angst um. Weinend irrte er orientierungslos durch sein Zimmer. Meine Beruhigungsversuche erreichten ihn nicht mehr. Ich zog gerade in Erwägung, die Glasscheibe einzuschlagen, als meine Nachbarin unverhofft auf ihrer Terrasse erschien, um nachzusehen, warum der Kleine von nebenan dieses Mal schrie.

Ich erklärte ihr, daß Michael mich ausgesperrt hatte, und sie entgegnete ungläubig: »Was? Das Kind ist doch noch viel zu klein!« Dennoch kam sie meiner Bitte nach und holte bei einer Bekannten im Nachbarhaus meinen Wohnungsschlüssel ab, um so die Balkontür zu entriegeln. Wie sollte ich Michael nun begegnen? Nun ja, ich nahm ihn selbstverständlich liebevoll in den Arm und tröstete ihn. Erschöpft lutschte er am Däumchen und schmuste mit mir . . .

Manchmal politisierte ich sogar mit mir selbst, wenn ich äußerlich ganz gleichmütig Richtung Michael ratterte. ›In den sechziger Jahren ist so viel versäumt worden‹, dachte ich beispielsweise. ›Es war die Zeit der Geburtenschwemme, und der Staat hat geschlafen! Als der Slogan *Für jedes Kind ein Kindergartenplatz!* endlich umgesetzt werden sollte, kam auch schon der Pillenknick, und das Problem hatte sich von selbst erledigt. Jahre später hieß es: *Für jeden Schulabgänger eine Lehrstelle!* Doch die Politiker wollten die Leute nur locken und ihre Wahl gewinnen. Genügend Ausbildungsplätze gab es für die geburtenstarken Jahrgänge nicht! Auf dem Höhepunkt des Lehrstellenmangels fraß sich die depressive Stimmung bis in die unteren Schulklassen durch. Die Kinder wurden ohne Zukunftsperspektive groß, und Michael schwamm mit in diesem Strom . . . Ende der sechziger Jahre dann stieg die Emanzipation der Frau zum Thema Nummer eins auf!‹ Ein Lächeln huschte über mein Gesicht. ›Bald habe ich fünfundzwanzig Jahre Berufstätigkeit hinter mir. Frauen, befreit euch! Verlaßt den Herd! Geht in die Berufe! So hieß es. Als wäre Arbeit nur ein Mittel zur Selbstverwirklichung! Das hat doch zu kaum etwas geführt. Ich jedenfalls habe mich nie emanzipieren können: Ich hatte gar keine Zeit dazu. Die Frauen und Mütter sind die stille Reserve von Industrie und Politik geblieben, wie ehedem!‹

Noch lange hatte ich unter der Vorstellung zu leiden, ich sei womöglich die Schuldige für Michaels Fehlverhalten. Hatte ich ihm trotz all meiner Bemühungen zu wenig Liebe, Zuwendung und Zeit zukommen lassen? Hatte ich ihm gegenüber vielleicht zu oft gestreßt, nervös und gereizt reagiert? Hatten Peter und ich uns in wichtigen Situationen unangemessen benommen?

Wenn dann aber der schrille Schimpfton von der Nachbarin unter uns durch das offene Fenster an mein Ohr drang, redete ich mir wieder ein, daß das nicht sein konnte: Die Frau war eine nicht berufstätige Mutter von einem etwa zweijährigen Kind, und obwohl sie nichts anderes zu tun hatte, als ihr Kind und den Haushalt zu versorgen, ging sie oft affektgeladen und unwirsch mit ihm um. Lautstarke Auseinandersetzungen waren an der Tagesordnung. Das arme Kind wurde bestimmt zwanzig Mal am Tag angeschrien. Diese Mutter übertraf mich bei weitem, obwohl sie keinerlei beruflicher Zusatzbelastung ausgesetzt war!

Mein Nervenzusammenbruch lag nun viele Jahre zurück. Jetzt endlich gelang es mir, mir unumwunden einzugestehen, daß ich mein wertvollstes Ziel, nämlich aus meinem Baby einen glücklichen Menschen zu machen, nicht erreicht hatte. Mein Sohn war ebenso betrogen worden: durch mich und durch eine falsche Familienpolitik. Kinder aus allen Bevölkerungsschichten waren ihr zum Opfer gefallen, auch die Sprößlinge, die täglich von ihren Müttern behütet wurden. Heute befindet sich mein Sohn, das Kind, das ich beschützen wollte, im sozialen Abseits. »Michael, einen anderen Weg gibt es nicht!« – Wie oft hatten Peter und ich diese Mahnung Michael gegenüber ausgesprochen! Doch Michael wollte unsere Spielregeln nicht akzeptieren, also ging er den Weg ins Nichts!

Fazit meiner Überlegungen war, daß Michael mit allen lebensnotwendigen Anlagen ausgestattet war. Seine Intelligenz und Flexibilität, seine Phantasie und Ausdauer hätten ihm eine ausgefüllte und kreative Existenz ermöglichen können. Leider ist mein Sohn aber für mich der lebende Beweis dafür, daß diese von Peter und mir positiv bewerteten Eigenschaften nicht zwangsweise auch so genutzt werden mußten. Die Frage, ob Michaels Entwicklung zum Negativen in ihm angelegt gewesen war oder auf äußeren Einflüssen beruht, konnte ich mir nie beantworten.

Endlich war die Zeit soweit fortgeschritten, daß Michael in drei Monaten aus der Haft entlassen werden sollte. Einmal mehr saß ich im Zug und rollte im Großraumwagen meinem Zuhause entgegen. Die Maisonne verbreitete Urlaubsstimmung. Eigentlich hätte ich mich für Michael freuen sollen, doch in meinem Innern focht ich einen Kampf aus. Der Zorn versuchte den Schmerz und die Frustration aus meinem Körper zu verdrängen. ›Er wird verlieren!‹ konstatierte ich trostlos und kniff die Lippen zusammen. Was war passiert?

Noch vor kurzem hatte mir Michael einen zärtlichen Brief zum Muttertag geschrieben. Der Inhalt war so liebevoll gewesen, daß ich auf der Hinfahrt darüber ins Träumen geraten war. Da war der Tag noch schön gewesen, und ich hatte angenommen, Grund zur Freude zu haben oder – nun ja: zu etwas Zufriedenheit – das paßt besser.

Doch: Aus der Traum! Michael hatte mich auf den Boden der Tatsachen zurückgeholt . . . In mir siegte das Gefühl, verraten worden zu sein. ›Ich hätte es wissen müssen!‹ warf ich mir vor. Am liebsten hätte ich wild geweint, doch die fremden Menschen um mich herum hielten mich davon ab. Die Reise wollte schier kein Ende nehmen, und die Mitfahrenden schienen mir unerträglich nah. Für mich war heute ein Rabentag.

In den ersten Minuten unseres Zusammenseins waren Michael und ich einander noch sehr zugewandt gewesen, doch dann holte er aus, um mir etwas mitzuteilen, was er wohl längst von langer Hand vorbereitet hatte. Die Bitte fiel ihm schwer, das spürte ich deutlich. Ängstlich und einfühlsam fragte er: »Mama, in einigen Monaten kann ich entlassen werden. Ach Mama, ich möchte wieder nach Hause kommen. Geht das denn gar nicht?«

»Was?« Der Schreck fuhr mir in die Glieder. Ich stieß fast meinen Stuhl um. »Nein!« schrie ich laut, zu laut, und klammerte mich an der Tischkante fest, um nicht das Gleichgewicht zu verlieren. Beruhigend streichelte Michael meine Hände: »Mama, bitte! Setz dich wieder! Nicht so laut!«

»Michael!« Ich dämpfte meine Stimme, sprach aber trotzdem eindringlich. »Das ist ganz und gar unmöglich und war auch nicht so abgesprochen! Mach mir nichts vor: Du hast niemals ernsthaft erwogen, in eine Wohngruppe zu ziehen, stimmt's? Du hast mit unserer Schwäche und mit unserem Pflichtbewußtsein dein altes Spielchen getrieben. Aber das ist sicher: Nach Hause kannst du nicht zurück!«

»Mama«, klärte mich Michael auf, »das Leben im Gefängnis ist nicht leicht. Ich will mich nicht beschweren, denn ich bin selbst schuld. Aber laß mich wieder nach Hause kommen! Ich wäre so froh, wieder mit normalen Menschen zusammen, wieder richtig frei zu sein. In der Wohngruppe sind doch auch nur Haftentlassene! Mama, das ist das gleiche wie hier!«

»Das ist mir völlig egal«, wehrte ich unbeeindruckt ab. »Eines weiß ich ganz genau: Bist du erst einmal wieder zu Hause, dann wirst du uns ausnutzen wie in all den Jahren zuvor. Deinem endgültigen Untergang wollen wir nicht zusehen.«

»Mama, ich verspreche dir, ich werde mich ändern! Ich habe mich schon geändert. Ich suche mir Arbeit. Hier arbeite ich doch auch jeden Tag! Ich will ja auch gar nicht lange bei euch wohnen. Nur bis ich etwas Eigenes gefunden habe!«

»Wenn du erst einmal deine Freiheit wieder hast«, wußte ich nur zu gut, »dann werden deine ganzen löblichen Vorsätze verpuffen. Draußen, allein, in der Wirklichkeit, wirst du nach so langer Haft noch weniger bestehen können als jemals zuvor. Du brauchst die Hilfe der Sozialarbeiter!«

»Mama!« bettelte Michael jetzt. »Bitte: Sprich mit Papa und schreib mir! Ich bin doch euer Sohn! Wer soll mir denn helfen, wenn nicht meine Eltern?«

»Michael, unser Nein ist endgültig! Außerdem wollen wir, sobald Andreas das Abi hinter sich hat, umziehen – noch in diesem Jahr. Wir haben unsere eigenen Pläne. Du wirst in zwei Monaten fünfundzwanzig. Irgendwann ist jede Elternpflicht zu Ende. Und unsere ist es jetzt. Also bemühe dich um einen Platz in der Wohngruppe. Das ist Bedingung! Wenn du dich dort integrierst, dann werden wir dir helfen, wo wir können. Aber andernfalls kannst du nicht mehr mit uns rechnen!«

»Ja, Mama«, versuchte Michael geknickt zu schlichten, »ich weiß, ich bin erwachsen. Daß ich euch so viele Sorgen gemacht habe, das quält mich mehr, als du glaubst. Wenn ich entlassen werde, dann lebe ich vernünftig. Ich verspreche es dir!«

»Deine Versprechen kannst du nicht halten«, erwiderte ich bitter. »Dir fehlt jede Grundlage, um ein sozial verträgliches Leben zu gestalten. Du mußt es noch erlernen. Gib dir diese Chance, gib dir einen Ruck und probier es aus! Ich bitte dich so sehr darum! Mehr als schiefgehen kann das doch auch nicht!«

Niedergeschlagen und hilflos verstummte Michael. Ein freundliches, kluges Gespräch zu führen, war unter diesen Umständen unmöglich. Die Besuchszeit war um – und ich hätte ihn so gern überzeugt! Ich wollte nicht, daß er mit dem Gefühl, von den Eltern verlassen worden zu sein, in die Trostlosigkeit seiner Zellenwände zurückkehrte. Doch genau diese Last auf seinen Schultern überschattete unseren Abschied mit Schwermut.

Das Rad dreht sich weiter

Tja – der Traum von einem ruhigen und gleichmäßigen Leben . . . Wie konnten Peter und ich ihn verwirklichen, bevor alles zu Ende ging? Es mußte gelingen! Wir waren doch immerhin zu zweit!

Noch während der Heimfahrt grübelte ich darüber nach, wie ich Peter Michaels Wunsch darstellen sollte. Dann fragte ich mich selber, ob ich Michael wieder gern zu Hause gehabt hätte. Ja oder nein? ›Ganz ehrlich‹, gestand ich mir ein, ›Ruhe und Frieden will ich haben, bei Tag und auch bei Nacht! Ist er wieder da, wird dieser Wunsch nie in Erfüllung gehen! Das heißt also, ich möchte nicht, daß Michael wiederkommt! Aber ich kann ja erst einmal Peters Entscheidung in Ruhe abwarten. Vielleicht gelangen wir noch zu einer anderen Lösung.‹

Aus dieser Position heraus schilderte ich Peter die Unterredung zwischen Michael und mir in sachlichen Worten und ohne jegliche Beschönigung. Peters Reaktion war eindeutig: Er war entsetzt! Nach der ersten Schrecksekunde hagelte es Vorwürfe: »Hast du ihm etwa nicht klar genug gesagt, daß wir ihn nicht mehr aufnehmen? Das kommt unter gar keinen Umständen in Frage!«

»Doch, Peter! Jedesmal, wenn ich bei ihm war, haben

wir von seinem zukünftigen Leben in der Wohngruppe gesprochen. Es liegt nicht an mir!« verteidigte ich mich.

»Schluß!« trommelte Peter auf den Küchentisch. »Es muß Schluß sein. Alkohol, Drogen, Gefängnis . . . Und nie hat er gearbeitet! Ich will das nicht alles noch einmal erleben! Warum sieht der Junge das nicht ein?«

»Peter, du kennst ihn doch!« wandte ich ein. »Er will bloß in seine alte Umgebung zurück. Ob wir da sind oder nicht, das kümmert ihn im Grunde wenig. Höchstens, daß er es dadurch bequemer hat.«

»Ja, ich bin sein Vater!« Peter wiegte den Oberkörper nachdenklich vor und zurück. »Aber ich lasse mich nicht von ihm in die Enge treiben. – Was machen wir jetzt?«

»Ich will auch nicht mehr, Peter!« stimmte ich zu. »Wir beabsichtigen doch schon seit Jahren wegzuziehen, irgendwohin aufs Land. Laß uns das jetzt tun! Da will Michael bestimmt nicht mit! Er möchte hier in seinem Stadtteil leben, wo er in seine Szene eintauchen kann, wo er die Leute und Gaststätten kennt, wo er aufgewachsen ist und seine Freunde hat!«

Peter und ich waren uns einig, doch wir wollten nicht überstürzt handeln und außerdem abwarten, bis Andreas die Schule fertig hatte. Unser Jüngster durchlebte nicht gerade eine Glückssträhne. Zu Beginn des Jahres hatte er sich von seiner langjährigen Freundin Martina getrennt. Das beschäftigte uns auch, denn Martina war Andreas eine sehr verständige und liebe Freundin gewesen und bereits seit drei Jahren quasi ein Mitglied unserer Familie. Sie war nicht »irgendeine« Freundin unseres Sohnes, sondern viel mehr: Sie war wie unsere Tochter. Insgesamt muß ich sagen, daß es zu einem der schönsten und eindrucksvollsten Andenken an die Gemeinsamkeit mit meinen Kindern gehört, daß ich diese Schülerliebe miterleben durfte. Viele tragische Situationen in der Pubertät, in denen sich Jugendliche oft verlassen und unverstanden fühlen, haben die beiden zusammen bewältigt. Ihre sehr frühe Liebe hat sowohl Andreas als auch Martina in hohem Maß gefördert. Mit dem Einverständnis ihrer Eltern hatte Martina sehr oft bei uns – beziehungsweise bei Andreas – übernachtet. Bevor ich selbst zu Bett ging, habe ich so manches Mal in ihr Zimmer gelugt, um diese beiden glücklichen, friedlich schlafenden Menschen zu betrachten. Irgendwo auf dem Bett hatte meist auch noch Andreas' Hund seinen Schlafplatz gefunden. Sanft hob er den Kopf, wenn ich die Tür leise öffnete, und blickte mich vertrauensvoll an. Am nächsten Morgen wanderten Andreas und Martina händchenhaltend in die Schule. Ich sah den Kindern vom Fenster aus nach. In ihre gegenseitige Liebe eingebunden gewesen zu sein, gehört zu meinen wertvollsten Erinnerungen. Ihre Zuverlässigkeit, ihr erfülltes Erwachsenwerden haben mich sehr bereichert.

Andererseits hatten sich zugegebenermaßen schon vor einiger Zeit zwischen den beiden eingefahrene Verhaltensweisen eingeschlichen, die sie in diesem Alter überforderten. Die Auflösung der Beziehung war von Andreas ausgegangen, dennoch fühlte er sich jetzt ohne seine Freundin einsam, ruhelos und unzufrieden. Das war eine ganz neue Erfahrung für ihn. Er litt unter dem Verlust von Martinas Liebe und der intimen Vertrautheit zu ihr sehr, dabei steckte er mitten im Abitur.

Wir Eltern waren uns trotzdem sicher, daß er den Abschluß schaffen würde. Das war gar keine Frage. Aber zur Zeit fühlte er sich außerstande, eine Studienrichtung zu wählen. Er schwankte zwischen Musik, Physik, Mathematik und eventuell auch Sport. Kaum hatte Andreas seine letzten Abiturklausuren geschrieben, wurde er bei der Bundeswehr gemustert und – wie konnte es bei einem gesunden jungen Mann anders sein? – für tauglich befunden. Für ihn war es beschlossene Sache, Zivildienst zu leisten. Aber was er aufgetragen bekommen würde, wann und wo er seine neue Aufgabe zu erfüllen hätte, das wußte er noch nicht. Diese zwanzig Monate wollte er jedenfalls auch dafür nutzen, sich über seine Berufsfindung klarer zu werden.

Andreas verliebte sich in ein Mädchen, das er unbedingt erobern wollte. Sie hatte ihn an der Angel und ließ ihn zappeln. An einem Tag war sie so gnädig, ihm ein Treffen zuzusagen, doch schon tags darauf behandelte sie ihn, als sei er einer von vielen und für sie das Unwichtigste der Welt. Sie führte ihn an der Nase herum. Andreas erkannte diese Tatsache, legte sich aber nur um so mehr ins Zeug.

»Andreas, das kann nicht gutgehen. Du wirst Schiffbruch erleiden! Gleichgültig, ob du sie kriegst oder nicht. Sie ist unberechenbar. Martina ist dir ja zu langweilig geworden . . . Daß das alles ausgerechnet mitten im Abitur passieren muß!« lamentierte ich.

»Hör auf, Mama!« blockte Andreas ab. »Ich liebe sie!«

Nach Wochen des Werbens erhörte sie ihn endlich. Andreas war glücklich. Er bestand sein Abitur mit einer guten Benotung und wurde auch als Wehrdienstverweigerer anerkannt. Für ihn schien die Welt wieder in Ordnung. Als wir ihm schonend beibrachten, daß wir umzuziehen gedachten, nahm er unsere Pläne im Überschwang seiner frischen Liebe gar nicht ernst. Er konnte es sich wohl auch nicht recht vorstellen: Diese Wohnung und sein Zimmer waren untrennbar mit seiner Entwicklung verbunden. Sein Erwachsenwerden war noch nicht abgeschlossen. Aber vielleicht sperrte er sich unserer Idee gegenüber auch so, weil ihn der Faktor Ungewißheit gerade in den vergangenen Monaten so gequält hatte.

»So schnell findet ihr doch gar keine andere Wohnung«, würgte er unser Vorhaben ab. »Und außerdem ist das doch lächerlich: Wegen Michael wollt ihr umziehen! Wenn ihr ihn nicht mehr sehen wollt, dann laßt ihn doch einfach nicht mehr ins Haus! Das ist doch ganz leicht. Ich jedenfalls bleibe hier. Ich bin hier aufgewachsen, hier habe ich meine Freunde, und mein Leben spielt sich in dieser Umgebung ab! Auf irgendein Dorf hab' ich keine Lust!«

Einige Tage vor unserem geplanten Umzugstag bestand Andreas seine Führerscheinprüfung. Schon rauschte er im Auto mit seiner neuen Freundin und zwei weiteren Freunden in den Urlaub nach Portugal ab. Erleichtert atmeten wir auf, als er uns zwei Tage später bestätigte, daß er gut angekommen war. Ohne Fahrpraxis eine so weite Strecke zurückzulegen, das hatten wir schon für abenteuerlich gehalten. Aber Andreas brauchte Erholung, und nun mußte er ja nur noch die Rückfahrt heil überstehen, dann hätten wir ihn wieder. ›Bloß kein Unfall!‹ beteten wir. ›Hoffentlich kommt er ausgeruht und gestärkt zurück!‹

Andreas, unser »Kleiner« – inzwischen längst der Größte der Familie – hatte uns immer nur Freude bereitet. Etwas anderes kannten wir von ihm gar nicht. Dennoch hatte er stets die Last der Familie mittragen müssen, war dazu aufgefordert gewesen, Verständnis zu haben und Rücksicht zu nehmen. Er war es, der sich zwischen all den Wirren, die Michael heraufbeschworen hatte, einen Platz sichern mußte. Er hatte sich in der Schule Kritik gefallen lassen, sich gegen Anfeindungen schützen und sich schämen müssen.

Als Krönung – so mußte es in seinen Augen wirken – wollten wir ihm jetzt auch noch sein Zuhause nehmen. Gesetzt den Fall, wir würden diese Wohnung auflösen, so würde er den Schutz des Elternhauses unwiederbringlich verlieren. Wir konnten nachvollziehen, daß er in dieser Lebensphase, auf der Schwelle zur Selbständigkeit, nicht mit uns in eine Wohnung ziehen wollte, mit der er sich nicht identifizieren konnte.

»Wir sollten lieber noch warten, Peter!« entschied ich am Tag nach Andreas' Abreise. »Wir können Andreas nicht so ins kalte Wasser werfen! Wenn er aus den Ferien zurückkommt, dann kann er doch nicht vor der ausgeräumten Wohnung stehen! Er durchlebt die erste tatsächliche eigene Krise in seinem Leben, weiß nicht so richtig, für welches Studium er sich entscheiden soll und wie er den Zivildienst ableisten wird. Es sind so wichtige Entscheidungen für ihn. Jetzt müssen wir einmal Rücksicht auf ihn nehmen!«

Ich glaube, ich sprach Peter aus dem Herzen. Wir bliesen unseren Umzug vorerst ab und legten unsere Pläne auf Eis. Wir fühlten uns ausgelaugt. Ein Anruf der Sozialarbeiterin in Michaels Haftanstalt gab uns den Rest: Sie bat uns, Michael an dem kommenden Wochenende aufzunehmen. Diese zwei Tage in der Freiheit, meinte die Frau, sollten nach beinahe zwei Jahren Haft der sozialen Wiedereingliederung und Vorbereitung auf die Entlassung dienen. Gut, sagten wir, er möge gern für dieses eine Wochenende zu uns kommen. Die Ankunftszeit des Zugs wurde besprochen. Wir erklärten uns bereit, ihn vom Bahnhof abzuholen. Damit Michael in seine Haftanstalt auch wirklich zurückkehrte, wollten wir ihn am Sonntag selbst dorthin fahren.

»Möchten Sie Ihren Sohn nicht doch nach der Haftentlassung wieder aufnehmen?« fragte die Sozialarbeiterin Peter am Telefon. »Wissen Sie, Haftentlassene wollen wieder in ihre alte Umgebung zurück! Nur Sie können ihm Sicherheit und Geborgenheit vermitteln. Michael lehnt die Wohngruppe ab, weil sie mit einem Ortswechsel verbunden ist. Ich möchte Sie um Verständnis für Ihren Sohn bitten!«

Peter hätte gern mit ihr diskutiert und ihr unsere Beweggründe erläutert. Aber unter dem Eindruck, moralisch genötigt zu werden, reagierte er nur noch nach Gefühl: »Nein!« sagte er und beantwortete jeden Einwand von ihr erneut und stereotyp mit einem »Nein!«.

Derweil erfaßte mich eine ungeheure Unruhe. Ich rannte durch das Wohnzimmer und sprach mit mir selbst: »Nein, nicht schon wieder! Nicht wieder alles von vorn! Ich möchte frei sein!«

»Wollen Sie sich das Ganze vielleicht erst noch überlegen?« hörte Peter die Worte der Sozialarbeiterin durch den Hörer. »Ihr Sohn möchte so gern nach Hause! Andernfalls bleibt mir nichts anderes übrig, als Michael in das für Ihren Wohnort zuständige Obdachlosenasyl einzuweisen.«

Peter gewann wieder die Oberhand: »Ein Obdachlosenasyl . . . Das wäre eigentlich genau das Richtige für Michael. Er hat kein Obdach und muß dorthin, ja! Übrigens könnte das auch einen erzieherischen Wert haben:

Vielleicht setzt er in Zukunft sein Heim, wenn er wieder eines hat, nicht mehr so leichtfertig aufs Spiel.«

Seine Gesprächspartnerin spürte, daß sie Peter nicht überzeugen konnte, und übergab an Michael. Er durfte sich jetzt selbst mit seinem Papa unterhalten. Diese Tragik! Zwei Jahre lang hatten sich Vater und Sohn weder gesehen noch gesprochen. Nun ließ Peter Michael gar nicht ausreden und sagte sofort: »Nein! Kommt nicht in Frage!«

Michaels Versuch, ihn doch noch zu überreden, erstickte Peter mit dieser harten Antwort im Keim. »Nein« zu sagen und uns nicht mehr auf eine Diskussion einzulassen, hatten Peter`und ich uns lange und gründlich überlegt. Wir waren fest entschlossen, unser beider Schicksal jetzt selbst in die Hand zu nehmen und es nicht von Michael zerstören zu lassen.

Das Wochenende mit unserem verlorenen Sohn brach an. Die innige Vertrautheit und das Selbstverständnis, mit dem wir miteinander umgingen, waren sofort wieder hergestellt. Michael benahm sich als wäre er niemals fort gewesen. Peter war über Michaels Allgemeinzustand mehr als überrascht. Er war aber auch in einer so guten Verfassung wie selten in den Jahren zuvor! Das widersprach Peters Vorstellungen ganz und gar. Er hatte geglaubt, daß diese lange Haftzeit seinen Sohn endgültig in die Knie gezwungen haben müßte.

Unter solchen Bedingungen fiel es uns unsagbar schwer, Michael mitzuteilen, daß wir umziehen wollten. Ihm die Endgültigkeit des Verlusts seines Elternhauses verständlich zu machen, versuchten wir erst gar nicht. Es wäre uns bestimmt nicht gelungen. In der sehr kurzen Freiheit, die ihm gestattet worden war, hätte er die Tragweite dessen und die Konsequenzen, die unsere Entscheidung für ihn hatte, nicht erkennen können.

»Ich werde schon zurechtkommen«, erwiderte Michael zuversichtlich. »In zwei Monaten ist der Knast zu Ende. Alles andere wird sich ergeben. Dieses Mal schaffe ich es! Eingebuchtet werde ich nicht noch einmal. Eher bringe ich mich um.«

Am folgenden Nachmittag verabschiedete er sich von unserer Wohnung. Still und in sich gekehrt schritt er einen Raum nach dem anderen ab, prägte sich alles ein, jedes Möbelstück und jeden Gegenstand. Er berührte dieses und jenes, zaghaft und gemütvoll. Als wir die Wohnung verlassen mußten, um ins Gefängnis zurückzufahren, nahm er seinem Vater den Schlüssel aus der Hand und schloß die Tür eigenhändig ab. Diese Tür würde für ihn in Zukunft versperrt sein. Hierher würde er nicht zurückkehren.

Peter und ich sahen Michael durch das große Gefängnistor gehen, das sich lautlos, wie von Geisterhand auf unsichtbaren Schienen öffnete und sich hinter ihm ganz still und leise wieder zuschob.

Um nicht in den Sog der Ausweglosigkeit zu geraten, kauften Peter und ich uns auf dem Rückweg eine Zeitung und lasen zu Hause die Wohnungsangebote durch. Vielleicht würden wir etwas finden, das erst in einiger Zeit zu beziehen war, auf das wir uns noch einstimmen konnten, so daß wir Andreas nicht vor den Kopf stoßen mußten. Gemeinsam wogen wir das Für und Wider der verschiedenen Lagen, Größen und Mietpreise ab.

»Guck mal her!« Ich tippte auf ein Inserat. »Dieser Ort hat uns doch schon immer gefallen! Weißt du noch, wie wir früher mit den Kindern in das schöne Schwimmbad gefahren sind?«

Eine für unsere Begriffe schönere Wohnung hätten wir nicht finden können! In dem Augenblick, in dem wir sie betraten, fühlten wir uns wohl. Das riesige Wohnzimmer, der hübsche Balkon, die ruhige Straße und das kleine Wohnhaus – alles war so, wie wir es uns gewünscht hatten. In dieser Traumwohnung wollten wir Ruhe finden, uns besinnen und alle Sorgen über Bord werfen! In dieser zauberhaften Umgebung mußte das Leben zu zweit gelingen – wo sonst, wenn nicht hier? Der neue Mietvertrag und die Kündigung der alten Wohnung zu einer Frist von drei Monaten waren reine Formsache. Gleich am nächsten Tag kaufte mir Peter einen sehr kleinen, alten Gebrauchtwagen – mein erstes eigenes Auto, damit ich mich auf dem Land für die Einkäufe und bei Touren besser bewegen konnte. Wir hatten wieder Aufwind bekommen.

Überraschend und viel früher als vorgesehen kehrte Andreas aus seinem Portugalurlaub zurück. Nichts, aber auch gar nichts hatte seinen Erwartungen entsprochen. Seine neue Freundin hatte sich die ganze Zeit damit vergnügt, die jungen Männer gegeneinander auszuspielen. Zwangsläufig zerstritten sich die Freunde. Andreas war mit ihnen schon seit sicher zehn Jahren befreundet gewesen ... Er hatte sich von dem Mädchen getrennt, was bestimmt auch nicht ohne Zank über die Bühne gegangen war.

Er machte einen überaus verdrossenen Eindruck, war tief gekränkt und kreuzunglücklich. Krank vor Liebeskummer und vom Weltschmerz durchdrungen tapste er trübselig durch die Wohnung. Tagelang verließ er sein Zimmer nicht. Voller Selbstmitleid ließ er sich am Telefon vor seinen Freunden verleugnen: »Laßt mich in

Ruhe! Ich will niemanden sehen!« Als Peter ihn ins Kino entführen wollte, winkte er matt ab: »Ich will nirgends hin, Papa. Laß es gut sein!«

»Warum«, fragte Andreas einige Tage nach seiner Ankunft, »ist da vorne im Flur ein Stück Tapete abgerissen?«

»Wo?« entgegnete Peter. »Ach so! Da wollte ich ausprobieren, wie leicht sie sich von der Wand löst. Weißt du, Andreas, mein Junge, wir haben nämlich eine neue Wohnung und müssen hier in drei Monaten raus . . .«

»So?« Andreas blickte auf. »Ihr zieht also wirklich um?«

»Ja, Andreas«, sagte ich milde. »Wir dachten, du kommst erst einmal mit. Du wirst sehen, die neue Wohnung haut dich um! Erst einmal wartest du auf deine Stelle beim Sozialdienst. Und dann können wir weiter planen, was meinst du?«

»Nein, ich geh' nicht von hier weg!« Trotzig igelte sich Andreas ein. »Wie kommt ihr überhaupt darauf? Ich werde mir auch eine Wohnung suchen! In drei Monaten habe ich bestimmt eine. Dann wohne ich eben für mich allein!«

»Andreas, überleg mal, das geht nicht. Willst du nicht erst einmal mitkommen? Allein wohnen kannst du später immer noch!« Ich redete mit Engelszungen auf ihn ein.

»Was soll ich da überlegen? Ich bleibe hier!«

In dieser Zeit stiegen in Peter und mir wieder Zweifel auf, ob es richtig war, Michael nicht mehr aufzunehmen und Andreas sich selbst zu überlassen, uns durch den Umzug einfach aus der Verantwortung zu stehlen.

»Peter, glaubst du immer noch, daß es richtig war, die Wohnung zu kündigen?« wankte ich.

Peter hatte auch Bedenken bekommen: »Nein, ich habe Angst um Andreas.«

»Ich auch!«

»Und was jetzt?«

»Umziehen, Peter. Raus hier! Wir müssen den Konflikt lösen. Der Andreas überlegt sich das vielleicht noch und kommt dann doch mit . . .«

Aber Andreas war zum Gegenteil entschlossen. Er fand eine kleine Mansardenwohnung in unserem Stadtteil und unterschrieb den Mietvertrag. Damit mußten Peter und ich unseren geheimen Wunsch, Andreas für wenigstens noch ein paar Jahre bei uns zu behalten, für immer begraben.

»Jede andere Stadt ist schöner«, hatte unser Jüngster schon als Vierzehnjähriger geschwärmt. Begeistert erzählte er von dieser oder jener Stadt. Mit seiner Schulklasse fuhr er einmal nach Trier. Danach stand für ihn fest: »In Trier will ich später studieren. Oder vielleicht in Freiburg. Ich weiß noch nicht, aber auf keinen Fall hier!« Die Atmosphäre der alten und in der Tat sehr stimmungsreichen Universitätsstädte zog ihn magisch an: »Da will ich später mal leben. Meine Kinder sollen in einer schönen Umgebung aufwachsen.« – Nun, da er gehen konnte, wollte er nicht mehr! Er wollte hierbleiben und pries die Vorzüge dieser Stadt: »Hier ist meine Heimat«, davon war er felsenfest überzeugt.

›Die Mansardenwohnung wird ihm nur als Übergangsbleibe dienen‹, dachte ich im stillen. ›Wenn Andreas diesen Winter unter dem Dach mit dem schlecht heizenden Kachelofen überstanden hat, wird er sich freiwillig etwas anderes suchen!‹

Inzwischen hatte er auch eine Stelle als Zivildienstleistender in unserem Stadtteil bekommen. Das traf sich gut. Er sollte alte Menschen in ihren Wohnungen versorgen und konnte bereits in wenigen Monaten damit anfangen.

Betrübt mußte sich Andreas nun von seinem geliebten Klavier trennen. Die Treppe zur provisorisch ausgebauten Bodenwohnung war zu schmal. Auch schien es, daß Andreas' Pläne noch ein paar Umzüge bedeuten würden, so daß es uns besser schien, das Instrument zu verkaufen. Ich riet Andreas wegzugehen, als der neue Besitzer es aus unserer alten Wohnung hinaustragen wollte. Doch Andreas blieb und sah zu, wie sein Klavier weggefahren wurde. Das Musikinstrument war schon alt, bestimmt fünfzig Jahre, und hatte einen außergewöhnlich warmen und weichen Klang. In nächster Zukunft würde er ganz ohne seine Melodien und Tastenspiele leben müssen! Er, der sich mit dem Gedanken trug, vielleicht einmal Musik zu studieren . . .

Der Verlust seines Klaviers war für mich ein Wermutstropfen vor dem großen Umzug, das letzte Mosaiksteinchen in dem Gesamtwerk der unabwendbaren und peinigenden Ereignisse. ›Das Glück unserer Kinder, welches uns so sehr am Herzen gelegen und über viele Jahre unser Sein bestimmt hat, zerbröckelt und zerfällt. Und wir sind die Urheber!‹ warf ich mir vor.

Des Schutzes seiner Eltern beraubt und der totalen Wehrlosigkeit ausgesetzt, übernahm Andreas bis in die letzte Konsequenz die Rolle des Opfers. Die Auflösung seines Elternhauses ließ er in allen Einzelheiten auf sich einwirken. Er erlebte und erlitt alles hautnah. ›Ich werde in den nächsten Tagen umziehen und meine Söhne verlassen‹, zerfleischte ich mich. ›Die seelische Not, in die wir Andreas bringen, können wir niemals rechtfertigen!‹

Das Wohnzimmer und unser Schlafzimmer waren längst ausgeräumt, die Gardinen, Teppiche und die Tapeten von den Wänden verschwunden. Ebenso kahl gähnte der Flur. Um im Zeitplan zu bleiben, mußten jetzt Badezimmer, Küche und auch Andreas' Zimmer in diesen Zustand versetzt werden. Es war furchtbar, unerträglich! Und mittendrin Andreas, der sich nicht vom Fleck rührte.

Die Situation spitzte sich dramatisch zu, als Michael eines Tages unangemeldet vor der Tür stand. Andreas ließ ihn herein. Er war doch sein Bruder ... Michael bezog das leere Wohnzimmer. Da er kein Bett hatte, schlief er auf dem zusammengerollten Teppich, der abholbereit auf dem Fußboden lag.

Gleich am nächsten Tag unternahm ich mit Michael diverse Behördengänge. Zuerst fuhren wir zu einem entlegenen Obdachlosenasyl, das man uns genannt hatte. Dort bezahlte Michael sieben Übernachtungen und bekam eine Bescheinigung für die polizeiliche Anmeldung. Wir fuhren zum Einwohnermeldeamt und mußten danach nochmals zum Obdachlosenasyl. Hier sollte die behördliche Anmeldung unterschrieben werden. Damit fuhren wir zurück zum Amt. Dieses Mal blieb Michael ungewöhnlich lang im Meldezimmer. Als er herauskam, blickte er mich unsicher an. In einem nervös lachenden Ton hob er die Arme entschuldigend in die Höhe: »Die haben mir meinen Personalausweis weggenommen!«

»Wie: weggenommen?« Ich verstand nicht.

Michael erklärte mir, daß er bei seiner Festnahme zwei Personalausweise bei sich gehabt habe, einer davon war aber schon Jahre abgelaufen gewesen. Diesen alten Ausweis hatte er bei seiner Entlassung in der Verwaltung der

Haftanstalt abgegeben. Da der Computer im Einwohnermeldeamt jedoch immer noch zwei Ausweise angab, hatte ihm die Beamtin seinen einzigen noch gültigen Ausweis – ohne die Sache zu hinterfragen oder Michaels Erklärungen zu überprüfen – abgenommen, mit der Begründung, er dürfe nicht zwei besitzen.

Wie eine Löwenmutter trat ich ohne zu klopfen schnurstracks in das Büro ein. Michael drückte sich hinter mir durch die Tür. »Wie können Sie dem jungen Mann den Personalausweis wegnehmen!« überrumpelte ich die Sachbearbeiterin. »Sie müßten nun doch wirklich am besten wissen, daß ein gültiger Personalausweis das wichtigste Papier eines Haftentlassenen ist! Oder wie soll er jetzt auch nur noch eine behördliche Angelegenheit regeln?«

»Der Computer gibt zwei Ausweise an«, monierte die Frau gefühllos. »Ich muß einen einziehen. Das ist Vorschrift.«

Ich versuchte, mich zusammenzunehmen: »Einfach so? Würden Sie sich bitte die Mühe machen, die Angaben des Strafentlassenen zu überprüfen? Sein Entlassungsdatum ist gestern. Schauen Sie sich dieses Papier einmal genauer an! Dann müßte Ihnen klar sein, daß ein entsprechender Vermerk noch gar nicht im Computer sein kann!«

Die Beamtin telefonierte mit jemandem in der Behörde. Michael bekam seinen Personalausweis zurück. Neuer, offizieller Wohnsitz: das Obdachlosenasyl.

»Mama, wie hast du das geschafft? Ich wäre ohne Ausweis gegangen!« bekannte Michael.

»Ich weiß auch nicht. Wahrscheinlich hat die Gute mich für eine Sozialarbeiterin oder etwas Ähnliches gehalten. Ausschlaggebend war bestimmt, daß ich ›junger Mann‹ und nicht ›mein Sohn‹ gesagt habe!«

Nun denn, wir zogen weiter zum Arbeitsamt. Das Ausfüllen der Papiere und die eigentliche Meldung waren durch die penibel geführten Unterlagen, die jeder Haftentlassene erhält, sehr vereinfacht. Aber der Antrag auf Arbeitslosengeld mußte wie jeder andere in einem gesonderten Gebäude in der Innenstadt abgegeben werden. Also fuhren wir in die City! Nach der – wie üblich langwierigen – Parkplatzsuche wurden wir gerade noch, bevor das Amt schloß, hineingelassen.

Ohne Auto hätten wir diese vielen, zum Teil weiten Wege gar nicht an einem Tag erledigen können. Außerdem dürfte ein alleinstehender Haftentlassener, der sich ja in einer Ausnahmesituation befindet, mit der Beantwortung der erforderlichen Fragebögen und der Erledigung der Behördengänge absolut überfordert sein. Ohne die Hilfe einer anderen Person scheitert er schon hier, auf dem Weg in die Freiheit, zumindest teilweise! Ohne Antrag, kein fester Wohnsitz. Ohne Antrag, kein Arbeitslosengeld. Ohne Antrag, keine Aussicht auf eine Wohnung . . . Mit dem Tag seiner Entlassung gerät ein ehemaliger Gefängnisinsasse in eine lediglich anders gelagerte Sackgasse, ohne Aussicht auf ein Vorwärtskommen, ohne die Möglichkeit umzukehren.

Die wenigen verbleibenden Tage zwischen den gepackten Umzugskartons hatten etwas Trostloses. Nicht zuletzt durch Michaels Anwesenheit und die damit verbundenen Wortgeplänkel muß Andreas dieses Leben in der ausgehöhlten und verlassenen Wohnung mehr als unerträglich gefunden haben.

Eines Abends beklagte sich Michael: »Mir geht es hier

mieser als im Gefängnis. Da hatte ich mein Bett und meinen Schrank, mein tägliches Essen, und die Wände waren sogar gestrichen! Und dann guckt euch mal Andreas an: Dem geht es echt dreckig. Daß ihr dem das antut! Das hätte ich nie von euch gedacht!«

»So, das hättest du nie gedacht!« äffte ihn Peter halb im Spaß, halb ernsthaft nach. »Das ist genau dein Irrtum! Du hast zu hoch gepokert, Michael, wie üblich. Du hättest in eine Wohngruppe ziehen sollen, dann wäre alles in Ordnung. Wir können uns unser Leben auch nicht aussuchen. Vieles, was wir nicht gewollt haben, hast du uns aufgezwungen. Uns fragst du nicht, wie wir uns fühlen! Wir waren nämlich auch Gefangene, ganz genau wie du!«

»Um Andreas mach dir mal keine Sorgen!« stand ich Peter bei. »Der wird seinen Weg finden. Aber du? Ich sehe nicht, daß du deine Lebenseinstellung geändert hast. Na ja, du bist ja erwachsen. Also mach, was du willst, nur eben ohne uns! Du hast ohnehin immer nur das getan, was du wolltest.«

Andreas' Umzug war wie eine Erlösung für ihn. Peter, Michael und er hatten sich für diesen Tag fest verabredet. »Na klar helfe ich mit«, hatte Michael zugesagt. »Das hab' ich ja schon immer getan!« Doch zunächst schlief er noch, wie das seine Gewohnheit war: Mit dem Wissen, daß andere arbeiten müssen, konnte er sich zu jeder Zeit seines Lebens geradezu in den Tiefschlaf versetzen.

Später, als Peter und Andreas bereits einen Teil der Möbel in die Mansarde transportiert hatten, kam Michael dazu. Geschäftig tuend und zappelig, sich seines Handelns voll bewußt, erklärte er: »Muß jetzt unbedingt zu 'nem Kumpel. Bei dem kann ich vielleicht wohnen. Dann komm' ich so schnell ich kann! Ich würde ja jetzt schon mithelfen, aber der hat Mittagsschicht. Der geht nämlich arbeiten.«

»Gut, dann geh!« Peter wischte sich den Schweiß von der Stirn. »Aber komm bald zurück! Wir brauchen deine Hilfe.«

Michael kam erst abends: Er sei dort unabkömmlich gewesen, er hätte gern mit angepackt . . . Das gleiche Verhaltensmuster aller Beteiligten wie eh und je. Auch seitens Andreas'. Der tat auf selbstverständliche, praktisch orientierte Art und mit der gewohnten Sorgfalt jede Arbeit, die zu tun notwendig war.

Heute war mein letzter Bürotag. Es war ein Freitag und gleichzeitig unser Übergabedatum. Peter war noch bei der Arbeit, so daß ich die Wohnungsübergabe regeln mußte. Ich tat es ungern, aber es mußte sein. Nachdem ich eine unruhige Nacht verbracht hatte, fühlte ich mich übernervös, reizbar und mißgestimmt. ›Hoffentlich treffe ich niemanden von den Nachbarn!‹ wünschte ich mir inständig auf der Hinfahrt. Ich hatte Angst vor einem Gespräch, bei dem ich eine Zukunft hätte ausmalen müssen, die mir noch gar nicht konkret vorschwebte.

Der einzige Lichtblick war, daß ich mich mit Andreas zum Frühstück bei ihm verabredet hatte. Diesen ersten Morgen in seiner Mansarde wollte ich unbedingt mit ihm teilen. Ich kaufte einige Grundnahrungsmittel für seinen Haushalt und frische Brötchen.

Zunächst aber fuhr ich zu unserer alten Wohnung, die mich leer und verlassen empfing. Ich war zu früh dran, wollte alles so schnell wie möglich hinter mich bringen. Nun mußte ich warten. Unser langes, gemeinsames Leben . . . In der besenreinen Stube schien es wie ausgelöscht, wie weggefegt. Hoffnung, Freude, Glück und Trauer hatten das Gegenständliche verloren. Und meine Kinder, ihre kleinen Wehwehchen, ihr Lachen, ihre Tränen und ihre Zuversicht, auch sie waren verflogen, für immer weg. Gedankenvoll betrat ich das ehemalige Kinderzimmer. Wo war all meine Liebe geblieben? Außer, daß wir die Wohnung etwas verwohnt hatten, sah sie eigentlich noch genauso aus, wie ich sie das erste Mal mit Peter besichtigt hatte. Ein Viertel Jahrhundert war zerronnen, ohne hier sichtbare Spuren zu hinterlassen, und doch war so unermeßlich viel und Wichtiges für mich geschehen. Damals, damals war ich glücklich gewesen, rundherum und bedingungslos. Mein hoffnungsvolles Ziel, Geborgenheit für meine Familie zu schaffen, war heute ein einziger Scherbenhaufen.

Unser Glück und unsere Liebe, die würden Peter und ich uns neu erarbeiten müssen. Andreas war verläßlich und stark: Er würde wieder Wurzeln schlagen! Aber Michael hatte sein Lebensglück verspielt. Würde er jemals wieder auch nur in die Nähe des Glücks gelangen? »In die Nähe des Glücks« – das war schon so bescheiden gedacht . . . So bescheiden wie die zwei mittleren Kartons von Michael, die noch in der einen Ecke des Flurs standen und die ich nachher mitnehmen mußte. Zu nichts weiter hatte es unser Ältester gebracht als zu diesen beiden Pappkisten. Darin war sein ganzes Leben verpackt, sein einziger Besitz, die wenigen Werte meines Sohns!

Wo er wohl heute nacht geschlafen hat? Wo würde er in Zukunft wohnen? Mein kleines, zartes Kind – acht Monate war es alt gewesen, als wir in diese schöne, neue Wohnung einzogen! Heute ist Michael fünfundzwanzig und beinah noch genauso schutzbedürftig wie damals . . .

Das Klingeln des Vermieters riß mich jäh aus meinen Gedanken. Der Herr von der Wohnungsverwaltung hatte schon die neue Mieterin mitgebracht. Die beiden gingen von Zimmer zu Zimmer und diskutierten über die erforderlichen Verbesserungen: neue Türen oder nicht, neue Kacheln oder die alten? Ich schaute während dieser Zeit aus dem Küchenfenster: ›Da unten haben meine Kinder gespielt. Dort auf dem Bürgersteig sind sie gegangen: zur Schule, zum Sport, später zu Verabredungen, Parties, mit ihren Freundinnen. Wie oft habe ich hier oben gestanden und aus diesem Fenster geblickt, habe ihnen nachgeschaut und zugewunken . . .‹

Ich unterschrieb ein Formular, das der Verwalter über den Zustand der Wohnung ausgefüllt hatte, ohne es zu lesen.

»Ich werde dann wohl nicht mehr gebraucht!« verabschiedete ich mich kurz, nahm Michaels Kartons und räumte das Feld.

Eilig verstaute ich die zwei Umzugskisten im Wagen und saß endlich am Steuer! Ich konnte gar nicht schnell genug wegkommen. Ohne mich noch einmal umzusehen und in unendlicher Trauer verließ ich unsere Straße. Schnell zu Andreas! Ich würde ihn in die Arme nehmen und mit ihm reden. Dann würden wir, wie in alten Zeiten, zusammen frühstücken. ›Aber auch unsere Bindung hat gelitten‹, dachte ich wehmütig. ›Nichts wird mehr so sein wie früher!‹ Andreas' stetige Nähe, seine Liebe und Vertraulichkeit – ich hatte das Gefühl, als entglitten sie mir. ›Ich muß lernen, ohne ihn zu leben . . .‹ drang es in mein Bewußtsein.

Lerne nur das Glück ergreifen ...

In der ersten Nacht, die ich in unserer neuen Wohnung verbrachte, hatte ich einen zukunftsweisenden Traum. Ich befand mich auf einer Burg und fegte gerade mit einigen Frauen den Burghof, während die anderen Burgleute um mich herum in perfekter Harmonie Holz sägten, Eisen schmiedeten, Wäsche wuschen und Gemüse putzten. Ich fühlte mich unsagbar wohl. Plötzlich stürmten zehn schwarzgekleidete, maskierte, scheinbar junge Männer mit Maschinenpistolen die Burg: »Das ist ein Überfall!« brüllten sie. Wir mußten uns auf den Boden legen. Einer der zwei Räuber, die uns bewachten, verhielt sich still und locker, so als ginge ihn das Ganze eigentlich gar nichts an. Durch die Schlitze seiner Gesichtsverhüllung musterte mich ein ruhiges, braunes Augenpaar. Es schien mir zu sagen: »Hab Vertrauen! Ich werde dir nicht wehtun.« Und ich erkannte meinen Sohn. Nach dem Überfall sprang Michael durch ein scheibenloses Fenster in der Burgmauer. Ich sah, wie er sich auf der anderen Seite der Öffnung die Maske abnahm und seine dunklen Kleider in einen Sack stopfte. Dann zog er sich leuchtend weiße Sachen an, die er an diesem Platz zuvor deponiert haben mußte: eine weiße Hose, weiße Turnschuhe, ein weißes T-Shirt und einen weißen Blouson. »Mach schnell, Michael, die Polizei muß jeden Moment hier sein!« sagte ich verzweifelt. Doch Michaels Ruhe überstrahlte alles: »Mama, hab keine Angst!« antwortete er. »Mir kann nichts passieren.« Wir hielten uns zum Abschied fest umschlungen. Die Zeit schien stillzustehen. Tausend Küßchen gaben wir uns. »Mama, ich liebe dich«, sagte Michael sanft. In seiner Miene lag höchste Zufriedenheit, in seinen Augen eine Steigerung jeden Leuchtens. Er rappelte sich einen erdenen Wall hinauf, strauchelte, erhob sich wieder. Oben, auf dem Gipfel des Hangs, drehte er sich zu mir um. Seine weiße Kleidung glänzte wie ein Signal. Über und hinter ihm erschloß sich mir ein glänzend blauer, wolkenloser Himmel. Eine schönere, wundersamere und tiefere Farbe hatte ich niemals zuvor empfunden. Sein Gesicht war weit entfernt und mir dennoch nah. Michaels Ausdruck war freundlich, lachend, aufgeschlossen und erfüllt. Ich sah in seine traumhaft warmen, braunen Augen. Sein ganzer Körper schien mir zuzuwinken: »Tschüs, Mama! Ich bin jetzt frei!« Der Abstand zwischen uns schwand in eine Endlosigkeit: »Leb wohl, mein lieber Sohn!« rief ich ihm aus voller Kehle nach. »Ich liebe dich bis in alle Ewigkeit!« Michael schien sich mit diesem verzauberten Blau zu vereinen. Es umhüllte nun auch den stecknadelgroßen, zuletzt noch sichtbaren kleinen weißen Punkt. Sehnsucht drang in jede Faser meines Körpers. Ich fühlte mich aufgesogen von dem Wunsch, auch eintauchen zu dürfen in dieses Blau, eins zu werden mit der Glückseligkeit.

Dieser Traum half mir sehr. Ich verstand, daß Michael sich unumstößlich als Held empfand, daß er nie ein maßvolles, reelles Leben anstreben, daß er sich nie mehr ändern würde. Ich spürte, wieviel Liebe uns verband und daß mein eigenes Glück nunmehr schlichtweg Talent zum Schicksal bedeutete.

Für uns zwei hatte der Lauf der Dinge entgegengesetzte Richtungen vorgesehen: Michael mußte mich in meinem Traum verlassen und seinen Weg allein beschreiten, ich hatte die Sicherheit der schützenden Burgmauern gewählt und konnte ihm nicht folgen. Dennoch war unsere Zuneigung füreinander allgegenwärtig. Wir schworen uns unsere Liebe und sprachen miteinander, trotz der unterschiedlichen Wege.

Es hat noch etwas gedauert, bis auch ich die Möglichkeiten, die mir meine wiedergeschenkte Freiheit bot, erkennen konnte. Die Zeit hat all jene nächtlichen Ahnungen bestätigt: Zehn Jahre sind seitdem vergangen, und Michael ist heute fünfunddreißig. In einem solchen Lebensabschnitt ist die eigene Entwicklungsrichtung festgelegt. Ich muß einerseits damit fertig werden, daß ich nicht ohne Schuld bin – ich, seine Mutter . . . Andererseits habe ich sein Leben zu respektieren und ihm auch nie mehr widersprochen.

Ich habe erlebt, daß ein Herz brechen kann, aber daß es trotzdem weiterlebt, sich wieder aufrichtet, neue Perspektiven sucht und findet. Vier oder fünf zusätzliche Straftaten liegen zwischen unserem damaligen Umzug und heute. Parallel dazu ist es mir gelungen, mich von Michaels Los innerlich mehr und mehr zu entfernen. Eine andere Überlebenschance gab es für uns nicht. Die Einzelheiten seines Lebens bekamen wir nicht mehr mit.

Bekannt war uns, daß Michael nach einiger Zeit im Obdachlosenasyl auf eine Verhaftung hin ein sogenannter »offener Vollzug« angeboten wurde: Michael befand sich zwar in einer Haftanstalt, durfte aber auswärts arbeiten. In dieser Zeit besuchten wir ihn öfter. Eines Tages stand die Polizei vor unserer Etagentür: »Hält sich Ihr Sohn Michael bei Ihnen auf?« Was hatte er angestellt? Einer der Polizisten erklärte uns, daß Michael nachts die Gitterstäbe in seiner Zelle durchgesägt hatte. Als man ihn wieder aufgriff, kam er in ein geschlossenes Gefängnis! Ich weigerte mich verärgert, ihn dort zu besuchen.

Man kann nicht sagen, daß ihm der Staat nicht die Hand gereicht hätte. Allerdings, muß man einschränkend hinzufügen, erst als es an Michael etwas zu »reparieren« gab. Denn vorher, als er noch zur Schule ging oder dann auf Lehrstellensuche war, da mußte er sich seine Rechte hart erkämpfen und wäre dazu ohne unsere Hilfe gar nicht fähig gewesen.

Im Lauf des letzten Jahrzehnts hat Michael verschiedene Wohnungen angemietet. Wir haben ihn sporadisch getroffen, ohne wirklich Kontakt zu ihm zu haben. Die Einschätzung seines Lebenswandels ist für mich mittlerweile zur Gefühlssache geworden. Ich spüre, wann es wieder soweit ist, daß Michael verhaftet wird und daß ich einen Brief von ihm erhalte, in dem er mich um das für ihn so wichtige Paket bittet . . .

Ich erinnere mich, daß ich bei Besorgungen einmal eine unangebrochene Rolle Bindfaden auf dem Bürgersteig fand. Als ich nach Hause kam, empfing ich Peter mit den Worten: »Wozu meinst du, daß ich die demnächst brauche?« Peter verstand mich sofort, und in der Tat lag kurze Zeit später ein Brief von Michael im Briefkasten: »Mama, bitte pack mir ein Weihnachtspaket!« Wir schickten Pakete, Kleidung und Geld für einen Einkauf.

Ein anderes Mal wurde ich in der Stadt zufällig Zeugin einer Verhaftung. Ich konnte nicht anders: Ich mußte stehenbleiben und zusehen. Wieviel Emotion, wieviel Spannung lag in der Luft! »Hände hoch, Arme an die Wand, Beine auseinander!« kommandierte ein Polizist erbarmungslos und tastete einen jungen Mann ab. ›So ergeht es Michael also auch immer‹, dachte ich bei mir. Dennoch konnte ich mich des Eindrucks nicht erwehren, daß der nunmehr Verhaftete auch Erleichterung empfand. Was auch immer er verbrochen haben mochte, er mußte wissen, daß es Unrecht war, was er tat! Und Michael hatte mir oft vorgelebt, daß jede Verhaftung automatisch die Illusion nährt, nach Haftende könne ein Neuanfang stattfinden, könne sich alles bessern und zum Guten wenden. ›Leider ist Strafhaft immer nur eine Aufbewahrung‹, überlegte ich, während ich die Szene verfolgte, ›so daß die Gefangenen ohne festen Halt bleiben, keine Möglichkeit haben, sich zu sozialisieren, um im öffentlichen Leben unserer Gesellschaft wirklich bestehen zu können.‹

Wie aus einer großen Entfernung – wobei wir uns selbst sehr darum bemühten, diesen Abstand zu wahren – erreichten uns neue Nachrichten von unserem Sorgenkind: »Ihr Sohn liegt auf der Intensivstation und hat eine schwere Bauchverletzung!« Peter fuhr allein hin und erzählte mir danach: »Sei froh, daß du Michael nicht in diesem Zustand gesehen hast! Es geht ihm sehr schlecht. Er ist gerade so über den Berg. Die Ärzte haben Tag und Nacht um sein Leben gekämpft. Man hat ihn mit dem Helikopter in die Klinik geflogen: Auf offener Straße ist er am hellichten Tag angefallen und mit einem Messer niedergestochen worden!« »Wahrscheinlich ein Racheakt!« mutmaßte Peter. Die Ereignisse berührten uns zutiefst, gleichzeitig jedoch erschien es uns, als gehörten sie in ein anderes, vergangenes Leben. Sie waren nicht mehr Teil unseres Alltags.

Das änderte sich vorübergehend, als Michael vor zwei oder drei Jahren einmal unvermittelt bei uns auftauchte. Ich erschrak über sein miserables Erscheinungsbild: Er war nicht fähig, sich auf den Beinen zu halten oder auch nur ein paar Schritte allein zu gehen. »Mama, hilf mir!« jammerte er aufgelöst. »Mir geht's so dreckig!«

Mir war, als litte er an Entzugserscheinungen. Oder hatte er sich vergiftet, eine Überdosis? – Nein, dann hätte er es wohl kaum geschafft, sich bis zu uns zu schleppen! Ich traute mich nicht, in seiner Anwesenheit an unseren Geldschrank zu gehen. Statt dessen schnappte ich mir eine Jakke, warf sie mir über die Schultern und hakte Michael, so gut es ging, unter. »Komm mit!« beruhigte ich ihn, zog ihn auf die Straße und hielt ein vorüberfahrendes Taxi an. Dabei erklärte ich ihm, daß ich ihn jetzt in ein Krankenhaus bringen würde. Er willigte notgedrungen ein. Der Taxifahrerin schenkte ich gleich reinen Wein ein: »Ich habe nicht mehr als zwölf Mark bei mir«, sagte ich beim Einsteigen. »Aber sehen Sie sich meinen Sohn an: Er muß zu einem Arzt.« Die Frau am Steuer blickte uns in die Augen. »Steigen Sie ein!« nickte sie verständnisvoll. »Ich bringe Sie dahin, wo Ihnen geholfen wird!«

Wir fuhren mehrere Kliniken ab. Längst war der Fahrpreis von zwölf Mark überschritten. Die kostenlose Taxifahrt führte uns von einem Ort zum nächsten. Von der ersten diensthabenden Ärztin aus ging es mit einem Einweisungsschein in meiner Hand weiter zum nächstgelegenen Krankenhaus, das sich als nicht zuständig erwies. Dort stellte sich heraus, daß Michael keineswegs auf Entzug war, wie ich angenommen hatte, sondern tatsächlich

Tabletten, Alkohol und Heroin in seinen Körper gepumpt hatte! Nach ein paar Telefonaten war eine städtische psychiatrische Anstalt in der Umgebung bereit, Michael aufzunehmen.

Während dieser Odyssee krallte sich Michael auf dem Rücksitz des Taxis wie ein verängstigtes Kleinkind heulend an mir fest und faselte unzusammenhängende Sätze: »Mama, du bist da, ich bin bei dir. Halt mich fest, ich hab' dich lieb, ich bin immer allein!« Und plötzlich: »Mama, wo sind all die schönen Briefe? Deine Briefe sind weg! Ich will deine Briefe wiederhaben! Ich habe alle hundertmal gelesen!«

»Michael!« besänftigte ich ihn, »alles wird gut. Ich bin ja bei dir. Ich schreib' dir neue Briefe, so viele wie du haben willst. Aber steiger dich da jetzt nicht so rein!«

Als wir vor der Klinik hielten, bedankte ich mich bei der Fahrerin für ihre Hilfe. Sie winkte ab: »Ich kenne das Problem . . . Habe es selbst in der Verwandtschaft.«

Die Stationsärztin füllte einige notwendige Papiere aus. »Es liegt wohl eine Rauschgift-, Tabletten- und Alkoholabhängigkeit vor. Erst einmal müssen sie einen Entzug machen«, wandte sie sich an Michael.

»Ja, deswegen bin ich doch hier«, antwortete er mühsam. Wie im Tran hing er auf seinem Stuhl, die Beine weit von sich gestreckt, und starrte teilnahmslos vor sich hin. Ein Herr näherte sich der Aufnahme und sagte etwas zu der Schwester, was ich nicht verstand.

Plötzlich fuhr Michael wie von der Tarantel gestochen hoch, fuchtelte beschützend mit seinen Armen um mich und herrschte den Mann scheinbar geistesgegenwärtig an: »Sag das nochmal! Was willst du von meiner Mutter?«

»Aber Michael!« versuchte ich die unangenehme Situation zu entspannen. »Der Herr hat doch gar nichts Schlechtes über mich gesagt!« Ich lächelte zaghaft. Michael sackte auf seinen Stuhl zurück. Innerlich mußte ich schmunzeln: Wie lange hatte ich den Jungen nicht gesehen! Wie sehr hatten wir uns auseinandergelebt! Was hatten wir nicht schon zwangsweise alles gemeinsam durchgestanden! Und trotz alledem war ich ihm so wichtig und präsent, daß er meinte, sich sogar in diesem verlassenen und verwirrten Zustand für mich einsetzen zu müssen!

Michael blieb ein Vierteljahr in der Klinik. Er wurde als geheilt entlassen, war »clean« wie man so sagt – ganz ohne unterstützende Medikamente: »Wenn ich mich einmal durchringe, dann bin ich hart, Mama! Dann brauche ich keine Medizin!« In dieser Zeit hatten wir gute Beziehungen zu ihm. Er lernte während der Therapie eine Frau kennen und tat sich mit ihr zusammen. Sonnabends hatten die Patienten bis Montag morgen Ausgang, und da Michaels neue Freundin im Ort nahe der Klinik wohnte, hielten sich die beiden am Wochenende meist dort auf. Samstag vormittag kamen sie Peter und mich regelmäßig besuchen, bis sie – vor ihm – ihre Entziehungskur abgeschlossen hatte.

Nachdem auch Michael das Krankenhaus endgültig verlassen durfte, fiel er ganz auf seine Freundin zurück, womit diese überfordert war, da sie selbst genug Schwierigkeiten bewältigen mußte. Sie entzweiten sich bald wieder, und Michael landete in dem für ihn zuständigen Obdachlosenasyl. Wie er wieder allein auf sich gestellt war, geriet er in die tiefsten Nöte der Drogenabhängigkeit und hat am Rande des Abgrunds gelebt. Es muß eine sehr schlimme Zeit für ihn gewesen sein.

Eine erneute Inhaftierung machte seinem Elend ein Ende. Nach Verbüßung der Gesamtstrafe – ich glaube, es waren zwölf Monate – wurde er zum zweiten Mal übergangslos in eine Therapieklinik zwecks Heroinentzugs eingewiesen.

Wie Michael so ist: Er fing sich rasch, war bald gut integriert und überall gern gesehen, verliebte sich sogar erneut in ein Mädchen, wiederum eine Suchtpatientin, »seine große Liebe«. Doch die Kehrseite der Medaille zeigte sich ebenso schnell: Michael kann nicht standhaft bleiben. Erst ist er begeistert, dann sucht er neue Reize und möchte etwas geboten bekommen. Als ihm mitgeteilt wurde, daß derartig enge Freundschaften im Rahmen der Therapie nicht erwünscht seien, damit sich jeder Patient voll auf seine Gesundung konzentrieren könne, und daß nach dem Klinikaufenthalt immer noch genug Zeit bliebe, um eine Partnerschaft aufzubauen, brach er die Therapie nach drei Monaten abrupt ab: »nicht genesen«! Mein Brief kam mit dem Vermerk »unbekannt verzogen« zurück.

Einige Monate später meldete er sich bei uns. Er lag mit einem Schädelbruch im Krankenhaus. Genaueres blieb uns verborgen. Er brauche Geld, sagte er. Schon zwei Wochen später erklärte er, er benötige eine kleine »Grundausstattung« – ein paar Haushalts- und Einrichtungsgegenstände –, denn er beabsichtige, in ein Wohnheim zu ziehen.

In solchen Lagen konnten wir ihm in den zurückliegenden Jahren öfter zur Seite stehen. Wir fragten nicht mehr: »Warum?« und »Weshalb?« – wir halfen einfach. Wenn es ihm gut ging, dann hörten wir manchmal Monate oder auch ein Jahr lang nichts von ihm. Alle Kontakte, die wir miteinander hatten, gingen von ihm aus. Selbst wenn wir gewollt hätten, wir hätten kaum mit ihm Verbindung aufnehmen können, denn er wechselte ständig die Wohnungen und Wohnorte.

Zwei Mal feierten wir gemeinsam Weihnachten. Einmal hat er mich sogar anläßlich meines Geburtstags unverhofft besucht. An diesem lichten Nachmittag habe ich ihm aus dem damals schon vorhandenen Manuskript zu dem vorliegenden Buch einige Ausschnitte vorgelesen. Michael war baß erstaunt, daß man so viele Seiten mit seiner Wenigkeit füllen konnte. Ob er den fertigen Bericht allerdings je lesen wird, das weiß ich nicht. Ich weiß nur, daß ich gelernt habe, mit dieser Tatsache und mit Michaels ganzer Widersprüchlichkeit umzugehen.

Diesen Schritt verdanke ich unter anderem einer Vertrauensärztin, die mir vor vielen Jahren einen Termin bei einem Psychologen vermittelt hat. Ich besuchte ihn über einen längeren Zeitraum hinweg, sprach über meine Erlebnisse und Gefühle. Meistens hörte der Arzt zu und stellte selten eine vertiefende Frage. Einmal überraschte er mich damit, daß er sich nach Peters Rolle in meinem Leben erkundigte.

Ich entsinne mich genau meiner Antwort: »Peter?« gab ich zurück. »Ja, Peter ist eben immer an meiner Seite! Er ist ein Teil von mir. Wir beide sind durch dick und dünn gegangen, haben auch die andere Seite des Lebens kennengelernt – und unsere Ehe hat all den Wirren getrotzt! Sie hat ihrer Probe standgehalten. Selbst unter den äußerst extremen Belastungen der Vergangenheit haben wir unsere Liebe retten können. Unsere Lebensgeschichte ist gewachsen, und wir sind uns einig. Einig in der Überzeugung, daß wir Michael helfen werden, wann immer er uns darum bittet.«

Vor etwa einem Jahr habe ich das letzte Mal etwas von Michael gehört, gesehen habe ich ihn vorletztes Jahr. Seit nunmehr zwölf Monaten hat er uns kein Lebenszeichen mehr zukommen lassen. Daraus schließe ich, daß er uns derzeit nicht braucht. Wenn er in Haft oder krank wäre, würde er uns um Pakete oder Geld bitten.

Zurückbleiben unsere Ratlosigkeit und dieselbe Ungewißheit, die seit Michaels Kindheit unser Lebensgefühl geprägt hat: Wir waren uns nie sicher, was er gerade im Schilde führte. Unklar blieben uns die Drogendetails, schleierhaft ist uns, wie sich seine Zukunft gestalten wird. Wird Michael ein Irrläufer auf Abwegen bleiben, wird er Befreiung finden, wird er lernen, daß das Leben kein Kinderspiel ist, oder wird es für ihn immer wieder »Endstation Knast« heißen? Wir haben keine Anhaltspunkte für seine Entwicklung. Wir wissen lediglich, daß, wenn es sein soll, er zu uns kommen wird, und wir ihm helfen werden, soweit es möglich ist.

Ich stehe zu dem, was passiert ist und zu unserem Entschluß, daß glücklich nicht der ist, der anderen so vorkommt, sondern wer sich selbst dafür hält! Peter und ich haben den Neubeginn einer positiven Lebenseinstellung und eines langfristigen Zukunftsdenkens geschafft. Aber die Trauer um mein Kind ist in mir. Noch heute gebe ich jedem Bettler ein Almosen, denn es könnte Michael sein . . . Und in allen Kirchen, die wir in den letzten Jahren auf unseren Reisen besichtigt haben, brennt für Michael eine Kerze, die ich angezündet habe.

Die Geschichte mit Michael war für mich ein Glück ohne Wiederkehr. Der Schmerz, daß ihm die Vorsehung gerade dieses Dasein zugedacht hat, wird mich immer begleiten. Sein durchlebtes Leid wird zeit meines Lebens auch mein Leid sein. Dennoch vergeht kein Tag, an dem ich nicht in tiefer Liebe an diesen, meinen Sohn denke.

Doch das Schicksal schließt keine Tür, ohne eine neue zu öffnen: Unser zweiter Sohn macht uns weiterhin viel Freude. Andreas hat seine damalige Krise mit Bravour gemeistert und ist in all den Jahren unser Lichtblick geblieben. Er hat nach seinem Zivildienst in seiner Kindheitsstadt studiert, nach neun Semestern sein Diplom im Fach Mathematik abgelegt und zwei Jahre später den Doktortitel erworben. Als seine Diplomarbeit von einem Förderverein ausgezeichnet wurde, durften wir als Eltern an diesem Festakt teilnehmen und waren stolz auf seine Leistung. Nun hat Andreas ein Stipendium und wird ein Jahr lang Gast an ausländischen Universitäten sein. Von seinem Studium haben wir leider nicht viel mitgekriegt, denn unser »Kleiner« hat sich abgenabelt. Das war manchmal schmerzlich für mich, denn während Andreas eine für ihn so erfolgreiche Zeit durchlebte, standen wir im Abseits, dabei hätte ich ihn gern als Student umsorgt und die Zufriedenheit über sein Vorwärtskommen intensiver mit ihm geteilt.

Seit fünf Jahren hat Andreas nun eine feste Freundin, Isa, ein Zwillingsmädchen, mit dem er verlobt ist und zusammenlebt. Beide sind begeisterte Laienschauspieler in einem Amateurtheater und pflegen ihr gemeinsames Hobby mit viel Elan. Isa beginnt jetzt ein Psychologiestudium, was für uns bedeutet, daß wir noch etwas Geduld haben müssen, wenn wir Großeltern werden wollen . . .

Trotz allem reift in Peter und mir seit längerem der

Wunsch nach einem solchen Neuanfang. Es wäre schön, Enkelkinder zu haben, sie aufwachsen zu sehen und das Privileg zu genießen, sie verwöhnen zu dürfen und liebzuhaben. Und wer weiß: Wenn unsere Kinder Eltern werden und selber die Verantwortung für ein Menschenleben übernehmen, vielleicht können sie uns Eltern dann besser verstehen und unsere Entscheidungen nachvollziehen! Darauf hoffe ich sehr.

Nachwort

Als meine Mutter vor einigen Jahren begann, dieses Buch zu schreiben, wollte sie eigentlich im Stile einer kurzen Kindergeschichte das Leben meines Bruders Michael und unserer Familie erzählen. Es war als Geburtstagsgeschenk für Michael gedacht. Michael sollte wohl in freundlicher Weise erfahren (wenn auch wahrscheinlich nicht wirklich akzeptieren), wieviel Sorge er meinen Eltern bereitet hat. Nachdem der Anfang fertig war, ging es aber nicht recht weiter. Wohl zum einen, weil verniedlichende Kindersprache zur Darstellung des Handelns meines Bruders zwangsläufig in beißender Ironie enden muß. Zum anderen, und das ist wohl der wichtigere Grund, weil meine Mutter merkte, daß sie nicht für Michael, sondern für sich selbst schrieb. Sie gab die Kindergeschichte also auf und begann, sich das Leben unserer Familie ab der Geburt Michaels ernsthaft von der Seele zu schreiben. Es war eine Art Selbsttherapie. Mit unermüdlichem Fleiß arbeitete sie in ihrer Freizeit zwei Jahre lang an ihrem »Buch«, obwohl natürlich zunächst niemand wirklich an eine Veröffentlichung dachte.

Das Manuskript wuchs also beständig an. Einige Male rief mich meine Mutter an, um mir die neuesten Seiten, die sie zusammenbekommen hatte, vorzulesen, erstickte aber in der Mitte in Tränen, legte auf, rief mich ein wenig später wieder an, um es noch einmal zu versuchen. Ich hatte schon ein wenig Angst um sie. Aber sie biß sich durch: Sie legte nicht nur auf, sie rief halt auch wieder an.

Im Mittelpunkt ihres Berichtes steht fast ausschließlich Michael. Dies hat eigentlich einen ganz simplen Grund: Über den Rest der Familie kann man wenig Berichtenswertes schreiben. Wir waren weder arm noch reich, nicht gebildet und nicht ungebildet. Wir waren keine Alkoholiker, bei uns wurde nicht geschlagen, kurzum, wir waren eigentlich ganz normal. Abgesehen von Michael natürlich.

Es ist schwierig zu beurteilen, ob sein Verhalten genetisch vorprogrammiert oder zumindest bedingt ist. Eines ist jedoch sicher: Es lag keinesfalls an einem gestörten sozialen Umfeld. Liebevollere und fürsorglichere Eltern als die unseren kann man sich nicht wünschen. Der restlichen Welt war Michael ausgesetzt wie jeder andere, warum scheiterte er, nicht andere? Ich denke das Gegenteil: Das soziale Umfeld wurde von Michael gestört. Dies geschah in vielfältiger Weise. Die schlimmste Form waren jedoch die Schuldgefühle meiner Eltern. Alle Eltern, die ihr Kind lieben und es als Teil ihrer selbst sehen, kennen wohl das Gefühl, wenn das eigene Kind »Schuld« auf sich nimmt. So hing also über unserer Familie immer ein düsterer Schatten von Selbstzweifeln. Ich denke, daß meine Eltern diese Selbstbezichtigungen bis heute nicht wirklich abgelegt haben.

Zum zweiten war da die Beurteilung von außen. Viele, die von den kriminellen und sonstigen Aktivitäten meines Bruders wußten, rückten die gesamte Familie in eine asoziale Ecke. Und wenn es einmal nicht der Fall war, so dachten wir wenigstens, daß es so sei. Für viele Gleichaltrige war ich der Bruder vom »Sauer«, was einer Verurteilung gleichkam. Diese Rolle hat meine Persönlichkeit mitgeprägt. Noch heute meine ich jemand zu sein, der von »unten« kommt, obwohl das eigentlich nicht stimmt.

Ich habe meinen Bruder seit zehn Jahren nicht gesehen und hoffe, daß dieser Zustand so bleibt, wie er ist. Natürlich denke ich manchmal an ihn. Ich weiß jedoch, daß ein persönlicher Kontakt pures Gift für meinen Seelenfrieden wäre. Ehrlich gesagt: Ich werfe keinem Bettler auch nur einen Pfennig in den Hut. Mein Pensum in dieser Richtung habe ich auf alle Zeiten abgeleistet.

Zum Schluß möchte ich dem Leser noch folgendes versichern: Alles, was in diesem Buch steht, hat sich wirklich so zugetragen. Im Gegenteil, viele Dinge hat meine Mutter nicht erwähnt, und so manche Untat ist meinen Eltern nicht bekannt. Nämlich jene, bei denen das Lügengerüst meines Bruders nicht zusammenbrach oder wenn ich ihn nicht verriet, um neuerliche Depressionen zu vermeiden. Es gäbe noch eine Menge Seiten, die man auf diese Weise füllen könnte.

Ich hoffe, daß denjenigen die von solchen familiären Katastrophen verschont geblieben sind, unsere Geschichte ein wenig hilft, ihr Glück zu genießen und Vorurteilen gegenüber Familien wie der unseren nicht allzu freien Lauf zu lassen. Für die Familien, die ähnliches erlitten haben oder erleiden, in welcher Form auch immer, wünsche ich, daß sie die Kraft finden, an sich selbst zu denken.

Im Frühjahr 1995, Andreas Sauer

Isabell ist gerade 15 Jahre alt, als sie die grausame Diagnose erfährt, die für sie das Todesurteil bedeutet: Krebs. Ihr Leben ändert sich radikal und der Wettlauf mit dem Schicksal beginnt. Mit beispielloser Energie, mit Mut, Kraft und Liebe kämpfen ihre Familie und Freunde um ihr Leben.

Durch die Krankheit reift Isabell zu einer außergewöhnlichen Persönlichkeit heran, wächst über sich hinaus und hat trotz des Leids, das sie immer wieder erfahren muss, nicht zuletzt durch ihren Glauben genug Kraft, ihr Leben positiv zu sehen, und die Hoffnung, dass sie diese schwere Prüfung überstehen wird.

Mit zahlreichen Abbildungen

Ergänzte und erweitere Ausgabe

ISBN 3-404-25595-X

BASTEI LÜBBE

Kurz nach Anne-Maries erstem Geburtstag fällt Catherine das erste Mal auf, dass ihre kleine Tochter irgendwie anders ist. Zuerst verdrängt sie alle Ängste, aber die Anzeichen mehren sich, und schließlich besiegelt die Diagnose *Autismus* scheinbar Anne-Maries Schicksal.

Nach vielen vergeblichen Versuchen, ihrer Tochter zu helfen, hört Catherine von einer umstrittenen Methode, die durch ein intensives, streng strukturiertes Therapieprogramm eine Verhaltensänderung hervorrufen soll. Zunächst voller Zweifel, ob sie ihre Tochter den damit verbundenen Qualen aussetzen soll, wagt sie doch den entscheidenden Schritt, und bald treten erste Erfolge ein.

Doch als Anne-Marie fast geheilt ist, fallen Catherine an ihrem kleinen Sohn Michel die gleichen Symptome auf. Erneut nimmt sie den Kampf auf, um auch ihr zweites Kind aus der Isolation des Autismus zu befreien.

ISBN 3-404-25592-5

BASTEI LÜBBE

Nathalie ist zwölf, gerade am Beginn ihrer Pubertät. Sie liest Micky-Maus-Hefte und spielt gern Prinzessin. Ein ganz normales Mädchen, das stolz ist, wenn ihr Vater sie lobt und »meine Beste« nennt. Doch eines kann sie nicht verstehen: dass ihr Vater auch nachts zu ihr kommt, wenn schon alle anderen schlafen. Er streichelt sie dann und bedrängt sie, Dinge mit ihm zu tun, die man doch nicht tun darf.

Lange Zeit schweigt Nathalie, aus Verwirrung, Scham und Angst. Eines Tages jedoch fasst sie Mut und beginnt zu sprechen ...

Schon immer hat Sabine in ihren Zeichnungen die Sonne mit neun Strahlen gemalt – in dem intuitiven Wissen, dass sie ihren neunten Geburtstag nicht mehr würde feiern können.
Begonnen hat alles damit, dass sie als Fünfjährige des Öfteren – meist ohne erkennbare Ursache – stürzt. Zutiefst besorgt, lässt ihre Mutter sie deswegen vom Kinderarzt untersuchen. Dieser findet aber nichts Ungewöhnliches, und auch die Untersuchung von der Kinderneurologin führt zu einer falschen Diagnose.
Doch als Sabine einige Zeit später in der Kinderkardiologischen Abteilung der Universitätsklinik noch einmal gründlich untersucht wird, bricht für die Familie eine Welt zusammen, denn die Ärzte stellen eine sehr seltene Herz-Lungen-Krankheit fest und geben dem kleinen Mädchen nur noch zwei Tage …

ISBN 3-404-25591-7

BASTEI LÜBBE